托育-保育类专业教材:"职业综合素质+行动能力"养成系列

丛书主编 ◎ 赵志群 宋彩虹

U0659656

婴幼儿教育活动保育

YINGYOU'ER
JIAOYU HUODONG BAOYU

主 编:胡 娟

副主编:朱佳慧

许敏霞

北京师范大学出版集团
BEIJING NORMAL UNIVERSITY PUBLISHING GROUP
北京师范大学出版社

图书在版编目（CIP）数据

婴幼儿教育活动保育 / 胡娟主编 .– 北京 : 北京
师范大学出版社 , 2024.2
ISBN 978-7-303-27726-1

Ⅰ . ①婴… Ⅱ . ①胡… Ⅲ . ①幼儿园—活动课程—中
等专业学校—教材 Ⅳ . ① G613

中国版本图书馆 CIP 数据核字 (2022) 第 013728 号

教材意见反馈　　gaozhifk@bnupg.com　　010-58805079
营销中心电话　010-58802755　58800035
编 辑 部 电 话　010-58802883

出版发行：北京师范大学出版社 www.bnupg.com
　　　　　北京市西城区新街口外大街 12–3 号
邮政编码：100088
印　　刷：鸿博睿特（天津）印刷科技有限公司
经　　销：全国新华书店
开　　本：889 mm×1194 mm　1/16
印　　张：18.75
字　　数：398 千字
版　　次：2024 年 2 月第 1 版
印　　次：2024 年 2 月第 1 次印刷
定　　价：49.80 元

策划编辑：姚贵平　　　　　责任编辑：张　爽
装帧设计：焦　丽　　　　　美术编辑：焦　丽
责任校对：陈　民　　　　　责任印制：陈　涛　赵　龙

学前教育是保障和改善民生的重要内容。在我国，按照保育和教育相结合的原则，托幼机构各岗位保教人员须具备婴幼儿保育能力。最近提出的"教养医结合"的学前教育理念，对托幼机构保教人员的保育能力提出了更高的要求，包括相应的职业道德、科学文化、专业知识和技术技能水平等。职业院校新开办的培养保育人员的婴幼儿托育和幼儿保育等专业，开办时间短，教材资源欠缺，人才培养经验相对缺乏。本套教材针对婴幼儿托育、幼儿保育专业的现状编写而成。

新修订的《中华人民共和国职业教育法》第二条规定，"职业教育，是指为了培养高素质技术技能人才，使受教育者具备从事某种职业或者实现职业发展所需要的职业道德、科学文化与专业知识、技术技能等职业综合素质和行动能力而实施的教育"。按照这一要求，本套教材面向的工作和岗位要求，明确培养规格和能力要求，并为学生的职业生涯发展奠定良好的基础。因此，本套教材不仅包含先进的保育和教育理念，而且把先进的专业教学内容与高质量的教学组织有机地结合起来。

本套教材按照"职业综合素质和行动能力"培养的要求，结合"1+X"技能等级证书试点工作要求，针对相关专业就业市场需求和托育行业发展趋势，立足托幼机构的实际工作场景，通过大量实践案例，使职业教育回到实际工作中。教材采用的工学结合一体化课程理念，其基本特点是"在行动中学会工作"。

培养职业行动能力。职业行动能力是个体当前就业和终身发展所需的能力，是理解、反思、评估和完成职业工作任务，以及在承担社会、经济和生态责任的前提下，参与设计技术和社会发展的意愿和本领。本套教材在实践知识技能学习的基础上，强调综合素质，特别是行动能力的全面发展。

采用一体化课程模式。一体化课程按照工作过程的顺序和学生自主学习的要求建立，是理论与实践相统一的综合性学习课程；学习不再是简单的知识灌输和技能训练，而是知识、技能、情感态度和价值观的整体发展。

根据典型工作任务确定学习内容。本套教材的学习内容来自保育职业的典型工作任务，代表着职业的专业化水平，反映出该职业的工作内容和工作方式所具有的"范式"意义。

按照技术技能人才成长规律排列教材内容。人的职业成长遵循"从初学者到专家"的能力发展逻辑，职业教育过程遵循"从完成简单任务到完成复杂任务"的职业认知能力发展逻辑。本套教材内容排列按照这两种逻辑设计。

行动导向教学。学习者在具体的职业情境中通过行动建构自己的知识，不仅提高自身对社会和技术发展的适应能力，而且通过在具有应用价值或现实意义的服务项目中的实践，可以发展、完善自身独立、自信和负责任的人格。

促进"三教"（教师、教材、教法）改革。在教学工作中，教师是根本，教材是基础，教法是途径。本套教材把教学工作的三要素，即主体、客体与内容进行有效的结合，为职业教育"三教"改革提供了工具、载体和方法。

本套教材大多由《行动手册》和《阅读手册》两部分构成，两部分内容高度匹配，通过"处于行动过程中的探究和反思"（杜威语），实现真正的学习。

《行动手册》主要用于课堂教学。它按照"以学生为中心、以学习成果为导向，促进自主学习"的思路，将典型工作任务及工作过程知识作为主要内容；遵循保育工作开展的实际进程进行知识性展示，同时提供多种引导性学习资源（托幼机构保育工作实景视频、实际案例、工作手册、文献、政策法规、专业书籍、网页等），以小组学习等多种方式展开；通过情境训练引导学生掌握实践技能，引发学习行动和专业思考，提高职业行动能力。

《阅读手册》为学生提供学习资料和理论支持。其内容与《行动手册》中的工作任务密切相关，以问题或专题形式组织内容，为以学习者的行动为导向的学习提供知识储备和学习素材。作为《行动手册》的补充材料，《阅读手册》根据需要配置了视频、文本等拓展资源，从而拓展和延伸了专业内容。

职业教育不仅要求提升学生职业操作的技能技巧，而且要求发展学生应对困难、完成具有一定知识和经验要求的创新性综合化任务的能力，托育、保育类专业更是如此。职业教育的学习任务应当具备发展心理学中"发展性任务"的特征，并符合技术技能人才成长的逻辑规律。学习任务的设计需要考虑"人"的职业发展并深入个性化的工作层面，本套教材的编写团队在这方面进行了大量有益的尝试。

本套教材具有较强的科学性、实践性和可操作性，通过"问题引领、行动为先、学习相随"，最终达到知行合一。教材利用"蕴藏在实际工作任务的教和学的潜力"，为学习者提供面向实际的、全面的学习机会。希望不但能帮助职业学校更好、更快地培养出社会紧缺的高素质技术技能型保育人才，也能为我国职业教育教学改革提供有价值的经验。衷心希望教师借此开展有效的教学改革实践，促进学生对保育工作的任务、过程和环境进行整体化深入的思考，为建立适合我国国情的、符合"三教"改革要求的新型教学模式奠定基础。

由于编者水平所限，编写时间不足，教材中一定存在很多问题，需要在教学实践中不断修改和完善。"嘤其鸣矣，求其友声"，希望同行专家及读者不吝赐教，提出批评意见（发邮件至 yaoguiping@126.com），以便再版时改正。

赵志群　北京师范大学

宋彩虹　上海市群益职业技术学校

2022 年 10 月，党的二十大报告指出，我们深入贯彻以人民为中心的发展思想，在幼有所育、学有所教、劳有所得、病有所医、老有所养、住有所居、弱有所扶上持续用力，建成世界上规模最大的教育体系、社会保障体系、医疗卫生体系，人民群众获得感、幸福感、安全感更加充实、更有保障、更可持续，共同富裕取得新成效。然而，近几年我国出生率低，受多重因素影响，托育机构数量不足是重要原因之一，尤其 0-3 岁婴幼儿的托育问题，是"幼有所育"的最大瓶颈和痛点。2022 年 4 月颁布的《中华人民共和国职业教育法》第二十一条规定："国家采取措施，加快培养托育、护理、康养、家政等方面技术技能人才。"教育部印发的《职业教育专业目录（2021 年）》指出，中职婴幼儿托育、高职专科婴幼儿托育服务与管理、高职本科婴幼儿发展与健康管理专业，其课程标准和教材尚处于讨论和摸索之中，亟须建立健全教材资源。"婴幼儿教育活动保育"作为一门重要的专业课程，其教材建设更是迫在眉睫。

《婴幼儿教育活动保育》教材在编写过程中做到：

（1）落实立德树人的根本任务。本教材坚持以习近平新时代中国特色社会主义思想为指导，注重渗透课程思想政治教育，充分体现社会主义核心价值观，始终坚持把立德树人作为中心环节，增强学生的中国特色社会主义道路自信、理论自信、制度自信、文化自信。养成热爱婴幼儿保育事业的崇高情感和为保育事业积极奉献的师德修养，做婴幼儿成长的启蒙者和引路人。

（2）突出理实一体的体例结构。婴幼儿保育专业培养的是从事早教机构保育工作的应用型人才，所以，教材的编写要突破职业教育传统保育教材的学科框架，使教材与早教机构保教实践密切联系起来，既注重够用的理论知识，又具有应用性和可操作性。基于此，本教材既编制了理论性较强的"以问题为导向"的《阅读手册》，又编制了实践性较强的"以任务为导向"的《行动手册》，让学生既能在"学中做"，又能在"做中学"。《行动手册》更是基于现实早教机构工作情境设置了多项保育员典型工作任务，《阅读手册》中的相关理论知识可用来完成任务，实现"理实一体化"。

（3）坚持产教融合的开发模式。产教融合是职业院校为提高人才培养质量而与行业企业开展的深度合作。其中，教材开发是校企合作的重要内容之一，职业院校要实现"双主体"育人，强化行业指导，广泛调动社会力量参与教材的开发与建设。因此，本教材编写成员既包括高校教师，又包括托幼机构一线工作者。在编写过程中，紧跟早期教育发展新趋势和行业新需求，及时将行业发展中的新要求、新特点、新理念、新规范纳入教材中。

《婴幼儿教育活动保育》教材体现以下特色。

（1）新型活页式的编排方式。已有的早教教材大多以知识体系为主线构建教学内容，强调知识体系的系统性、完整性和连贯性，但教材的操作性和趣味性不强，并不符合中等职业院校婴幼儿保育专业学生的学习特点，也不适合培养应用性、实践性人才。基于此，本教材的《阅读手册》和《行动手册》采用当前职业教育改革中提倡的新型活页式编排形式，特别是《行动手册》，根据早教机构保育员的工作内容，设置多项工作任务并以活页的形式将任务贯穿起来，强调对《阅读手册》知识的理解与掌握基础上的实践和应用，促使学生在一定理论知识的基础上，具备较强的实践能力。

（2）个性差异化的使用方法。已有的早教教材使用方法较为固定，没有考虑教师教学水平和学生学习水平的差异，不能做到因人而异。而本教材在使用过程中，可以根据教师教学水平和学生学习水平的差异做出不同的选择。例如，理论教学水平较高的教师可以带领学生在"学中做"：以《阅读手册》为主，以《行动手册》为辅进行练习检测；实践教学水平较高的教师则可以在教学中实现"做中学"：以《行动手册》为主，将《阅读手册》作为拓展延伸；另外，《行动手册》设置了难易程度不同的学习任务，学生可以根据自身学习兴趣、水平与特点来选择与之相适应的学习任务。

（3）岗课赛证全融通的内容设置。传统早教教材一般只关注知识内容本身，较少将知识点与相关的岗位需求比赛、证书融通起来。本教材在《行动手册》中通过设置"小小观察员""小天地，大创作""协助教师，推进活动"等栏目来对接早教机构保育员的观察评价婴幼儿发展、创设环境、辅助教师组织活动的岗位需求。在《阅读手册》中通过设置"对接1+X""考题再现""赛场演练"栏目将婴幼儿照护职业技能等级证书、育婴师资格证、保教技能大赛等内容有机融入教材中。

（4）多元立体化的配套资源。传统早教教材多以纸质为主，配套教学资源较为单一，多为关于课件资料的光盘。本教材本着切实为教师教学、学生自主学习提供完善服务的理念，充分运用现代化信息教学手段，形成了以纸质教材为基本支持、以数字化课程资源（婴幼儿发展观察案例视频、优质早教活动视频、习题库、微课等）为有效支持的多元立体化教学资源系统，为实现学生自主学习和教师线上线下混合教学创造良好条件。

本教材的主编和编者是苏州幼儿师范高等专科学校的专业教师，均具有硕士学位，有较强的理论功底和丰富的教材编写经验，主编胡娟教授是苏州幼儿师范高等专科学校教务处处长，副主编许敏霞副教授是中国福利会托儿所副所长、上海中国福利会早期教育中心校长，有着丰富的早教机构工作经验和扎实的活动设计和实践能力，这样的编者组成，可以更好地确保本教材理论、实践的有效结合和组织。其中，胡娟负责编写了《阅读手册》专题一和《行动手册》单元八；杨婷婷负责编写《阅读手册》专题二和《行动手册》

单元一、单元二；朱佳慧负责编写《阅读手册》专题三和《行动手册》单元三、单元四；陈菲菲负责编写《阅读手册》专题四和《行动手册》单元七；蔡盈负责编写《阅读手册》专题五和《行动手册》单元五；张云亮负责编写《阅读手册》专题三和《行动手册》单元六；许敏霞负责编写《阅读手册》和《行动手册》托儿所环境创设、个别教育等活动案例，胡娟负责全书统稿。

正如前言所写,《婴幼儿教育活动保育》教材编写遵循"凸显实用,立足高效"的课程设计理念,侧重学生能力培养,融"教、学、做"于一体,模块化设计课程内容,注重能力培养的过程性,突出实践取向,内容新颖,促进保育人才的培养,能够满足社会对早教机构专业人才的需求。教材结构体系完整,逻辑性强,有鲜明的特色。在内容安排上具有科学性、思想性、时代性和先进性,充分考虑了婴幼儿保教专业学生的认知特点。同时教材编写也充分考虑到中等职业院校学生的特点,精心设计与各知识点相呼应的情景实训与资格证真题链接,强调理论知识的理解运用。以案例教学、情景实训的方式实现知识的运用,在很大程度上促进了教师教学方法和教学内容的改革。

团队在编写教材的过程中,也践行着教材《阅读手册》和《行动手册》所强调的"学中做""做中学",胡娟(希希妈妈)、朱佳慧(尧尧妈妈)、张云亮(吉力妈妈)和杨婷婷(小米椒妈妈)几位老师在教材编写的过程中,回味和观察着自己孩子的成长,思考着怎样可以更好地帮助高等职业院校的学生学会照护这些孩子,怎样可以为这些孩子的成长提供更好的辅助;陈菲菲、蔡盈老师也在团队编写过程中新手上路,尝试去感受中等职业院校学生们的困难和疑惑,并将其转化为教材中的"任务";许敏霞老师有着丰富的0—3岁婴幼儿教养经验,为教材提供了大量的托儿所素材和案例,凸显了教材的"理实一体化"特点。

整个编写过程也是学习过程,更是团队共同"学中做""做中学"的过程,期待本教材能帮助学生们在爱护孩子的同时更好地照护孩子!

图 0-1　教材编写团队共同研讨

图 0-2　教材编写团队共同观察

(本成果得到江苏高校"青蓝工程"项目和苏州市"姑苏教育人才"项目的资助。)

目　录

婴幼儿教育活动保育
行动手册

YINGYOU'ER
JIAOYU HUODONG BAOYU
XINGDONG SHOUCE

北京师范大学出版集团
BEIJING NORMAL UNIVERSITY PUBLISHING GROUP
北京师范大学出版社

单元一
——
0—3 个月婴儿教育活动保育

学习目标

1. 根据所观察的婴儿的具体表现，初步分析其发展特点与水平。

2. 简述 0—3 个月婴儿身心发展的教育促进策略，能够解答家长育儿过程中典型的困惑。

3. 能够根据 0—3 个月婴儿的身心发展特点，协助保育师创设适宜的个别化教育活动环境，并能对个别化游戏活动给予支持与引导。

4. 掌握 0—3 个月婴儿亲子活动流程，能够把握 0—3 个月亲子活动辅助时机，以进行适宜的辅助工作。

学习导航

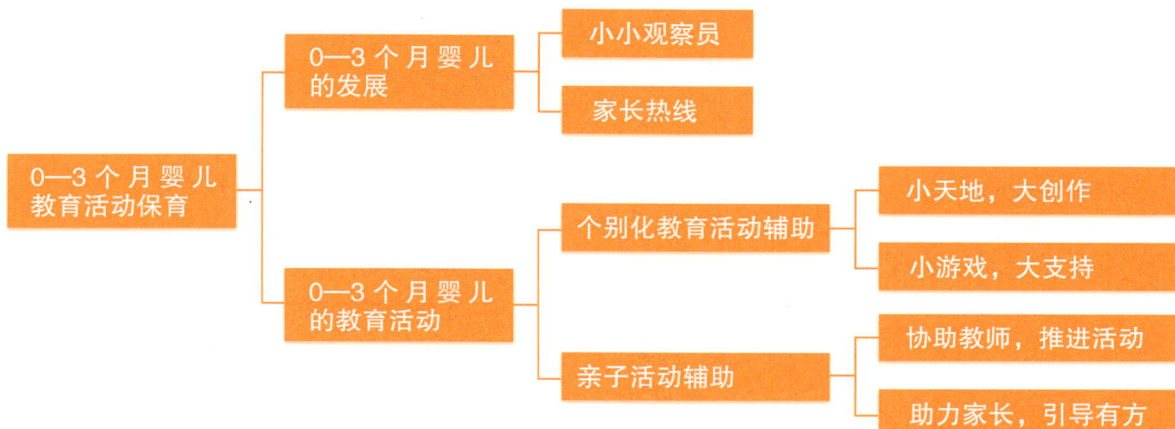

0—3个月是婴儿生长发育最快速的时期，此时的他们刚刚离开母体，生理心理都在努力适应这个全新的世界。他们逐渐学会抬头，3个月左右就能从俯卧位变到侧卧位，还能有力地踢动双腿。如果你把手指放在他们掌心，因为有抓握反射，他们会紧紧握住你的手。他们喜欢看色彩鲜艳的物品，更喜欢看人脸，尤其是妈妈的脸。当妈妈跟他们说话时，他们会目不转睛地盯着妈妈，并逐渐安静下来。在困了，饿了，累了时，他们会大声哭泣，发出"ei""ou""ma"等声音，而在生理需求得到满足后，他们会对成人的逗弄报以微笑，发出一些简单的音节来吸引成人的注意。

根据0—3个月婴儿身心发展特点，教育的内容和要求需要有针对性，如在动作方面，要提供机会让婴儿练习抬头、翻身、抓握；在语言与沟通方面，要多与婴儿说话；在认知方面，要让婴儿多看、多听。同时，还应利用个别化教育活动、亲子活动等多种形式来促进婴儿的发展。

一　0—3个月婴儿的发展

● **情境再现** ●

2个月的乐乐每天大部分时间都在睡觉，当他醒来，妈妈常常让他趴在小床上，他已经可以高高地抬起头，仰视这个世界啦！但目前这个动作他还只能维持几秒。乐乐总是目不转睛地看着周围的一切，充满了好奇心，不过他最喜欢看的还是妈妈的脸，最喜欢听的是妈妈的声音，当妈妈跟他说话时，他偶尔也会"啊""啊"地回应，仿佛真会说话似的。每当困了，饿了或尿了时，乐乐会大声地哭泣，而吃饱睡足后，他会露出满意的表情。

专家分析

（1）动作发展方面：在1—2个月，宝宝的头部控制能力开始发展，他能够自己抬头或不让头后仰，到2个月左右，头部的控制能力进一步加强，俯卧位时能将头部抬起竖立几秒钟，还能自主地左右转头。情境中乐乐的头部控制能力已经达到2月龄宝宝的水平。

（2）情绪发展方面：0—3个月的宝宝已经开始通过基本的情绪信号来表达自己愉悦或不愉悦的感受，情境中乐乐的哭泣就是在表达自己不舒服的感受，成人需要及时察觉并解决他们的困难，这样能帮助宝宝获得安全感和愉悦感。

（3）语言发展方面：首先，0—3个月的宝宝处在言语知觉的听觉阶段，对人声比较敏感，且对人的声音有着特别的偏好，因此，2个月的乐乐会特别喜欢听妈妈的声音；其次，0—3个月的宝宝处在言语发音中的简单发音阶段，一般能发出一些简单的元音，如"a""o""e"等，此时的婴儿虽然不能像成人一样交流，但他们已经开始对成人的交流表现出一定的反应，已经产生了言语交际的倾向。

▶▶ 小小观察员

◇ 学做观察员：小米椒和妈妈的互动 ◇

妈妈将小米椒仰躺着放在床上，面对面地和她互动。妈妈先是喊了宝宝的名字，然后逗引宝宝，宝宝立马被妈妈吸引住了，目不转睛地盯着妈妈，手画脚蹬，还露出了微笑的表情。（见图1-1）

分析：该事例主要体现了1.5月龄婴儿情感的发展情况。小米椒在妈妈的逗引下，能露出微笑的表情，这属于情感与社会性微笑，通常在婴儿出生后的第5或第6周开始出现，此时的婴儿对人脸表现出极大的热情，能够专心致志地注视人的面孔，然后露出微笑，但此时婴儿的微笑还处在无选择的情感与社会性微笑阶段，他们还不能区分出不同人的微笑。

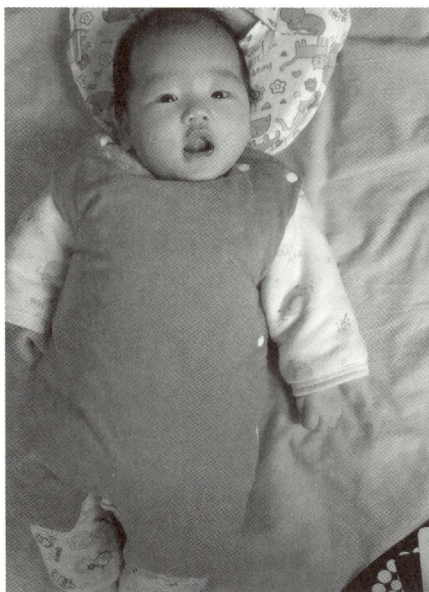

图1-1　小米椒和妈妈的互动

小米椒和妈妈的互动

◇ 我是观察员 ◇

任务一：了解案例，完成任务

观看视频或阅读案例，分析0—3个月婴儿主要发展领域与该领域的发展水平，完成相关任务。

案例1：0—3个月婴儿的抓握反射

新生儿有很多无条件反射，抓握反射就是其中一种，抓握反射是指将手指或其他物体放在新生儿的手掌中并按压，他会立刻紧握不放，甚至可以利用这股力量将部分肢体悬挂起来。抓握反射可分为掌反射（见图1-2）和跖反射（见图1-3），掌反射一般在婴儿4—6个月时消失，跖反射在9月龄至1岁时消失。

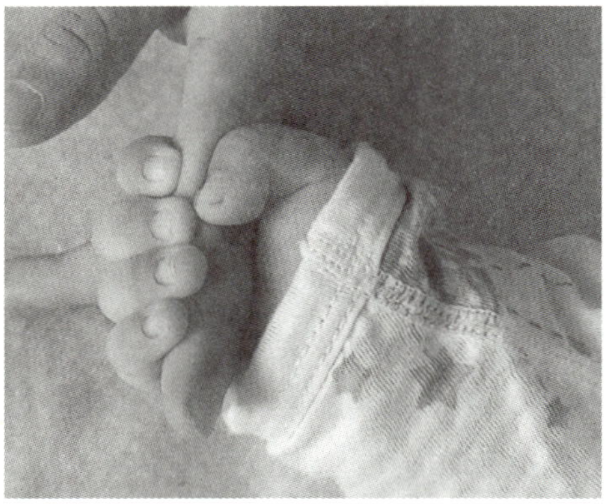

图1-2　掌反射

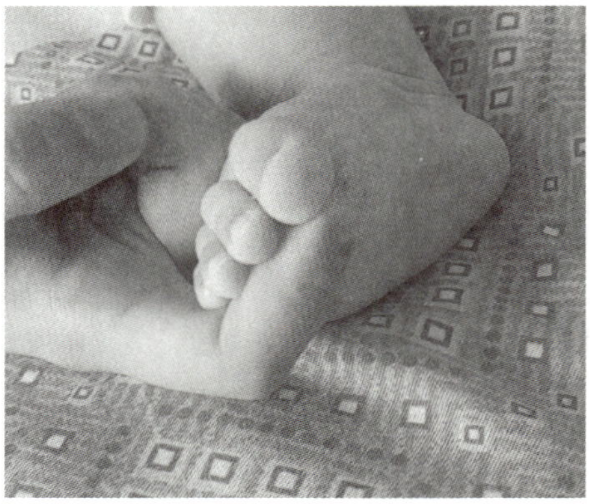

图1-3　跖反射

（1）案例1体现的是新生儿哪方面的发展？（　　　　）

A. 婴儿动作的发展　　　　　　　　　B. 婴儿认知的发展

C. 婴儿语言的发展　　　　　　　　　D. 婴儿情感与社会性的发展

（2）新生儿还有哪些其他反射？它们对于新生儿生活有什么意义？

❗ **学习提示**

具体内容请查阅《阅读手册》专题二"0—3岁婴幼儿动作发展教育活动保育"中"先天反射性动作的发展"的部分内容。

案例2：0—3个月婴儿的情绪与情感

婴儿最早能表达的情感有哪些？3个月大的毛豆手腕上绑着一根绳子，这条绳子与音乐播放器的开关连接，婴儿拉动绳子，播放器就会发出悦耳动听的声音，毛豆很快发现这一规律，频繁且高兴地拉动绳子（见图1-4）。紧接着，妈妈解开绳子与播放器的连接，毛豆发现自己无论怎么拉绳子都没有用，他表现出强烈的挫折感。3个月大的小米椒在这一情境中也表现出了挫折与愤怒的情绪（见图1-5）。

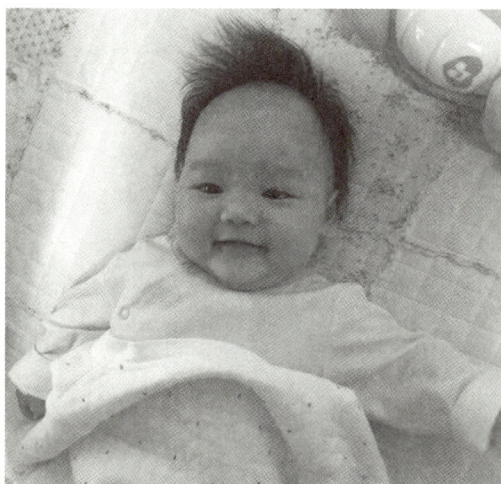

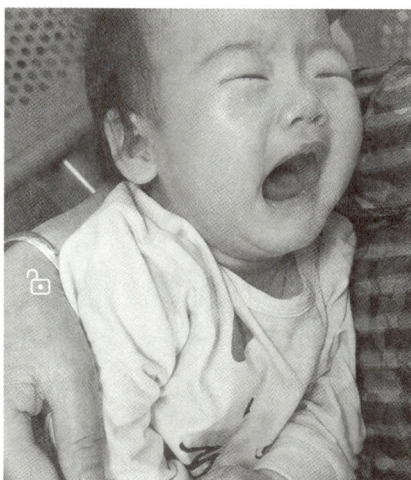

图1-4　高兴的毛豆（3个月）　　　　图1-5　愤怒的小米椒（3个月）

（1）案例2体现的是婴儿哪方面的发展？（　　　　）

A. 婴儿动作的发展　　　　　　　B. 婴儿认知的发展

C. 婴儿语言的发展　　　　　　　D. 婴儿情感与社会性的发展

（2）这个年龄段的婴儿能表达出哪些情绪与情感？

云测试

！ 学习提示

　　具体内容请查阅《阅读手册》专题二"0—3岁婴幼儿动作发展教育活动保育"中"粗大动作的发展"的部分内容。

案例3：小米椒抬头

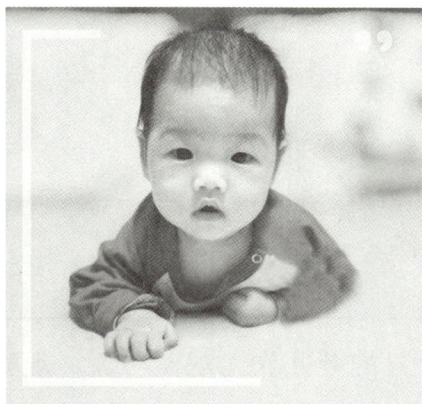

图1-6　小米椒抬头

小米椒抬头

（1）观看视频《小米椒抬头》，撰写观察记录。（见图 1-6）

云测试

（2）视频体现了婴儿哪方面的发展？这个年龄段的婴儿在该方面已具备什么特点？

学习笔记

⚠ 学习提示

具体内容请查阅《阅读手册》专题二"0—3 岁婴幼儿动作发展教育活动保育"中"婴幼儿动作发展的一般规律"的部分内容。

任务二：自主学习，完成任务

（1）搜集有关 0—3 个月婴儿发展视频，以小组形式共同完成该月龄段婴儿的发展记录。（见表 1-1）

表 1-1　0—3 个月婴儿发展观察记录表

发展领域	发展特点

（2）请以某 0—3 个月的婴儿作为观察对象，观察并记录婴儿踢腿动作，评估其发展水平，完成表 1-2。

表 1-2　0—3 个月婴儿踢腿动作观察记录表 ❶

操作方式	观察记录（在相应括号内打钩）	发展水平
将小铃铛系在儿童左腿上	踢腿方式：左脚踢（ ）；右脚踢（ ）；双脚同时踢（ ）；双脚轮流踢（ ）	
将小铃铛系在儿童右腿上	踢腿方式：左脚踢（ ）；右脚踢（ ）；双脚同时踢（ ）；双脚轮流踢（ ）	
在儿童的左右腿上分别系上小铃铛	踢腿方式：左脚踢（ ）；右脚踢（ ）；双脚同时踢（ ）；双脚轮流踢（ ）	

（3）观察 0—3 个月婴儿视觉追踪能力。将不同颜色的小球挂在婴儿视野中，在婴儿清醒状态下进行观察，评估其视觉追踪能力，完成表 1-3。

表 1-3　0—3 个月婴儿注视不同颜色小球移动的时间记录表

小球	注视时间	路线一致性（好、中、差）
红色		
白色		
蓝色		

任务三：利用评估表，综合评估婴儿的发展水平

请以某 0—3 个月婴儿作为观察对象，尝试采用《0—3 个月婴儿发展观察评估表》（见表 1-4），综合评估其发展水平。

表 1-4　0—3 个月婴儿发展观察评估表

观察对象：_____　　性别：_____　　月龄：_____个月

发展方面		观察评估细目	是	否	婴儿具体表现
动作发展	粗大动作发展	1 个月左右，被垂直抱（坐）时，头部自行竖立 2—3 秒			
		2—3 个月，在俯卧时自主地向左右转头			
		3 个月左右，处于直立位置时，头部自行竖立 10 秒以上			
		3 个月左右，婴儿从俯卧位可以变到侧卧位			
		踢腿时很有力			
	精细动作发展	1 个月左右，被触碰手掌时，自动将手握紧			
		2 个月左右，能抓住玩具棒 2—3 秒			
		3 个月左右，能抓住玩具棒 30 秒			
		3 个月左右，仰卧时能将双手握在一起			
		3 个月左右，放开手指摸东西			

---

❶　周念丽：《0—3 岁儿童观察与评估》，47 页，上海，华东师范大学出版社，2013。

续表

发展方面		观察评估细目	是	否	婴儿具体表现
认知发展	注意发展	当有发亮的东西或色彩鲜艳的东西出现在视野内时，会发出喜悦的声音或睁眼注视			
		偏好对称的物体超过不对称的物体			
		在清醒状态时可对周围环境中巨响、强光等刺激有反应			
		出生后1—3周，在出现铃声时会把头转向铃声方向			
		2—3周，会盯着眼前的人脸注视片刻			
		2—3周，会停止一切活动倾听某种声音			
		可以对外界进行扫视			
	记忆发展	吮吸母乳的婴儿，只要成固定的姿势，就会自动寻找乳头			
		当所注意的物体从视野中消失时，能用眼睛去寻找			
	思维发展	可以建立简单的动作与结果之间的联系			
语言发展	言语知觉	当有声音出现时，会有所反应			
		当人声和其他声音一起出现时，更关注人声			
		特别喜欢听妈妈的声音，妈妈的声音能让他安静下来			
		能够寻找声源			
		听到突然的大声，会有惊吓的反应			
	言语发音	在心情愉悦的时候会发出自言自语的喁喁声			
		在与父母游戏的过程中能够根据父母的行为发出应答性的声音			
		在平时可以发出类似元音的声音，如"o""a"等			
		在哭声中，会发出"ei""ou""ma"的声音			
	交际倾向	在生理需求得到满足后，会对成人的逗弄报以微笑，发出一些简单的音节来吸引成人的注意			

续表

发展方面		观察评估细目	是	否	婴儿具体表现
情感与社会性发展	情绪	躺在妈妈怀中,妈妈轻拍后能很快安静下来,并且露出安静的神情			
		当尿布湿了时会哭泣			
		在哭闹的时候,被抱着时,会很快停止哭闹并安静下来,甚至露出开心的笑容			
		洗澡时能保持安静或愉悦的心情,甚至会用手和腿提水或拨水玩耍			
		在被妈妈逗玩时会舞动手脚			
		在成人和他说话或唱歌时,他会很兴奋地关注成人,表现出愉悦的神态			
		当与成人的脸距离20—25厘米时,他会看着成人的脸,并且有对视			
		当成人对他笑时,他会用微笑回复			
		饿的时候会哭泣			
		一个人的时候,他会四处打量周围的世界			
	社会行为	当看到不高兴的面部表情时,他的活动减少			
		哭闹时听到母亲的呼唤声,会安静下来			
		逗引时出现动嘴巴、伸舌头、微笑等情绪反应			
		2—3个月时哭的时间减少,哭声分化			
		当他人对着婴儿微笑时,婴儿也会微笑			
	社会适应	看见最主要的看护者会笑			
		自发微笑迎人,看见人会手舞足蹈表示欢乐			
		对他讲话或抱着他时,他能安静下来			
		当对他哼出愉快的节拍,轻轻摇晃他时,他会比较愉悦			

任务四:观察婴儿,完成任务

请以某0—3个月的婴儿作为观察对象,在动作、认知、语言、社会性等任意两个发展维度,拍摄视频,详细观察记录其行为表现(见表1-5)。

表1-5 0—3个月婴儿发展观察记录分析表

观察对象：		性别：	月龄：
观察时长：		观察地点：	
活动材料：			
情境概述：			

观察记录：

观察分析：

▶▶ **家长热线**

任务五：接听家长热线，完成任务

热线1：宝宝要不要练习抬头

欣欣已经出生20天了，最近几天，她洗完澡以后，妈妈都把她放在小床上趴一会儿，帮她练习抬头，可是奶奶看到后却说："抬头哪里需要练习，长大以后自然就会了，顺其自然就好了。"对此，欣欣的妈妈也很困惑，婴儿到底要不要练习抬头呢？

云测试

（1）对于案例中欣欣奶奶的观点，你认可吗？说说你的理由。

"我"认可（ ）/不认可（ ）欣欣奶奶的观点。

"我"的理由

（2）对于欣欣妈妈的困惑，你的建议是：

拓展阅读

在婴儿出生的头 3 个月里，运动有不少好处。他一看见大人就高兴地笑，啊啊地叫，又抢胳膊又踢腿，全身活动能力在不断增强。一开始，他是在哭的时候使劲活动，现在是只要他醒着，成人和他说话，让他看玩具，他就高兴得连连挺身屈背和弯臂蜷腿。这种锻炼可使肌肉的紧张程度得以缓解。婴儿到了 3 个月就不会再把小手紧紧压在胸前，握紧的小拳头也能够张开了。这时他会经常将双臂伸直，动作开始变得平稳，不再像过去那么生硬。

这时，如果他趴着或成人竖着抱他，他应当能抬起头来。趴着练抬头可以使腹部肌肉力量得到增强。3—5 周就可以让婴儿趴硬床。要把婴儿的胳膊弯起来放在胸前。婴儿累了，就要让他仰面躺平。

每次睡醒后、吃饭前，可以练习一回。到了第 3 个月，每次吃饭前、睡前，可以练习两次。如果坚持练习，用不了 3 个月，他就能用双臂支撑着，抬起头和上半身，待上好一阵子。

婴儿趴着可以从一个新角度看周围的东西。看到感兴趣的东西，他就会转动身体的方向，使劲把头抬起来。如果坚持练习，到了 5 个月，他就能用手撑着趴在床上四下看，能用手够身边的玩具，能往前挪……到了 6 个月，有的婴儿就会爬了。

如果没有及时让婴儿趴着，错过了练习机会，那么，可能六七个月的婴儿也不会趴着抬头。

5 个月的婴儿应当学会翻身，如果他不会，大人要帮他练习。一般来说，婴儿先学会仰卧变俯卧，后学会俯卧变仰卧。❶

热线 2：宝宝哭了要不要抱

家长的困惑：我家宝宝 2 个月了，很爱哭，她一哭，我就赶紧抱起来哄一哄，可是她外婆却说："不能抱，你这样会惯坏她的，以后就要一直抱着了。"可是看着宝宝哭，我很舍不得，总想抱抱她，宝宝哭了我到底要不要抱呢？

针对家长的困惑，你的回答是：

云测试

---

❶ 贤师：《婴儿抬头翻身练习》，载《父母必读》，1995（6）。

温馨提示

从出生到 1 个月，孩子将这样逐渐成长：

◎ 头可以从一边转向另一边。

◎ 醒着时，目光能追随距眼睛 20 厘米左右的物体。

◎ 在新生儿身边摇响铃，孩子的手脚会向中间抱紧。

◎ 与陌生人的声音相比，孩子更喜欢听母亲的声音。

◎ 能分辨味道，喜欢甜味。

◎ 对气味有感觉，当闻到难闻的气味时会转开头。

◎ 当听到轻音乐、人的说话声时会安静下来。

◎ 会微笑，会模仿人的表情。

从 1 个月到 3 个月，孩子将这样逐渐成长：

◎ 俯卧时能抬头，被抱坐时头稳定。

◎ 能把小手放进嘴里，能手握手。

◎ 喜欢看妈妈的脸，看到妈妈就高兴。

◎ 眼睛盯着东西看。

◎ 会笑出声，会叫，能应答性发声。

◎ 能以不同的哭声表达不同的需要。

◎ 喜欢让熟悉的人抱，吃奶时发出高兴的声音。

有以下状况，请赶快送孩子去看医生：

◎ 对大的声音没有反应

◎ 对强烈的光线没有反应

◎ 不能轻松地吸吮或吞咽

◎ 身高、体重不增加

◎ 孩子的身高、体重和头围不能逐渐增加

◎ 不能对别人微笑

◎ 两只眼睛不能同时跟随移动的物体

◎ 不能转头找到发出声音的来源

◎ 抱坐时，头不能稳定

二　0—3 个月婴儿的教育活动

（一）个别化教育活动辅助

▶▶ 小天地，大创作

请你像我这样做（一）

图 1-7 是某早教机构创设的"三浴锻炼"活动区，活动区设在宽敞通风、温度适宜

的室内阳台上，配有小推车、软垫、小帽子、毛巾、宝宝衣服、宝宝专用小浴盆及 37° 的温水。

活动区环境创设评析：

（1）该活动区环境正确利用空气、日光和水这些自然因素，"三浴"是这个年龄段婴儿身体锻炼的有效途径，有助于增强体质；除此之外，在锻炼过程中，婴儿的大脑、肢体、肌肤、呼吸道等得到了全方位的刺激，从而带来愉悦情绪和积极的精神状态，并且积累了丰富的认知体验；该环境也为婴儿和陪伴者之间的互动创造了机会，这些早期的交流，有助于良好依恋行为的发生。

图 1-7 "三浴锻炼"活动区

（2）舒适的小推车，宽敞通风、温度适宜的室内，绿化丰富、空气新鲜的户外，为不同月龄的婴儿开展空气锻炼和阳光锻炼提供了很好的机会；他们可以躺在阳台上呼吸新鲜的空气，或开窗睡眠；稍大一些的婴儿可以乘坐婴儿车到户外呼吸新鲜空气。宽松的衣服方便陪伴者为婴儿卷起衣服，露出四肢。利用小浴盆、适宜的温水开展水浴，为婴儿提供积极的物理刺激，为他们逐步适应周围的环境做好准备。

（3）质朴的生活材料，如宽松的宝宝服饰，柔软的棉质毛巾等，方便陪伴者在"三浴锻炼"中根据需要进行调整，如擦干宝宝肢体等，用起来安全且便利。

请你像我这样做（二）

图 1-8 是"被动操"活动区的环境创设，教师在区域中投放了舒适的床垫、浴巾、润肤油，并播放音乐。请你对这个环境创设进行评析。（见表 1-6）

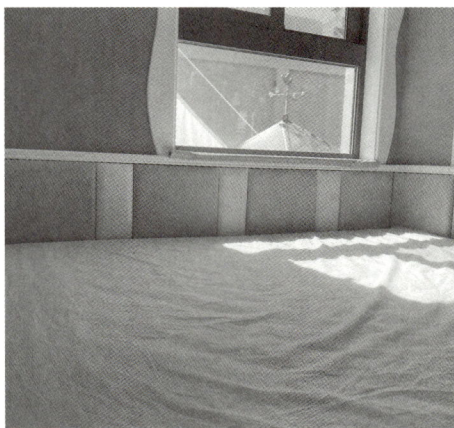

图 1-8 "被动操"活动区

表 1-6 0—3 个月婴儿活动区环境创设评析表

合理	不足	改进方法
①环境宽松舒适；②为"被动操"准备了律动音乐	①太阳直晒；②窗户紧闭，室温偏高；③律动音乐吵、杂；④床垫高度过低	①安装透气遮光的窗帘,避免阳光直射宝宝眼睛；②保持空气流通，但不能有对流风；室温调为 23℃至 25℃；③选择旋律简单且较为轻柔的乐曲，或者母亲口述节奏；④在一张大桌子上铺一张垫子的高度更为适合，便于陪伴者专注且舒适地为宝宝做"被动操"

任务一：观察图片，完成任务

（1）图 1-9 是某早教机构的感统活动室，以 10 分为满分，你给这个环境创设打几分？说明你的理由。

图 1-9　早教机构感统活动室

环境创设分数	
理　由	

（2）图 1-10 是 0—3 个月婴儿活动室的一角"感知运动小天地"，你认为这样的环境创设合适吗？有哪些合理之处？有哪些不足？如何改进？请思考后完成表 1-7。

图 1-10　感知运动小天地

表 1-7　0—3 个月婴儿个别化教育活动环境评价表

合理	不足	改进方法

（3）如果在"感知运动小天地"区角进行个别化游戏"我会追着看"，你会为该区角增加哪些材料？增加这些材料的理由是什么？结合问题补充完成表1-8。

表1-8　0—3个月婴儿个别化教育活动环境创设表1

个别化教育活动	我会追着看
活动目标	发展视觉追踪能力，提高视力
需要补充的材料	
空间布局（可以绘图）	
补充材料的理由	

（4）如果在"感知运动小天地"区角进行个别化游戏"小脚踢踢踢"，你会对该区域做什么样的调整？结合问题完成表1-9。

表1-9　0—3个月婴儿个别化教育活动环境创设表2

个别化教育活动	小脚踢踢踢
活动目标	1. 锻炼宝宝的腿部肌肉力量； 2. 激发宝宝对周围环境的兴趣
材料	
空间布局（可以绘图）	
环创说明	

⚠ 学习提示

具体内容请查阅《阅读手册》：

专题二"0—3岁婴幼儿动作发展教育活动保育"中的"个别化游戏活动辅助"的部分内容。

专题三"0—3岁婴幼儿认知发展教育活动保育"中的"个别化游戏活动辅助"的部分内容。

任务二：创设有利于活动开展的环境

请以小组为单位自选一项适合0—3个月婴儿的个别化教育活动，为该活动制定教育目标，自选材料，进行环境布置，并完成表1-10。

表 1-10　0—3 个月婴儿个别化教育活动环境创设表 3

个别化教育活动	
活动目标	
材料	
空间布局 （可以绘图，可以拍照）	
环创说明	

▶▶ **小游戏，大支持**

任务三：阅读游戏活动方案，完成任务

1. 认真阅读下面的个别化游戏案例，从"游戏的作用""作为辅助者可以做什么"等角度完成相关任务。

活动名称：个别化游戏活动"浴巾游戏"

活动目标：刺激婴儿的前庭觉，发展平衡能力；帮助婴儿初步感受游戏的乐趣。

活动准备：一条干净柔软的长浴巾（应不小于 1 米 ×1.5 米）。

活动过程：

①教师将婴儿放在浴巾的中间；

②教师和助教面对面站立，各拉住浴巾的两个角，轻轻地左右晃动浴巾，一边晃一边说："宝宝荡秋千。"

③教师和助教将浴巾晃动方向从左右改为前后，一边晃一边唱"拉大锯，拉大锯，大家一起拉大锯"。

温馨提示

①应在宝宝睡醒后、舒适的状态下进行该游戏。

②喝奶半小时后再进行该游戏，预防宝宝吐奶。

③左右来回晃动的幅度要小，动作要轻柔，当宝宝哭闹时，及时停止游戏。

（1）该游戏体现的是婴儿哪方面的发展？（　　　　）

A. 婴儿动作的发展　　　　　　　　B. 婴儿认知的发展

C. 婴儿语言的发展　　　　　　　　D. 婴儿情感与社会性的发展

（2）游戏过程中教师可选用哪些方法？（　　　　）（多选题）

A. 示范法　　　　B. 讲解法　　　　C. 实验法　　　　D. 间接指导法

云测试

（3）在这个游戏中，你可以做哪些辅助工作？

辅助工作1

辅助工作2

辅助工作3

⚠ **学习提示**

具体内容请查阅《阅读手册》专题二"0—3岁婴幼儿动作发展教育活动保育"中的"个别化游戏活动辅助"的部分内容。

2. 认真阅读下面的个别化游戏案例，从"观察什么""猜测可能出现的情况""作为辅助者可以做什么"等角度完成相关任务。

活动名称：个别化游戏活动"小球滚滚"。

活动目标：让婴儿感受不同材质的小球，训练宝宝的触觉能力和本体感。

活动准备：各种质地的小球，如触觉球、乒乓球、弹力球、毛线球等。

活动过程：

①教师将宝宝平躺着放置于软垫上；

②教师拿不同质地的小球在宝宝的脸上、身上滚动，一边滚一边说出相应的身体部位，如"小球滚滚，滚到宝宝的小脸啦！小球滚滚，滚到宝宝的肚子啦……"

（1）在这个游戏中，你应该留心观察什么？

（2）预想一下婴儿可能会出现什么情况或问题？

（3）根据你的预想，你可以做哪些辅助工作？

辅助工作 1 _____

辅助工作 2 _____

辅助工作 3 _____

"小球滚滚"
辅助工作提示

✏ 学习笔记

❗ 学习提示

　　具体内容请查阅《阅读手册》专题三"0—3 岁婴幼儿认知发展教育活动保育"中的"个别化游戏活动辅助"的部分内容。

（二）亲子活动辅助

▶▶ 协助教师，推进活动

　　任务四：阅读亲子活动方案，完成任务

　　阅读亲子活动方案，观察分析教师辅助者的辅助时机与具体内容，并进行情景模拟与反思。

　　活动名称：亲子游戏活动"挠痒痒"。

　　活动目标：发展婴儿的触觉感知能力，加强亲子关系。

　　活动准备：

　　①准备一些轻柔、舒缓的音乐；

　　②爸爸或妈妈对双手进行清洁消毒；

　　③提供毛巾、触觉刷、毛绒玩具。

　　活动过程：

　　①宝宝躺在软垫上，爸爸或妈妈坐在宝宝的对面。

　　②教师讲解并示范，分别用手指、毛巾、毛绒玩具、触觉刷轻轻地挠宝宝的身体，一边挠一边说："挠痒痒，挠痒痒，哪里痒？宝宝小手痒。"

　　③教师播放音乐，家长根据教师示范给宝宝挠痒痒。

1. 观察分析

你认为，在这个案例中什么时候需要去辅助教师？怎么进行辅助？请结合案例，完成表 1—11。

表 1–11　0—3 个月婴儿亲子活动辅助工作分析表

辅助时机	辅助工作
时机 1	
时机 2	
时机 3	

2. 情景模拟

以小组为单位，模拟亲子活动中的辅助活动。

3. 同伴互评

各组将模拟的辅助活动拍成视频，分享在学习平台上，每组可选取一个小组视频进行评价，并对存在的问题提出修改建议。

4. 自我反思

请采用 PDT 评价表（见表 1—12）对之前模拟的辅助活动进行反思。

表 1–12　PDT 评价表

P（plus，学到了什么？）	D（delta，怎样可以做得更好？）	T（take away，收获了什么？）

！ 学习提示

具体内容请查阅《阅读手册》专题三"0—3 岁婴幼儿认知发展教育活动保育"中的"亲子游戏活动辅助"的部分内容。

▶▶ **助力家长，引导有方**

任务五：阅读亲子活动方案，完成任务

阅读亲子活动方案，观察分析家长辅助者的辅助时机与具体内容，并进行情景模拟与反思。

活动名称：亲子游戏活动"小手来跳舞"

活动目标：

①训练宝宝的听觉感受力；

②训练宝宝的肢体灵活性。

活动准备：

①准备一首节奏舒缓、轻柔的音乐；

②爸爸或妈妈对双手进行清洁消毒。

活动过程：

①宝宝躺在软垫上，爸爸或妈妈坐在宝宝的对面；

②播放音乐，播放第一遍时让宝宝静静地听一听，感受音乐的美好；

③播放第二遍音乐时，爸爸或妈妈拉起宝宝的小手，随着音乐节奏来跳"小手舞"，如"摇手""拍手"。当播放到欢快的部分时，可加快动作；当播放到轻柔的部分时，可放缓动作。

（1）观察分析，在这个活动中家长可能会面临哪些困难？

"小手来跳舞"
家长可能面临的
困难提示

困难1 _____

困难2 _____

困难3 _____

（2）情景模拟：请以小组为单位模拟如何帮助家长解决这些困难？

（3）同伴互评：各组将模拟的辅助活动拍成视频，分享在学习平台上，每组可选取一个小组视频进行评价，并对存在的问题提出修改建议。

（4）请对模拟活动进行自我反思。

_____

学习笔记

❗ **学习提示**

具体内容请查阅《阅读手册》：

专题二"0—3岁婴幼儿动作发展教育活动保育"中的"亲子游戏活动辅助"的部分内容。

专题三"0—3岁婴幼儿认知发展教育活动保育"中的"亲子游戏活动辅助"的部分内容。

学习目标

1. 掌握 4—6 个月婴儿发展的典型特点，能够根据婴儿具体表现分析其发展的特点与水平。

2. 学习 4—6 个月婴儿发展教育促进策略，能够解答家长育儿中典型的困惑。

3. 能够根据 4—6 个月婴儿的发展特点，创设适宜的个别化教育活动环境，并能对个别化游戏进行辅助工作。

4. 了解 4—6 个月婴儿亲子活动流程，能够及时发现辅助时机并进行适宜的辅助工作。

学习导航

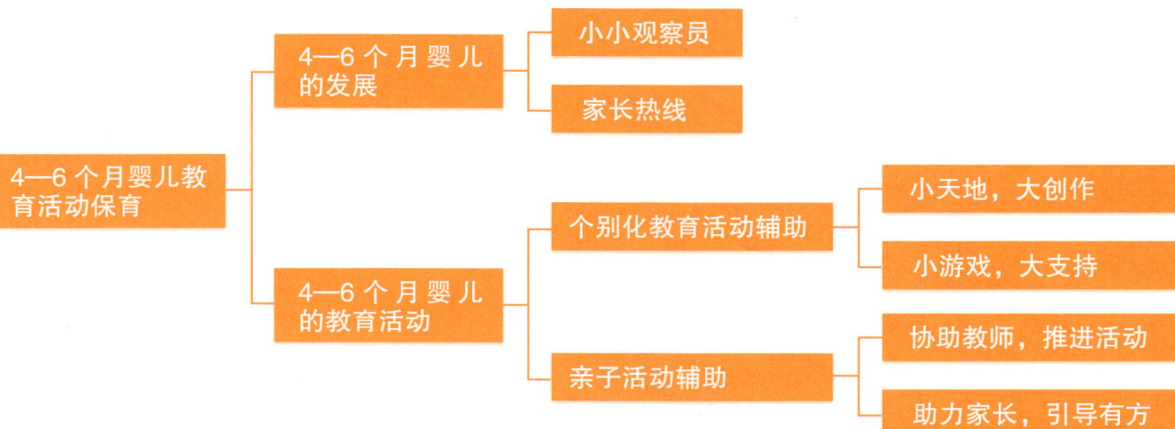

学习建议

1. 课前预习《阅读手册》。

2. 观看《婴儿日记》《助我成长》《婴儿的成长》《北鼻的异想世界》等相关纪录片和视频，加深对4—6个月婴儿身心发展特点的理解，并知晓相关的教育策略。

3. 收集关于4—6个月婴儿相关的案例和该月龄家长育儿的困惑，查阅文献了解该月龄段中家长育儿的误区与指导策略，作为日后学习工作的参考。

4. 在回答《行动手册》问题时，除了参考《阅读手册》外，还可借助相关的书籍、网站上的相关内容和绘本等参考资料。

5. 在去托育机构实习时，可运用《行动手册》内容进行实践，体会其中相关要求，积累经验。

跟上一阶段相比，4—6个月的婴儿在动作、语言、认知、社会性方面有了明显的进步，一切都在快速成长中。他们能将头抬起90°，能翻身，6个月左右的婴儿还能逐步学会独坐；他们对周围的一切充满了好奇，会主动伸手抓握眼前的各种玩具；他们依然喜欢色彩鲜艳的东西并能注视片刻；他们喜欢听各种各样的声音，还能发出"baba""bubu"的音；他们已经能记住经常照顾自己的人，并把这些人和其他人区分开，所以，如果你第一次见他们，他们可能会一脸严肃地盯着你看，甚至会哇哇大哭。

根据4—6个月婴儿的身心发展特点，教育的内容和要求需要有针对性，如在动作方面，要提供机会让婴儿练习翻身、独坐、抓握；在语言与沟通方面，要多与婴儿说话、交流；在认知方面，要让婴儿多一些视觉、听觉、嗅觉、味觉、触觉的经验；在社会性交流方面，要尊重婴儿怕生的情绪，多多安抚他们。同时还应利用个别化活动、亲子活动等多种活动形式来促进婴儿的发展。

一 4—6个月婴儿的发展

情境再现

5个月的乐乐最近学会了一个新本领，他可以翻身啦，不仅可以从俯卧位变成仰卧位，还能从仰卧位变成俯卧位，别提多神气了。妈妈常常把他放在小垫子上，在他的周围放上一些玩具，乐乐就会翻来翻去，努力伸手去够那些玩具，灵巧的他总能一下就够到，如果这时妈妈突然把玩具收走，他会伤心哭泣。乐乐仿佛能听懂大人的话似的，当爸爸用生气的语调对他说话时，他会做出伤心的表情；而如果爸爸用开心的语调对他说话，他就会报以微笑，不过目前的他还不会说话，只会发出"baba""bubu"的声音。妈妈发现，最近乐乐看见陌生人总是一脸严肃，别人怎么逗都不笑，有时候还会哭，但妈妈一逗他，他就笑了，他跟妈妈现在是关系很亲密的好朋友呢，妈妈爱他，他也爱妈妈。

● 专家分析 ●

该情境体现了4—6月龄婴儿以下方面的发展：

（1）动作发展方面：从粗大动作来看，翻身是4—6个月婴儿动作发展的主要特征之一，他们通常是先学会左右侧翻，然后学会从仰卧位翻到俯卧位，再学会从俯卧位翻到仰卧位。情境中的乐乐已经顺利学会了这几种不同的翻身技能，说明他身体的运动协调能力和平衡感都有了很大的发展。从精细动作来看，此时的他们已经能够主动抓握周围的物体，所以灵巧的乐乐总是一下子就够到了身边的玩具。

（2）语言发展方面：从语言理解方面来看，4—6个月的婴儿已经能够听懂成人日常生活中的一些语言，但他们往往不是真的理解成人说话的含义，而只是根据成人说话的语气、语调及相伴随的手势动作来判断指令内容，所以，乐乐会跟随爸爸说话的语气而或哭或笑。从语言表达方面来看，他们的发音出现了明显的变化，增加了很多重复连续的音节，如乐乐已经会说"baba""bubu"。

（3）认知发展方面：4—6个月的婴儿开始认生了，经常给他喂奶和抚摸他的人成为他记忆中熟悉的人，而其他人则被划分为不熟悉的人和陌生人，他可以将熟悉的脸和不熟悉的脸区分开，并表现出不同的应对方式。情境中乐乐对妈妈和陌生人的不同情绪表现，就是怕生。

（4）情感与社会性发展方面：乐乐对着妈妈会笑，对着陌生人则一脸严肃或哭泣，说明此时的他出现了有差别、有选择的情感与社会性微笑。他与妈妈关系亲密，说明他们之间正在形成一种安全的依恋关系，良好依恋关系的发展对宝宝的成长非常重要。

▶▶ 小小观察员

◇ 学做观察员：小米椒独坐 ◇

6个月大的小米椒背靠沙发半躺着，突然看到了边上的一盒纸巾，立马坐起来，用手抓住纸巾盒，爷爷帮她把纸巾盒拿高，她没有拿稳，纸巾盒掉了，爷爷把纸巾盒给她后，她又躺下抱着纸巾盒玩耍。（见图2-1）

该事例主要体现了6月龄婴儿动作方面的发展，其内容如下：

图2-1 小米椒独坐

小米椒独坐

（1）粗大动作发展方面：小米椒能自己从半躺的姿势转变为坐位，并能够支撑几秒，说明其粗大动作发展进入"独坐"阶段。"坐"的发展依赖婴儿头部和躯干控制能力的发展，通常婴儿能够借助手臂的力量，在4个半月时能在成人的帮助下首次坐立，婴儿能独坐大约出现在5个月左右，6个月时婴儿能够更加稳定地独立坐着，坐的时间也更长。

（2）精细动作发展方面：小米椒看到纸巾盒后，立马主动伸手去够，并顺利地拿到纸巾盒，说明其抓握能力和手眼协调能力有了很大发展。主动抓握物体是婴儿动作发展的里程碑式成就，也是发展更高级抓握技巧的基础。家长和老师在日常生活中应注意婴儿抓握能力的训练。

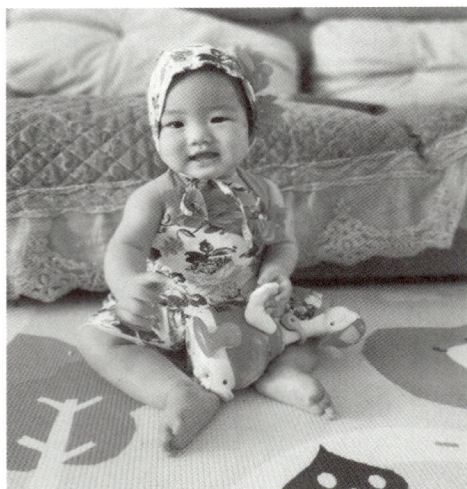

图 2-2　小米椒拿到玩具鹅

云测试

◇ **我是观察员** ◇

任务一：分析案例，完成任务

观看视频或阅读案例，分析婴儿主要发展领域与该领域发展水平，完成相关任务。

案例1：玩具鹅游戏

6个月大的小米椒坐在垫子上，爷爷给她一个小鹅玩具，她很感兴趣，拿起小鹅玩具开始玩（见图2-2），当爷爷用布将玩具鹅盖起来后，小米椒并不知道寻找，很快就失去了兴趣。

（1）案例1体现的是婴儿哪方面的发展？（　　　　）

A. 婴儿动作的发展　　　　　　B. 婴儿认知的发展

C. 婴儿语言的发展　　　　　　D. 婴儿情感与社会性的发展

（2）这个年龄段的婴儿在该方面已具备了什么特点？

_____

_____

❗ **学习提示**

具体内容请查阅《阅读手册》专题三"0—3岁婴幼儿认知发展教育活动保育"中"皮亚杰认知发展阶段理论"的部分内容。

案例2：爱吃的毛豆

5个月大的毛豆对周围的一切都充满了好奇，在家抓到什么东西都要放到嘴里舔一舔，咬一咬，毛巾、玩具、书本，甚至爸爸的臭袜子，只要被她拿到了，看看瞧瞧后，立马就塞到嘴里去了。妈妈没办法，只好把家里的一切都收拾妥当，只留一些安全、干净、卫生的玩具放在她身边。（见图2-3、图2-4）

图2-3　啃瓶盖的毛豆（5个月） 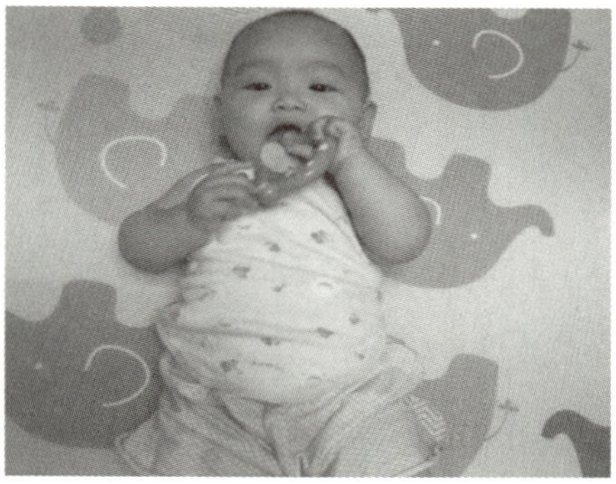　　图2-4　啃玩具的毛豆（5个月）

（1）案例2体现的是婴儿哪方面的发展？（　　　　）

A. 婴儿动作的发展　　　　　　B. 婴儿认知的发展

C. 婴儿语言的发展　　　　　　D. 婴儿情感与社会性的发展

（2）这个年龄段的婴儿在该方面已具备了什么特点？

云测试

学习提示

具体内容请查阅《阅读手册》专题三"0—3岁婴幼儿认知发展教育活动保育"中"婴幼儿认知发展的内容及特征"的部分内容。

案例3：姐姐和小米椒互动

观看视频《姐姐和小米椒互动》，撰写观察记录，分析婴儿的发展水平。（见图2-5）

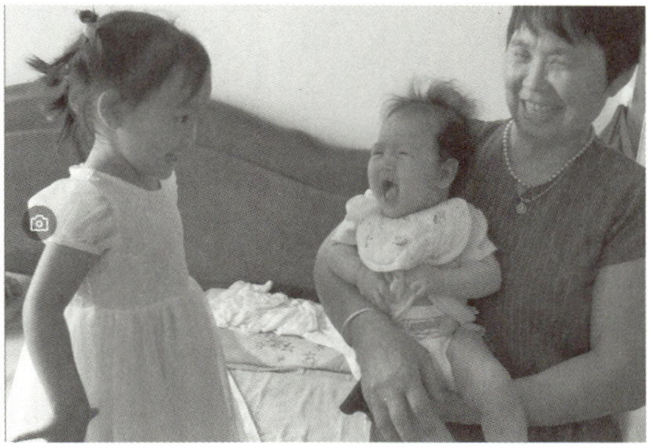

图2-5　姐姐和小米椒互动

姐姐和小米椒
互动

云测试

（1）根据视频，撰写观察记录。

（2）视频体现了婴儿哪方面的发展？这个年龄段的婴儿在该方面已具备了什么特点？

学习提示

具体内容请查阅《阅读手册》专题五"0—3岁婴幼儿情感与社会性发展教育活动保育"中"婴幼儿情感与社会性发展的内容及特征"的部分内容。

任务二：自主学习，完成任务

（1）搜集有关4—6个月婴儿的发展视频，以小组形式共同完成该月龄段婴儿的发展记录。（见表2-1）

表2-1　4—6个月婴儿发展观察记录表

发展领域	发展特点

（2）观察4—6个月婴儿触摸物品情况。用玩具在婴儿裸露的皮肤上轻轻滚动或摩擦，观察4—6个月婴儿对不同质地物品的不同感受，完成表2-2。

表 2-2 4—6 个月婴儿触摸物品观察表

物体	是否有反应	反应描述
带刺的软球		
毛笔		
丝绸		
爸爸的胡子		

（3）观察 4—6 个月婴儿对家人声音的反应，完成表 2-3。

表 2-3 4—6 个月婴儿对家人声音反应的观察记录表 ❶

发出的声音	是否会模仿	
	是	否
Ma ma		
Ba ba		
Da da		
Mu mu		
Me me		

任务三：利用评估表，综合评估婴儿的发展水平

请以某 4—6 个月的婴儿作为观察对象，尝试采用《4—6 个月婴儿发展观察评估表》(见表 2-4)，综合评估其发展水平。

表 2-4 4—6 个月婴儿发展观察评估表

观察对象：＿＿＿＿＿＿ 性别：＿＿＿＿＿＿ 月龄：＿＿＿＿＿＿个月

发展方面	观察评估细目		是	否	婴儿具体表现
动作发展	粗大动作发展	能将头抬起 90°			
		能翻身			
		依靠大人的帮助自己稳坐 5 秒以上			
		被扶腋下时，能站 2 秒以上			
		被扶腋下时，配合大人做双腿支撑跳跃运动			
		张开双臂以被人抱起			
	精细动作发展	能握住拨浪鼓并摇晃			
		主动够取桌面上的玩具			
		将玩具放入口中			
		先后抓住 2 块积木			

❶ 周念丽：《0—3 岁儿童观察与评估》，142—143 页，上海，华东师范大学出版社，2013。

续表

发展方面		观察评估细目	是	否	婴儿具体表现
认知发展	注意发展	比较集中地注意人的脸和声音			
		看到色彩鲜艳的图像时，能比较安静地注视片刻，但时间很短			
		能直接满足婴儿需要的人、物，或与满足需要相关的人、物都能引起他们的注意，如奶瓶、妈妈等			
		视觉注意进一步发展，更加偏爱有意义的物象，如喜欢注视母亲及喜欢的食物或玩具等			
		较多注视数量多而小的物体，对更复杂、更细致的物象保持更长的注意时间			
		可看见和可操作的物体更能引起他们特别持久的注意和兴趣			
	记忆发展	开始认生，只愿意亲近与自己经常接触的人			
		已能记住经常抚爱自己的人，能把这些人与陌生人区别开			
		对妈妈高兴时的脸和不高兴时的脸有不同的反应			
	思维发展	可以区别不同性别的脸			
语言发展	言语知觉	当成人用愉悦的声音和他说话时，他能够微笑应对			
		当成人用生气的语调对其说话时，他会做出伤心的表情			
		会根据声音寻找说话者			
		会特别喜欢听妈妈、爸爸或其他主要照料者的声音			
	言语发音	能够发出连续的辅音音节，如"baba""bubu"等			
		哭的时候会发出"mun-mun"的声音			
		能够模仿成人的简单发音			
	言语交际	在交流中能以形似"一问一答"的模式作答，从而使"交流"顺利地继续下去			
		能对成人的语言做出一些肢体动作			
		听到自己的名字时，有转头注意的能力			

续表

发展方面		观察评估细目	是	否	婴儿具体表现
情感与社会性发展	情绪表达	当母亲抱着哼唱柔和的歌曲时，他会安静地趴在母亲的怀中或随着音乐手舞足蹈			
		当父母用玩具与他一起游戏时，他会自然发出声音或者表示高兴			
		在很专注地玩玩具时，玩具突然被收走，他会伤心哭泣			
		当身边没有熟悉的照顾者时，陌生人靠近，他会表现出紧张的状态并哭起来			
		被带到陌生的新环境时，会好奇地张望周围的新鲜事物			
		当被挠痒时会大声地笑			
		见到熟悉的人会微笑			
	情绪理解	照料者用微笑回应婴儿的表情或动作，他会重复该表情或动作			
		同时呈现哭和笑的图片时，他注视笑脸的时间更长			
	情绪管理	当成人拥抱或抚慰时，他能立即止住因愤怒、饥饿等引起的哭声			
	社会行为	当听到电视上或周围有婴儿的声音时，会转头寻找			
		看到妈妈时会两手伸出，期望抱抱			
		当妈妈在表现出生气或愤怒时，他会哭起来			
	社会适应	用奶瓶吃奶时，会主动抓住奶瓶			
		在陌生的环境里会表现出不安			
		见到陌生人会躲避			
		能够分辨出母亲和其他养育者，更喜欢与母亲在一起			
	自我意识	拿走他正在玩的玩具时，会表示反对			
		会对着镜子中的影像微笑，伸手拍拍镜子			
		在他看得到的地方喊他的名字，会寻找声音的来源			

任务四：观察婴儿，完成任务

请以某4—6个月的婴儿作为观察对象，在动作、认知、语言、情感与社会性等任意两个发展维度，拍摄视频，详细观察记录其行为表现，完成表 2-5。

表 2-5 4—6 个月婴儿发展观察记录分析表

观察对象：	性别：	月龄：
观察时长：	观察地点：	
活动材料：		
情境概述：		
观察记录：		
观察分析：		

▶▶ **家长热线**

任务五：接听家长热线，完成任务

热线 1：要跟宝宝分床睡吗

5 个月的明明从一出生就跟妈妈睡，但最近有朋友告诉妈妈："小婴儿和妈妈应该分床睡，这样可以锻炼宝宝的独立能力，还能避免妈妈睡觉时不小心压到宝宝。"明明的妈妈很困惑，她一直认为宝宝跟妈妈睡会更有安全感，也更方便妈妈照顾宝宝。

云测试

（1）对于明明妈妈朋友的观点，你认可吗？说说你的理由。

"我"认可（　　）/ 不认可（　　）明明妈妈朋友的观点。

"我"的理由

（2）对于明明妈妈的困惑，你的建议是：

热线 2：宝宝吃手怎么办

家长的困惑：宝宝 4 个多月了，总爱吃手，经常吮吸自己的手指，我给他蔬菜条和牙咬胶来代替手指，但他不感兴趣，请问这是什么原因？我该如何纠正他呢？

针对家长的困惑，你的回答是：

云测试

● 拓展阅读 ●

宝宝吃手到底应不应该管？妇幼保健院的专家给出了非常明确的回答：不要去人为干预，它的确关系到婴儿的智力发育。

专家解释说，在正常情况下，两三个月的宝宝都会吃自己的小手。这是宝宝的一种探索行为，而且是大脑发育到一定阶段，具备了一定的协调能力时才能实现的动作。其实，宝宝在两三个月大的时候，并没有能力分辨主客体。意思是说，他并不知道那是自己的手。随着大脑发育，肢体具备了相应的协调能力，他才能把手送进嘴巴。

家长应该做的是积极引导宝宝学习用手，可以让他触碰、触摸不同质地和不同手感的物体。可以在婴儿床上悬挂一些小玩具，引导宝宝学习挥手和伸手去触碰物品，锻炼手眼协调能力。随后，可进一步帮助宝宝学习握住小物件并松手放开。宝宝有能力握住小玩具等物品的时候，也常常会把到手的物体送进嘴巴舔，家长也不要人为干预，只需要保证不被误吞，保证物品清洁即可。

宝宝吮吸手指会有一种安全感，或者是饥饿时的一种自我安慰。两岁之内的宝宝，吃手是很正常的现象。正常情况下，两岁之后宝宝会逐渐自我改变，不再常常吃手。如果超过两岁还是喜欢吃手，家长可以进行相应的干预。大了之后还经常吃手，常常因为孩子无聊，缺少关爱，或经常焦虑，紧张，或对他人的模仿。家长应找到原因，帮助孩子纠正。❶

学习笔记

温馨提示

4—6个月，孩子将这样逐渐成长：

◎ 能翻身，倚着东西能坐或能独坐。

◎ 会紧握铃铛，主动拿玩具，拿着东西放嘴里咬。

◎ 玩具能在两只手间交换。

◎ 喜欢玩脚和脚趾。

◎ 喜欢看颜色鲜艳的东西，会盯着移动的物体看。

◎ 会大声笑，会自己发出"o""a"等声音，喜欢别人跟他说话。

◎ 开始认生，认识亲近的人，见生人就哭。

◎ 喜欢与大人玩"藏猫猫"游戏。

---

❶ 李艳鸣：《宝宝吃手 切莫盲目阻止》，载《家庭医学（下半月）》，2016(12)。

◎ 对周围各种东西都感兴趣。

◎ 能区别别人说话的口气，受到批评会哭。

◎ 有明显的害怕、焦虑、哭闹等反应。

有以下状况，请赶快送孩子去看医生：

◎ 不会用手抓东西

◎ 体重、身高不能逐渐增长

◎ 不会翻身

◎ 不会笑

二　4—6 个月婴儿的教育活动

（一）个别化教育活动辅助

▶▶ 小天地，大创作

请你像我这样做（一）

图 2-6 是某早教机构创设的"握一握、咬一咬"活动区。活动区配有舒适干爽的大软（床）垫、靠垫，日常生活中的材料（毛巾、杯子、小木块），各类安全玩具（硅胶玩偶、布偶、色彩鲜艳的积木、发声玩具）。

图 2-6　"握一握、咬一咬"活动区

活动区环境创设评析：

①开阔的空间可以帮助宝宝在陪伴者视野所及范围内进行积极探索，在保证宝宝身体不被挤压或蒙面的同时，满足他动作发展的主动性要求。这个月龄段的宝宝正处于"口唇期"，他们喜欢用嘴巴去咬手中的物体；作为感知探索物体的初始方法，安全且干净的各类积木与玩偶等，满足了宝宝触摸、摆弄、啃咬的需要。

②场地开阔且安全。4—6 个月的宝宝能自如转头，翻身及靠坐。舒适且充足的空间有助于宝宝练习自己的动作技能，根据内在能力进行移动，促进其颈部、腰部等力量的

发展。同时，明亮温馨的游戏场地，能让宝宝第一时间捕捉到陪伴者的面部表情，并进行互动和交流，双方建立稳定而有信赖感的亲密关系。

③提供色彩鲜艳的各类材质玩具，这能调动宝宝的所有感官来进行探索。提供较大的（宝宝可抓握）、圆润的、柔软的、易消毒的玩具，充分满足宝宝感知探索物体的欲望，帮助他们使用视觉、触觉、听觉、味觉、嗅觉、本体感觉（应激反应）及运动觉（平衡性）来收集信息，建立初步的有关生活常识的认知概念。

④对玩具数量有所控制，有利于维持宝宝的注意力。控制有5件以内的玩具，有利于培养宝宝的专注力。通过陪伴者的引逗与环境调整，宝宝可以发现不同角度的新事物，专注于物体的特定属性和环境的某方面，这些可以培养宝宝过滤信息以学习新事物的能力。

请你像我这样做（二）

图2-7是某早教机构音乐活动区的环境创设，教师在区域中投放了乐器架和各类乐器。请你对这个环境创设进行评析。（见表2-6）

图2-7　音乐活动区

表2-6　4—6个月婴儿活动区环境创设评析表

合理	不足	改进方法
①有婴儿手握大小的乐器； ②场地明亮而开阔	①过多乐器，分散婴儿的注意力； ②个别乐器有尖角，婴儿摇动时易划伤	①减少乐器的数量，并摆放在篮子里，方便拿取； ②投放硅胶手柄或者可以套在婴儿手臂上的摇铃、丝巾、小沙槌和小鼓； ③增加可播放音乐设备，放节奏简单的音乐； ④增加柔软的垫子和地毯

任务一：观察图片，完成任务

（1）图2-8是某早教机构的活动室，以10分为满分，你给这个环境创设打几分？说明你的理由。

| 环境创设分数 | |
| 理　由 | |

图2-8　某早教机构的活动室

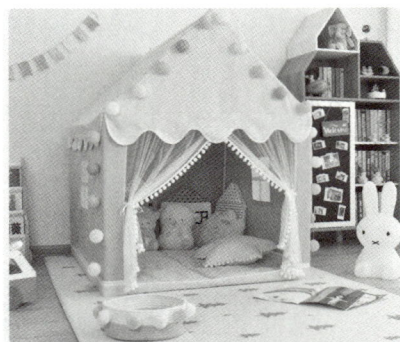

图2-9　帐篷之家

（2）图2-9是4—6个月婴儿活动室的一角"帐篷之家"，你认为这样的环境创设合适吗？有哪些合理之处？有哪些不足？如何改进？请思考后完成表2-7。

表2-7　4—6个月婴儿个别化教育活动环境评价表

合理	不足	改进方法

（3）如果在"帐篷之家"区角进行个别化游戏"翻滚吧，小宝宝"，你还会为该区角增加哪些材料？增加这些材料的理由是什么？结合问题完成表2-8。

表2-8　4—6个月婴儿个别化教育活动环境创设表1

个别化教育活动	翻滚吧，小宝宝
活动目标	锻炼婴儿的翻身能力，提高其肢体协调性
需要补充的材料	
空间布局（可以绘图）	
补充材料的理由	

（4）如果要在"帐篷之家"区角进行个别化游戏"我会抓抓抓"，你会对该区域做怎样的调整？结合问题完成表2-9。

表2-9　4—6个月婴儿个别化教育活动环境创设表2

个别化教育活动	我会抓抓抓
活动目标	1. 提高宝宝的手眼协调能力； 2. 激发宝宝对周围事物的兴趣
材料	
空间布局 （可以绘图）	
环创说明	

⚠ 学习提示

具体内容请查阅《阅读手册》专题二"0—3岁婴幼儿动作发展教育活动保育"中"个别化游戏活动辅助"的部分内容。

任务二：创设有利于活动开展的环境

请以小组为单位自选一项适合4—6个月婴儿的个别化教育活动，为该活动制定教育目标，自选材料，进行环境布置，并完成表2-10。

表2-10　4—6个月婴儿个别化教育活动环境创设表3

个别化教育活动	
活动目标	
材料	
空间布局 （可以绘图/拍照）	
环创说明	

▶▶ 小游戏，大支持

任务三：阅读游戏活动方案，完成任务

1. 认真阅读下面的个别化游戏案例，从"游戏的作用""作为辅助者可以做什么"等角度完成相关任务。

活动名称：个别化游戏活动"手偶游戏"

活动目标：帮助宝宝用眼睛追随物体不同方式的移动，发展视觉追踪能力。

📝学习笔记

活动准备：各种颜色鲜艳、形象可爱的手指玩偶。

活动过程：

①教师抱着宝宝坐在柔软的垫子上；

②教师在自己的手指上套一个手偶玩具，一边喊宝宝的名字，一边晃动玩偶；

③吸引宝宝的注意，然后慢慢上下、左右移动手偶，让宝宝的眼睛追随移动；

④变换移动的方式，慢慢绕圈移动手偶，当宝宝的眼睛可以顺利跟上手指的移动时，就可以变换另一种移动方式。

（1）该游戏体现的是婴儿哪方面的发展？（　　）

A. 婴儿动作的发展　　　　　　　　B. 婴儿认知的发展

C. 婴儿语言的发展　　　　　　　　D. 婴儿情感与社会性的发展

（2）游戏过程中教师采用了哪些方法？（　　）（多选题）

A. 示范法　　　　　B. 讲解法　　　　　C. 实验法　　　　　D. 间接指导法

（3）在这个游戏中，你可以做哪些辅助工作？

云测试

辅助工作 1 _____

辅助工作 2 _____

辅助工作 3 _____

学习笔记

! 学习提示

具体内容请查阅《阅读手册》专题二"0—3岁婴幼儿动作发展教育活动保育"中的"个别化游戏活动辅助"的部分内容。

2. 认真阅读下面的个别化游戏案例，从"观察什么""猜测可能出现的情况""作为辅助者可以做什么"等角度完成相关任务。

活动名称：个别化游戏活动"声音在哪里"

活动目标：让宝宝感受各种不同的声音，训练宝宝的注意力和听觉能力。

活动准备：能发出不同声音的材料，如沙槌、摇铃、拨浪鼓等。

活动过程：

①教师让宝宝靠坐在软垫上；

②教师拿出拨浪鼓，在宝宝的前面发出轻柔的声音，吸引宝宝的注意，之后再分别从左边、右边、后面、上面、下面不同的位置发出声音，引导宝宝寻找声源；

③教师换一种材质，如沙槌或摇铃，从不同方位、不同距离的地方发出声音，引导宝宝寻找声源。

（1）在这个游戏中，你应该留心观察什么？

（2）预想一下，婴儿可能会出现什么情况或问题？

（3）根据你的预想，你可以做哪些辅助工作？

辅助工作1

辅助工作2

辅助工作3

学习笔记

"声音在哪里"辅助工作提示

⚠ **学习提示**

具体内容请查阅《阅读手册》专题三 "0—3岁婴幼儿认知发展教育活动保育" 中的 "个别化游戏活动辅助" 的部分内容。

（二）亲子活动辅助

▶▶ **协助教师，推进活动**

任务四：阅读亲子活动方案，完成任务

阅读亲子活动方案，观察分析作为教师辅助者的辅助时机与具体内容，并进行情景模拟与反思。

活动名称：亲子游戏活动"会滚的球"

活动目标：

①锻炼婴儿的观察力，提高其视觉追踪能力；

②锻炼婴儿下肢的灵活伸展能力，提高下肢肌肉力量。

活动准备：

①活动室布置温馨，铺设软垫；

②提供多个有铃铛的球。

活动过程：

①熟悉小球：教师引导家长使宝宝趴在柔软的垫子上，让宝宝触摸一下有铃铛的球，然后把球放在宝宝的手边滚动。

②宝宝看球：教师从稍远的地方将球滚向宝宝，或从宝宝身边滚过，家长引导宝宝移动整个身体追寻球的去向。

③宝宝踢球：教师示范抓住宝宝的脚，让宝宝的脚被动踢球。之后，家长再带领宝宝一起踢球。

1. 观察分析

你认为在这个案例中，什么时候需要辅助教师？怎么进行辅助？请结合案例，完成表 2-11。

表 2-11　4—6 个月婴儿亲子活动辅助工作分析表

辅助时机	辅助工作
时机 1	
时机 2	
时机 3	

2. 情景模拟

以小组为单位，模拟案例中的辅助活动。

3. 同伴互评

各组将模拟的辅助活动拍成视频，分享在学习平台上，每组可选取一个小组视频进行评价，并对存在的问题提出修改建议。

4. 自我反思

请采用PDT评价表（见表2-12）对之前模拟的辅助活动进行反思。

表2-12　PDT评价表

P（plus，学到了什么？）	D（delta，怎样可以做得更好？）	T（take away，收获了什么？）

! 学习提示

具体内容请查阅《阅读手册》专题二"0—3岁婴幼儿动作发展教育活动保育"中的"亲子游戏活动辅助"的部分内容；专题三"0—3岁婴幼儿认知发展教育活动保育"中的"亲子游戏活动辅助"的部分内容。

▶▶ **助力家长，引导有方**

任务五：阅读亲子活动方案，完成任务

阅读亲子活动方案，作为家长辅助者，观察分析辅助时机与具体内容，并进行情景模拟与反思。

活动名称：亲子游戏活动"漂亮围巾来跳舞"

活动目标：刺激宝宝的视觉，满足宝宝的好奇心，让宝宝体验愉悦的情绪，促进良好亲子关系的形成。

活动准备：

①准备几首节奏轻快的音乐。

②准备几条色彩鲜艳的围巾。

活动过程：

①在房间里播放轻快的音乐，营造愉悦的气氛；

②拿一条色彩鲜艳的围巾让宝宝抓住；

③妈妈抱着宝宝，一边随着音乐转圈，一边握住宝宝的手，舞动手里的围巾；

④妈妈和宝宝各拿一条围巾，妈妈随着音乐挥舞围巾，引导宝宝一起舞动围巾。

（1）观察分析，在这个活动中，家长可能会面临哪些困难？

困难1　_____

困难2　_____

困难3　_____

"漂亮围巾来跳舞"家长可能面临的困难提示

（2）情景模拟：请以小组为单位模拟如何帮助家长解决这些困难。

（3）同伴互评：各组将模拟的辅助活动拍成视频，分享在学习平台上，每组可选取一个小组视频进行评价，并对存在的问题提出修改建议。

（4）自我反思：请对模拟活动进行反思。

✏ 学习笔记

⚠ **学习提示**

具体内容请查阅《阅读手册》专题三"0—3岁婴幼儿认知发展教育活动保育"中的"亲子游戏活动辅助"的部分内容；专题五"0—3岁婴幼儿情感与社会性发展教育活动保育"中的"亲子游戏活动辅助"的部分内容。

单元三

7—9 个月婴儿教育活动保育

学习目标

1. 学会观察 7—9 个月婴儿的行为表现，能运用专业知识识别和分析婴儿在动作、认知、语言、情感与社会性发展领域的主要特点。

2. 能够初步根据《7—9 个月婴儿发展观察评估表》评估个体婴儿的发展水平，准确识别发展异常。

3. 能正确看待 7—9 个月婴儿教养中的常见问题，并能为家长提供适宜的教育建议。

4. 在个别化游戏活动中，能根据教育目标创设适宜的环境，并能为教师提供恰当且有效的辅助支持。

5. 在亲子活动中，能为教师和家长提供恰当且有效的辅助支持。

学习导航

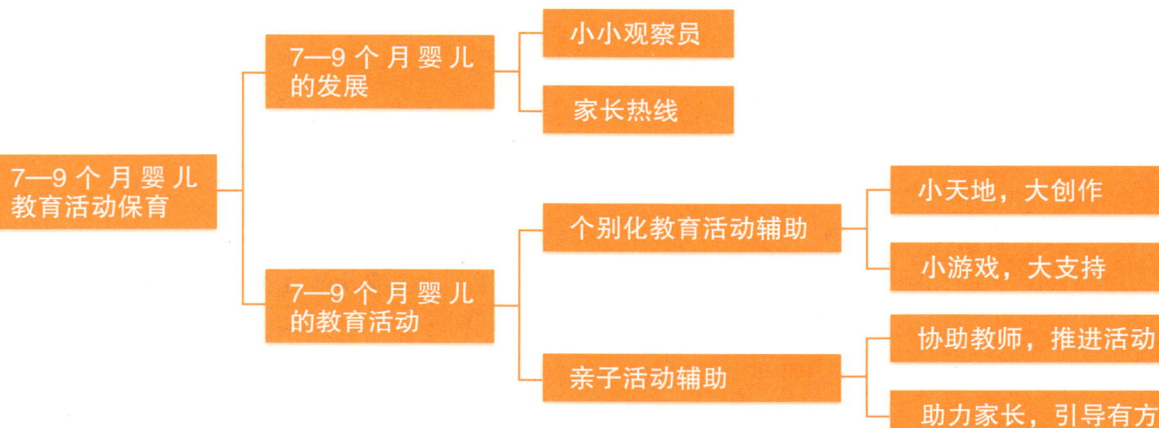

✏️ 学习建议

　　1.课前预习《阅读手册》，掌握7—9个月婴儿在动作、认知、语言、情感与社会性发展领域的主要特点。

　　2.在回答《行动手册》问题时，除了参考《阅读手册》外，还可借助相关的论文、书籍、网上相关内容等参考资料。

　　3.在日常生活中，应有目的、有意识地观察7—9个月婴儿的行为表现，并以文字、图片、视频等方式记录该月龄段的典型行为。

　　4.平时注意通过网络和书籍收集优秀的7—9个月婴儿教育活动案例，学习案例中教师的正确做法，思考可以提供哪些辅助工作。

　　7—9个月的婴儿出现很多新的发展里程碑：在大肌肉动作方面，出现了最早的自主位移动作——爬行，在小肌肉动作方面，出现了单手抓握；在思维发展方面，逐渐具备了客体永久性，例如，当玩具被毛巾盖住时，他们知道玩具并没有消失，会掀开毛巾找到玩具；在语言发展方面，形成了一种独特、复杂又让人难以理解的"小儿语"，这是在为将来顺利地发音、说话做准备；在情感与社会性发展方面，对家长表现出特别的依恋性，会主动伸手让家人抱，当家人在身边的时候，宝宝会很开心，而对陌生人会产生害怕的心理。

　　相关专业的学生需要在观察了解7—9个月婴儿发展特点的基础上，学会在个别化游戏活动和亲子活动中，为教师和家长提供恰当、有效的辅助支持，来促进婴儿的全面、健康发展。

一　7—9个月婴儿的发展

● 情境再现 ●

　　豆豆9个月了，看到自己喜欢的玩具小汽车，能够灵活地爬过去，并单手拿到玩具小汽车。妈妈对他说："豆豆，把车车给妈妈。"豆豆会按照妈妈的指令做，将小汽车递给妈妈。可没一会儿，他又发出哼哼的声音，伸出双手，想要拿回小汽车。妈妈却将小汽车藏在了爬爬垫下面，豆豆看到后，急忙爬过去，掀开爬爬垫找到了小汽车。这时，有人在敲门，妈妈离开房间去开门，豆豆看到妈妈离开，马上大声哭起来，伸出手让妈妈抱他，当妈妈抱起他后，他便停止哭闹。

专家分析

（1）动作发展方面：7—9个月的婴儿开始出现最早的自主位移动作——爬行。从匍匐爬行发展到手膝爬行，从同侧爬行发展到对侧爬行。情境中的豆豆已经学会了手膝爬行和对侧爬行。另外，在精细动作方面，7—9个月婴儿的手指抓握能力更加灵活，豆豆已经开始能用一只手而不是用两只手同时伸手拿东西了，即学会了单手抓握。

（2）认知发展方面：7—9个月的婴儿开始获得客体永久性的概念，即当客体从视野中消失时，儿童知道该客体依然存在，并未消失。情境中的豆豆能够快速寻找到妈妈藏在爬爬垫下面的小汽车，说明他已经形成了客体永久性的概念。

（3）语言发展方面：7—9个月的婴儿开始能把自己的名字和自己相对应起来，并能听懂和执行成人说的简单指令，情境中的豆豆在听到妈妈喊自己名字时能够做出反应，并且按妈妈的指令将小汽车给妈妈。

（4）情感与社会性发展方面：7—9个月的婴儿开始出现陌生人焦虑和分离焦虑，害怕陌生人的情况逐渐显现，当他们与妈妈或其他主要照料者分开时，会表现出明显的焦虑。情境中的豆豆在妈妈离开房间后，就表现出了哭闹的情绪，当妈妈回来后，又能停止哭闹，说明他已经有了分离焦虑，也与母亲建立了依恋关系。

▶▶ 小小观察员

◇ 学做观察员：找小球 ◇

观察记录：

爸爸在9个月大的吉吉面前用毛巾盖住小球，吉吉看到后爬过去，掀开毛巾，将小球拿到手中。

分析：视频《客体永久性》体现了7—9个月婴儿以下方面的发展：

①动作发展方面：学会用肚子和手作为支撑点匍匐爬行。

②认知发展方面：当小球被毛巾挡住时，吉吉会去寻找，说明他已具有了客体永久性的概念，知道当物体不在眼前时，它并没有消失。

客体永久性

◇ 我是观察员 ◇

任务一：结合案例，完成任务

案例1：妈妈不要走

尧尧（8个月）正坐在沙发上玩玩具，妈妈对她说："宝贝，妈妈要去上班了，跟妈妈再见吧！"尧尧看到妈妈离开便开始大哭，想让妈妈抱（见图3-1）。妈妈只好又回来，看到妈妈回来，尧尧停止了哭闹（见图3-2）。

 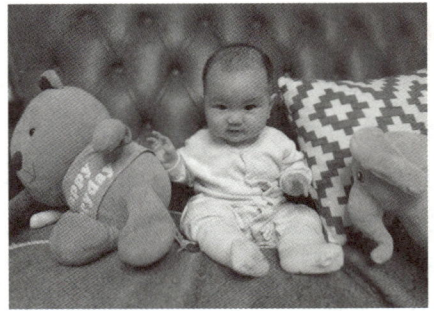

图 3-1　妈妈离开时　　　　　　　图 3-2　妈妈回来后

（1）案例 1 体现的是婴儿哪方面的发展？（　　　）

A. 婴儿动作的发展　　　　　　　　B. 婴儿认知的发展

C. 婴儿语言的发展　　　　　　　　D. 婴儿情感与社会性的发展

（2）这个年龄段的婴儿在该方面已具备了什么特点？

学习提示

具体内容请查阅《阅读手册》专题五"0—3 岁婴幼儿情感与社会性发展教育活动保育"中"婴幼儿情感与社会性发展的内容及特征"的部分内容。

案例 2：牙牙学语

欢欢（9 个月）在洗澡的时候和妈妈"对话"，会发出"咿咿呀呀""答答""爸爸""妈妈"的声音。

（1）案例体现的是婴儿哪方面的发展？（　　　）

A. 婴儿动作的发展　　　　　　　　B. 婴儿认知的发展

C. 婴儿语言的发展　　　　　　　　D. 婴儿情感与社会性的发展

（2）这个年龄段的婴儿在该方面已具备了什么特点？

⚠️ **学习提示**

　　具体内容请查阅《阅读手册》专题四"0—3岁婴幼儿语言发展教育活动保育"中"婴幼儿语言发展的内容及特征"的部分内容。

案例3：爬行

　　观看视频《尧尧7个月的爬行》《尧尧8个月的爬行》《尧尧9个月的爬行》，运用表3-1观察记录7—9个月婴儿爬行动作的发展情况。

表3-1　7—9个月婴儿爬行动作记录表 ❶

月龄	观察记录						
	爬行方式	能否爬行	同侧爬行	对侧爬行	同侧对侧爬行兼有	爬行速度（快或慢）	爬行坚持时间
7个月	匍匐爬行（用肚子和手作为支撑点爬行）						
	手膝爬行（腹部离开地面，重心落在手和膝上）						
8个月	匍匐爬行（用肚子和手作为支撑点爬行）						
	手膝爬行（腹部离开地面，重心落在手和膝上）						
9个月	匍匐爬行（用肚子和手作为支撑点爬行）						
	手膝爬行（腹部离开地面，重心落在手和膝上）						

尧尧7个月的爬行

尧尧8个月的爬行

尧尧9个月的爬行

⚠️ **学习提示**

　　具体内容请查阅《阅读手册》专题二"0—3岁婴幼儿动作发展教育活动保育"中"婴幼儿动作发展的一般规律"的部分内容。

📝学习笔记

❶　周念丽：《0—3岁儿童观察与评估》，57页，上海，华东师范大学出版社，2013。

任务二：自主学习，完成任务

（1）搜集有关 7—9 个月婴儿发展视频，以小组形式共同完成该月龄段婴儿的发展记录。（见表 3-2）

表 3-2　7—9 个月婴儿发展观察记录表

发展领域	发展特点（以记录视频中的文字介绍为主）

（2）在日常生活或教育实习实践中观察 7—9 个月婴儿听声音找声源的能力，完成表 3-3。可以让婴儿听拨浪鼓的声音，然后对婴儿说："听听，这是什么声音？"然后将拨浪鼓放到婴儿看不见的地方，距离由近到远，抱着他，按照他的指引去寻找，记录找到所用时间。

表 3-3　7—9 个月婴儿听声音找声源观察表 ❶

位置	是否找到（是或否）	寻找时间
婴儿所坐的椅子下		
旁边的衣柜上		
门外的桌子上		
隔壁房间的箱子里		

（3）观察 7—9 个月婴儿的注意偏好的表现，完成表 3-4。

表 3-4　7—9 个月婴儿注意偏好客观记录表

观察对象	旧事物		新事物	
	注意时间	注意方式	注意时间	注意方式
颜色鲜艳				
颜色灰暗				
能发出响声				
不能发出响声				
能活动				
不能活动				

---

❶ 周念丽：《0—3 岁儿童观察与评估》，21 页，上海，华东师范大学出版社，2013。

任务三：利用评估表，综合评估婴儿的发展水平

请以某7—9个月的婴儿作为观察对象，尝试采用《7—9个月婴儿发展观察评估表》（见表3-5）评估其发展水平。

表3-5　7—9个月婴儿发展观察评估表

发展方面		观察评估细目	是	否	婴儿具体表现
动作发展	粗大动作发展	独坐自如，不用手支撑能独坐10分钟左右			
		扶住双臂能站立片刻			
		会自己往前爬行			
		自己会转换体位			
	精细动作发展	能用手全掌摆弄桌上的小东西并抓住			
		能将小积木从一只手换到另一只手中			
		会将两块方积木对击			
		能用拇指和其他指抓住小物体			
认知发展	注意发展	开始对周围色彩鲜艳、发声、能活动的东西产生较稳定的注意			
		注意不再像以前那样只表现在视觉等方面，以更广泛和更复杂的形式表现在吸吮、抓握、够物和运动等日常感知活动中			
		选择性注意越来越受知识和经验的支配			
		对新异事物的兴趣增加，产生探索性行为和注意			
	记忆发展	能记住妈妈的模样，见到妈妈时，很欢乐，四肢舞动，面带笑容，甚至发出笑声			
		能记忆离开一星期左右的熟人			
		出现模仿动作			
		搜物能力明显增强			
	思维发展	会犯AB错误			
		客体永久性开始建立			
语言发展	言语知觉	能够理解成人的语言，目光会转向成人所指物			
		"××东西在哪里？"能够把目光转向妈妈或手指指向的物体（能辨别一些熟悉物体的名称）			
	言语发音	会出现重复的音节，重叠音，如"mama""baba"等			
		在音调上有升调			
		出现辅音，如"x""j""q"			
		能模仿他人发出的声音			

续表

发展方面		观察评估细目	是	否	婴儿具体表现
语言发展	前语言交际能力	有小儿语的出现，能和同伴愉快交流			
		会用简单的叠音配合动作向成人指出想要的东西			
		会用简单的手势或者发音跟他人打招呼、道别			
		出现指物现象			
情感与社会性发展	情绪表达	在双亲在场的情境下，当其他大人逗他时，能与别人开心地玩			
		被带到陌生的公共场所，如广场或超市等，会黏着大人，不愿离开父母的怀抱			
		在双亲在场的情境下被陌生人抱起时会表现出害羞的表情			
		在很高兴地玩玩具时被父母突然打断，会显得烦躁，甚至会哭闹起来			
		在妈妈当着他的面抱别的儿童时，会哭泣以表达伤心、生气的情绪			
	情绪理解	当完成爬行或挥手动作，受到大人肯定赞赏时，会重复该动作			
		在婴儿面前放上陌生的玩具并鼓励他去尝试够取，会大胆伸手去拿			
	情绪管理	无聊时会主动玩玩具来自娱自乐			
		在陌生人面前会捂住自己的脸来掩饰害羞			
		当看到害怕的东西时会紧闭双眼			
	社会行为	懂得成人面部表情，受责骂或不高兴时会哭			
		会挥手再见，会招手欢迎			
		会注视，伸手去接触、摸另一个婴儿			
		喜欢交际类的游戏，会笑得非常激动			
		表现出喜爱家庭成员，对熟悉、喜欢他的成人要求抱			
	社会适应	对于陌生人表现出不稳定、忧虑的情绪			
		可以在成人的帮助下扶着水杯喝水			
	自我意识	玩具被拿走会激烈反抗			
		通过面部表情和动作传达需求			
		当成人禁止做某件事时，能够立刻停下			

任务四：观察婴儿，完成任务

在托育机构实习过程中，以某7—9个月的婴儿作为观察对象，以文字和视频的形式记录其在动作、认知、语言、情感与社会性等方面的行为表现，并分析其发展特点，完成表3-6。

表3-6 7—9个月婴儿发展观察记录分析表

观察对象：	性别：	月龄：
观察时长：	观察地点：	
活动材料：		
情境概述：		
观察记录：		
观察分析：		

▶▶ 家长热线

任务五：接听家长热线，完成任务

热线1：孩子到底要不要爬

妞妞妈妈下班回家后，发现奶奶正扶着8个月的妞妞站着走路。妞妞妈妈对奶奶说："她现在连爬都不太会，怎么能直接练习走呢？现在应该多练习爬。"奶奶说："爬多了就不会走了，我们可以直接学习走，不用非去爬！"

你更赞同谁的观点？为什么？

云测试

⚠ 学习提示

具体内容请查阅《阅读手册》专题二"0—3岁婴幼儿动作发展教育活动保育"中"婴幼儿动作发展的类型与顺序"的部分内容。

拓展阅读
扫码阅读《爬行的8大好处》

爬行的8大好处

热线2：宝宝怕生怎么办

家长的困惑：宝宝8个多月，认生，爸爸妈妈抱着没事，爷爷奶奶、外公外婆抱着就哭。可是宝宝奶奶非要抱他，抱几分钟，宝宝哭得撕心裂肺，被送回给妈妈了。这样非抱不可，好吗？

针对家长的困惑，你的回答是：

！学习提示

　　具体内容请查阅《阅读手册》专题五"0—3 岁婴幼儿情感与社会性发展教育活动保育"中"婴幼儿情感与社会性发展的内容及特征"的部分内容。

温馨提示

7—9 个月，婴儿将这样逐渐成长：

◎ 能自己坐，扶着大人或床沿能站立，扶着大人的手能走几步。

◎ 会爬。

◎ 能用一个玩具敲打另一个玩具。

◎ 能用手抓东西吃，能用拇指、食指捏起细小物品。

◎ 能发出"ba ba"等音。

◎ 能听懂大人的一些话，如听到"爸爸"这个词时能把头转向爸爸。

◎ 喜欢被人抱，会对着镜子中的自己笑。

◎ 会拍手，能按大人的指令用手指出灯、门等常见物品等。

◎ 大人表扬自己时有高兴的表现。

◎ 喜欢与大人玩"藏猫猫"的游戏。

有以下状况，请赶快送孩子去看医生：

◎ 不能用拇指和食指捏取东西

◎ 对新奇的声音或不寻常的声音不感兴趣

◎ 不能独坐

◎ 不会吞咽菜泥、饼干等固体食物

二　7—9 个月婴儿的教育活动

（一）个别化教育活动辅助

▶▶ **小天地，大创作**

请你像我这样做（一）

图 3-3 是活动区"躲猫猫"的环境创设，教师在区域提供了可以让宝宝藏起来的大

纸箱、大丝巾。请对这个环境创设进行评析。

该活动区的环境创设主要体现了以下特点：

（1）环境创设符合该月龄段婴儿的认知发展特点。7—9个月的婴儿开始有了客体永久性认知的萌芽，能寻找部分遮盖的或当面被盖住的东西，该活动区环境创设有助于该阶段婴儿认知的发展。

（2）环境创设有助于良好亲子依恋关系的建立。游戏的过程，是一段很轻松愉快的亲子时光，满足婴儿的情感需求，有助于婴儿和养育者建立良好的信任和依恋关系。

（3）半开放的空间布局增加了游戏互动的机会。活动区的环境材料是半开放式的纸箱和家中常有的丝巾，半开放的空间保证了婴儿在游戏过程中有安全感，在此基础上，也为成人与婴儿的互动增添丰富的游戏性，如"妈妈躲在哪里呢？猫猫在这里"。游戏互动可以激发婴儿的语言表达能力。大纸箱的投放，也为婴儿感受不同的空间提供了机会。

（4）材料安全环保。活动区的材料主体是大空间的纸箱，丝巾也是日常可以找到的物品，质地柔软，非常环保安全。

图 3-3　躲猫猫

请你像我这样做（二）

图3-4和图3-5是活动区"声音探索区"的环境创设，教师提供了各种乐器（沙球、手鼓、铃鼓等），包括能通过按钮发声的音乐墙等。

这样的环境创设合理吗？有哪些合理之处？有哪些不足？如何改进？（见表3-7）

图 3-4　声音探索区

图 3-5　音乐墙

表3-7 7—9个月婴儿活动区环境创设评析表

合理	不足	改进方法
①场地安全、舒适；②各种乐器材料丰富；③音乐墙便于亲子开展互动游戏	①橱柜的高度对于此月龄段的婴儿来说过高，拿取不便；②乐器的种类过多，有些乐器不适合，缺少一些锻炼手部精细动作敲打类的乐器及音高乐器；③音乐墙的音乐声音无法调节；④这个月龄的婴儿以爬、坐活动为主，环境中缺少地垫的投放	①降低橱柜的高度，可以是两层低矮式的；②筛除掉同类型的铃鼓、摇铃类乐器，增加一些宝宝手部便于捏、压的发声玩具；③增加一些生活类的发声物品，如碗、罐子、小勺等，鼓励尝试敲击这些物品；④可以放置一个蓝牙音箱，便于调节声音；⑤在活动区铺上地垫

任务一：观察图片，完成任务

图3-6中的环境创设有哪些合理之处？有哪些不足？如何改进？完成表3-8。

图3-6

表3-8 7—9个月婴儿个别化教育活动环境评价表

合理	不足	改进方法

任务二：创设有利于活动开展的环境

请根据以下教育目标为7—9个月婴儿创设适宜的环境（见表3-9）。

表3-9 7—9个月婴儿个别化教育活动环境创设表

教育目标	促进孩子爬行动作的发展
材料	（要求：写清楚材料的质地、数量、大小等信息）
空间布局图	
注意事项	

▶▶ **小游戏，大支持**

任务三：阅读游戏活动方案，完成任务

认真阅读下面的个别化游戏案例，从"游戏的作用""作为辅助者可以做什么"等角度完成相关任务。

活动名称：个别化游戏活动"开火车"

活动准备：乐曲《拉手舞》

活动过程：

①让宝宝俯卧在成人的双臂上，宝宝两手侧平举保持平衡；

②听音乐游戏：听到乐曲"进行部分"时，成人托着宝宝跑动或左右摇晃；听到乐曲的"休止部分"时，成人托着宝宝跑动或左右摇晃要停止。

③最后"火车到站了"，让宝宝从成人的双臂滑下。❶

（1）该游戏促进了婴儿哪方面的发展？（　　　）

A. 婴儿动作的发展　　　　　　　B. 婴儿认知的发展

C. 婴儿语言的发展　　　　　　　D. 婴儿情感与社会性的发展

（2）游戏中采用了哪种方法？（　　　）

A. 示范法　　　　B. 讲解法　　　　C. 实验法　　　　D. 间接指导法

（3）在这个游戏中，你可以做哪些辅助工作？

辅助工作 1	
辅助工作 2	
辅助工作 3	

✎学习笔记

（二）亲子活动辅助

▶▶ **协助教师，推进活动**

任务四：阅读亲子活动方案，完成任务

阅读亲子活动方案，观察分析作为教师辅助者的辅助时机与具体内容，并进行情景模拟与反思。

---

❶ 尹坚勤、张元：《0—3 岁婴幼儿教养手册》，98 页，南京，南京师范大学出版社，2008。

活动名称：亲子游戏活动"小脚踩大脚"

活动目标：

7—9个月的宝宝可以通过肢体动作感受音乐的节奏。活动中，通过音乐节奏的变化，引导宝宝感受音乐的快慢，并通过肢体动作表现出来，还可以帮助宝宝感受开步走时身体的平衡感。

活动准备：

音乐《宝贝走走走》、塑料圈、串铃

活动流程：

1. 示范互动：感受音乐《宝贝走走走》

①教师播放音乐，边摇晃串铃边跟随音乐摇晃身体。

②家长把着宝宝的双手跟着教师一起通过摇晃肢体来感受音乐。

2. 亲子互动：听音乐踏脚走

①教师组织家长脱鞋，让宝宝同向踩在家长脚背上，家长扶着宝宝双手随音乐节奏向前走。

②家长站在宝宝对面，让宝宝双脚站在家长大脚上，大脚和小脚一起向前走。

3. 亲子游戏：跨圈走

①教师在地上放几个小圈，示范跨步动作。

②家长引导宝宝关注到脚下的圈圈，并稍抬脚带动宝宝一起跨过去。

活动提示：

①音乐节奏慢的动作幅度可以大一点，缓一点；音乐节奏快的动作幅度可以小一点，紧凑点。这样有助于引导宝宝通过肢体动作来感受音乐节奏。

②家长可根据宝宝的发展程度调整辅助的方式。在踩家长脚背时，月龄小、能力弱的宝宝可以被扶着腋下走；月龄大、能力强的宝宝可以拉着家长的手走。

③听音乐做游戏，感受音乐的停顿，根据简单、重复的歌词提示，家长可以边哼唱边引导宝宝一起做相应的"走动""停顿"的动作，让宝宝在感受音乐节奏的同时，逐步尝试听指令做动作。❶

1. 观察分析

你认为在这个案例中，什么时候需要去辅助教师？怎么进行辅助？请结合案例，完成表3—10。

---

❶ 张红：《0—3岁婴幼儿教育活动设计与指导》，85页，上海，华东师范大学出版社，2021。

表 3-10　7—9个月婴儿亲子活动辅助工作分析表

辅助时机	辅助工作

"小脚踩大脚"辅助工作提示

2. 情景模拟

以小组为单位，模拟案例中的辅助活动。

3. 同伴互评

各组将模拟的辅助活动拍成视频，分享在学习平台上，每组可选取一个小组视频进行评价，并对存在的问题提出修改建议。

4. 自我反思

请采用 PDT 评价表（见表 3-11）对模拟的辅助活动进行反思。

表 3-11　PDF 评价表 1

P（plus，学到了什么？）	D（delta，怎样可以做得更好？）	T（take away，收获了什么？）

▶▶ 助力家长，引导有方

任务五：阅读亲子活动方案，完成任务

阅读亲子活动方案，作为家长辅助者，观察分析辅助时机与具体内容，并进行情景模拟与反思。

活动名称：亲子游戏活动"照镜子"

活动目标：

此月龄段的宝宝会向镜中人微笑，能喃喃地发出单调的音节。通过活动，引导宝宝摸摸、认认自己的五官，加强宝宝的自我认知。

活动准备：

小镜子若干面。

活动流程：

1. 示范互动：照一照

①教师出示镜子，逐一让宝宝照一照，并问宝宝："镜子里面是谁？"引起宝宝的兴趣；

②教师介绍此活动的玩法和价值。

2. 亲子互动：学一学

①家长让宝宝自由摆弄镜子，并有意识地引导宝宝照镜子；

②家长和宝宝面对镜子，家长指认自己的五官，再引导宝宝指指自己的五官；

③家长、宝宝面对镜子，家长做各种动作：眨眼睛、吐舌头等，引导宝宝模仿。

3. 亲子游戏：玩一玩

①请家长把宝宝放在膝盖上，面对自己坐好，跟着教师边念儿歌边做游戏；

②儿歌：照镜子，照镜子，里面有个好宝宝。我哭他也哭，呜呜，我笑他也笑，哈哈。

活动提示：

①当教师提出问题"镜子里面是谁"时，家长可代替宝宝说"是我"，加强宝宝的自我意识；

②当家长和宝宝照镜子时，家长可以握住宝宝的手，帮助他指认面部五官；

③家长要用夸张的语言、动作、表情和宝宝进行交流，引起宝宝的活动兴趣。❶

1. 观察分析

想一想，在这个活动中，家长可能会面临哪些困难？

"照镜子"家长可能面临的困难提示

困难1	
困难2	
困难3	

2. 情景模拟

请以小组为单位，模拟如何帮助家长解决这些困难。

---

❶ 张红：《0—3岁婴幼儿教育活动设计与指导》，82—83页，上海，华东师范大学出版社，2021。

3. 同伴互评

各组将模拟的辅助活动拍成视频，分享在学习平台上，每组可选取一个小组视频进行评价，并对存在的问题提出修改建议。

4. 自我反思

请采用PDT评价表（见表3-12）对模拟活动进行反思。

表3-12　PDT评价表2

P（plus，学到了什么?）	D（delta，怎样可以做得更好?）	T（take away，收获了什么?）

任务六：总结回顾，连连看

请根据中间的婴儿身心发展特征，将其与左侧对应的发展维度和右侧对应的家长育儿提示连线。

发展维度	婴儿身心发展特征	家长育儿提示
动作	能分辨亲人和陌生人，有害怕陌生人的表现。逐步产生自我意识，与妈妈等亲人互相依恋，当妈妈离开时出现分离焦虑。	成人要多与宝宝互动，如妈妈可以与宝宝玩捉迷藏游戏：躲在窗帘后或房中，再呼唤宝宝的名字，让宝宝凭声音寻找妈妈。
语言	能较专心地注视某一物件，会熟练地追寻声源，听懂不同音调语气所表达的意义，感觉越来越敏锐，对四周物体反应增强。	每天在同一时间段，与宝宝玩同一个游戏，训练宝宝对时间及活动有联系的记忆。久而久之，宝宝到了时间便会期待游戏的开始。
认知	对叫自己的名字有反应，会转头寻找叫自己的人，会用某种声音表示自己不同的需求，常常发出一连串重复音节，懂得说"不"的意思。	给宝宝创造锻炼机会，使宝宝找到直立和行走的感觉，并增强上下肢的力量。将小物品放在盒子里面，让宝宝去取。
情感与社会性	爬行越来越好，从匍匐前行到四肢撑起躯干灵活爬行。可扶立片刻，有时可扶走几步。会拍手，摇手，换手拿物，能用拇指、食指相对摘取小东西，两手握物敲击、摆玩。	多和宝宝说话，以常用语言配合动作，如"欢迎""谢谢""再见"等，引导宝宝将语言与动作联结，形成条件反射。

单元四

10—12 个月婴儿教育活动保育

学习目标

　　1. 学会观察 10—12 个月婴儿的行为表现，能运用专业知识识别和分析婴儿在动作、认知、语言、情感与社会性发展领域的主要特点。

　　2. 能够根据《10—12 个月婴儿发展观察评估表》评估个体婴儿的发展水平，准确识别发展异常。

　　3. 能正确看待 10—12 个月婴儿教养中的常见问题，并能为家长提供适宜的教育建议。

　　4. 在个别化游戏活动中，能根据教育目标创设适宜的环境，并能为教师提供恰当有效的辅助支持。

　　5. 在亲子活动中，能为教师和家长提供恰当有效的辅助支持。

学习导航

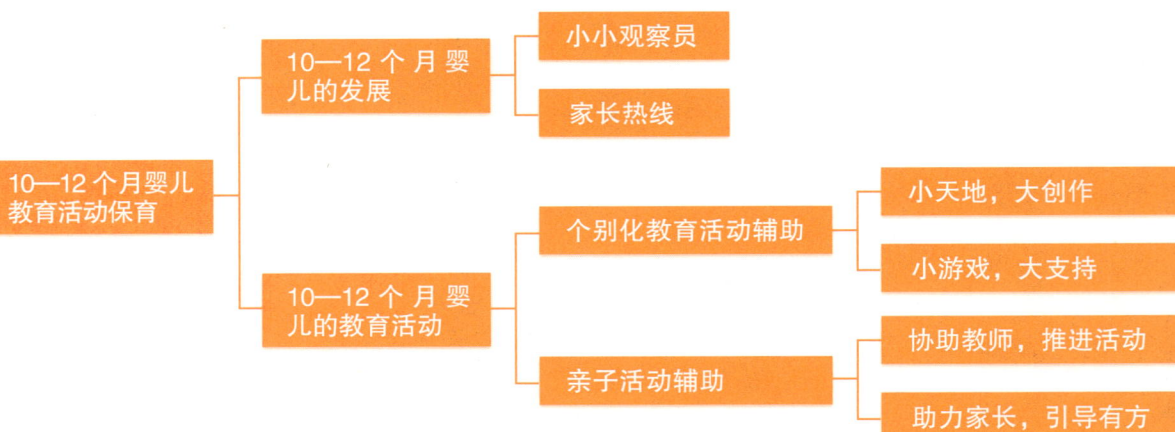

学习建议

1. 课前预习《阅读手册》，掌握10—12个月婴儿在动作、认知、语言、情感与社会性发展领域的主要特点。

2. 在回答《行动手册》上的问题时，除了参考《阅读手册》外，还可借助相关的论文、书籍、网站上的相关内容等参考资料。

3. 在日常生活中，应有目的、有意识地观察10—12个月婴儿的行为表现，并以文字、图片、视频等方式记录该月龄段的典型行为。

4. 平时注意通过网络和书籍收集优秀的10—12个月婴儿教育活动案例，学习案例中教师的正确做法，思考可以提供哪些辅助工作。

10—12个月的婴儿又进入了一个新的发展阶段。在动作发展上，开始学会了站立，并尝试独立行走，还能够用拇指和食指来抓握物体；在认知发展上，逐渐学会用工具来解决问题，如用一根棍子拨回物体；在语言发展上，能听懂一些有意义的词并能说出一些常见的词汇，如"爸爸""妈妈"等；在情感与社会性发展上，喜欢模仿他人的举动，对同龄人开始表现出极大的兴趣，会互相注视。

相关专业的学生需要在观察了解10—12个月婴儿发展特点的基础上，学会在个别化游戏活动和亲子活动中，为教师和家长提供恰当、有效的辅助支持，以促进婴儿的全面、健康发展。

一 10—12个月婴儿的发展

❂ 情境再现 ❂

"宝宝，妈妈回来了！"11个月的多多听到妈妈的声音后，马上扶着沙发往妈妈身边走去，高兴地喊着："妈妈、妈妈！"妈妈将包放在了沙发上，多多想去拿包，可包太远，手臂够不到，他先尝试踮起脚尖去拿，也没有拿到。后来，他发现了沙发边的小板凳，他先爬到小板凳上，然后再爬到沙发上，成功拿到了包并把包递给妈妈。当看到3岁多的姐姐正在玩拼图时，他便让妈妈抱他下去玩拼图。过了一会儿，姐姐去拿笔画画，他也跟在姐姐后面去画画。

● 专家分析 ●

（1）动作发展方面：10—12个月的婴儿开始出现"扶物行走"动作，综合协调运动能力有所发展。情境中的多多能够扶着沙发行走，说明他已经能够自己独立移动双腿迈步，只是平衡能力比较差，需要依靠沙发来保持身体平衡。扶物行走能增加他的腿部肌肉和平衡感，在此基础上进一步学会独立行走。另外，手眼协调能力也在此阶段得到了快速发展，情境中的多多能够玩拼图，说明他具有较好的手眼协调能力，而且也开始拿笔涂鸦了。

（2）认知发展方面：10—12个月的婴儿解决问题的目的性和计划性有所提高，学会使用工具解决问题。情境中的多多就是通过小板凳和沙发这两件工具成功拿到了包。

（3）语言发展方面：10—12个月的婴儿开始进入对语音的辨义阶段，会说出有意义的单词，这些单词往往指向婴儿常见的、熟悉的人或事物。情境中的多多在看到妈妈回家后就可以说出"妈妈"这个单词。

（4）情感与社会性发展方面：10—12个月的婴儿一般能与妈妈形成稳定的情感联结，即依恋关系。情境中的多多在看到妈妈回家后很高兴，说明对妈妈有依恋。同时，也开始发展与同伴之间以物品为中心的交往活动，情境中的多多能在姐姐边上玩拼图和画画，说明他开始有同伴交往了。

▶▶ 小小观察员

◇ 学做观察员：把玩具给妈妈 ◇

观察记录：

尧尧（11个月）扶着沙发行走，妈妈拿着玩具逗引她过来，她拿到玩具后将玩具放在手里摇晃。妈妈伸出手对她说："给妈妈。"于是，尧尧将玩具递给了妈妈。过了一会儿，妈妈又将玩具还给了她。姐姐过来了，妈妈说："给姐姐。"尧尧将玩具递给了姐姐。

分析：视频《把玩具给妈妈》体现了10—12个月的婴儿以下方面的发展：

①动作发展方面：能够较为熟练地扶物行走一段距离。

②言语发展方面：能听懂妈妈说的较为简单的话，并能正确地执行简单的指令。

◇ 我是观察员 ◇

任务一：结合案例，完成任务

案例1：鸭子在哪里

雷雷（8个月）喜欢玩橡皮鸭子，妈妈在他的面前用红布盖住橡皮鸭子，并问他："鸭子在哪里？"他能掀开红布，找到鸭子。妈妈又将鸭子放在布上，但鸭子有点远，雷雷伸手够不到。同样的问题情境，丁丁（11个月）则会通过拉动红布拿到鸭子。当雷雷11个月大的时候，妈妈在他面前示范如何利用布来拿到鸭子，他很快就学会了这种方法。

（1）案例体现的是婴儿哪方面的发展？（　　　）

A. 婴儿动作的发展　　　　　　B. 婴儿认知的发展

C. 婴儿语言的发展　　　　　　D. 婴儿情感与社会性的发展

（2）8个月的雷雷和11个月的丁丁在该方面的发展上有什么不同？

云测试

（3）雷雷到11个月时在该方面是否得到了发展？

！学习提示

具体内容请查阅《阅读手册》专题三"0—3岁婴幼儿认知发展教育活动保育"中"婴幼儿认知发展的内容及特征"的部分内容。

案例2：拍小手，打电话

观看视频《拍小手，打电话》，撰写观察记录，并进行分析。

拍小手，打电话

观察记录

分　析

云测试

！学习提示

具体内容请查阅《阅读手册》专题四"0—3岁婴幼儿语言发展教育活动保育"中"婴幼儿语言发展的内容及特征"的部分内容。

任务二：自主学习，完成任务

（1）搜集有关 10—12 个月婴儿发展视频，以小组形式共同完成该月龄段婴儿的发展记录。（见表 4-1）

表 4-1　10—12 个月婴儿发展观察记录表

发展领域	发展特点（以记录视频中的文字介绍为主）

（2）观察 10—12 个月婴儿手指对捏动作的发展。可以将婴儿抱坐在桌前，将一小物体放在婴儿桌前的小盘里，观察他能否动作协调、迅速地用拇指和食指的指端捏起小物体，完成表 4-2。

表 4-2　　10—12 个月婴儿手指对捏动作观察表 [1]

不同物品	观察记录	
	能否用拇指和食指的指端捏起小物品	动作是否协调、迅速
花生米		
小黄豆		
小积木		
玉米粒		
葡萄干		

（3）观察 10—12 个月婴儿的搜物行为，完成表 4-3。

表 4-3　10—12 个月婴儿搜物行为观察表 [2]

藏法	行为记录
藏玩具于婴儿背后	
藏玩具于被子边缘处	
藏玩具于被子深处	
藏玩具于毛毯下	
藏玩具于双层毛毯下	

---

[1] 周念丽：《0—3 岁儿童观察与评估》，63 页，上海，华东师范大学出版社，2013。
[2] 周念丽：《0—3 岁儿童观察与评估》，106 页，上海，华东师范大学出版社，2013。

学习提示

具体内容请查阅《阅读手册》专题二"0—3岁婴幼儿动作发展教育活动保育"中"婴幼儿动作发展的一般规律"的部分内容。

任务三：利用评估表，综合评估婴儿的发展水平

请以某10—12个月的婴儿作为观察对象，尝试采用《10—12个月婴儿发展观察评估表》（见表4—4）评估其发展水平。

表4—4　10—12个月婴儿发展观察评估表

发展方面		观察评估细目	是	否	婴儿具体表现
动作发展	粗大动作	能独站5秒以上			
		扶着栏杆能迈3步以上			
		抓住大人手能跟着大人走			
		能扶着栏杆蹲下捡东西			
		自己变换体位			
	精细动作	用拇指和食指的指端捏起小物体			
		将小物品往杯子内投放			
		模仿将手插入孔中			
认知发展	注意发展	能注视某一东西超过10秒			
		较前一个月龄段，探索行为更加明显			
	记忆发展	知道常用物品摆放的地方			
		能找到藏在自己身边的东西			
		会指认熟悉人的五官			
		有丰富的表情模仿行为			
	思维发展	客体永久性进一步发展			
		解决问题的行为受材料变化的影响			
		通过有意识地使用图式来解决感觉运动问题，如把容器里的东西晃动出来			
		可以通过拉动被单得到玩具			
		可以区别镜子里的其他婴儿和自己			
语言发展	言语知觉	能够根据"门铃"声看着门铃			
		受到成人鼓励会不断重复某动作			
	言语发音	模仿一些非语言的声音，如咳嗽声			
		能模仿成人发出诸如"qi""xi"等音节			
		高兴时会伴随"啊""哦"的声音，手舞足蹈			
		说出有意义的词，如"妈妈"			

续表

发展方面		观察评估细目	是	否	婴儿具体表现
语言发展	语言交际	理解一些简单的命令性语言，如"坐下"			
		挥手向人说再见			
		初步理解一些关于吃的、玩具、家人名字等新词			
		能用摇头表示不要			
情感与社会性发展	情绪表达	在看到爸爸或妈妈时，会主动伸出双臂拥抱爸爸妈妈			
		当婴儿吃饱喝足后，大人讲故事时，婴儿他会依偎在父母身旁安静地聆听			
		当婴儿希望得到某物，父母没有答应他的要求时，婴儿他会经常发脾气			
		将婴儿带到陌生的地方面对陌生人时，他很紧张			
	情绪理解	当完成一件事情，比如，自己吃饭或者走了一段路，妈妈给予表扬时，婴儿会很开心			
		当大人用言语赞美婴儿"你真乖"，"你真棒时"，婴儿会很开心			
	情绪管理	当烦厌或者无聊时，会用技巧吸引大人注意			
		当一个人的时候，会自我娱乐			
		当感到紧张时，会用吸吮手指的方式缓解			
		当感到害怕某人或某物时，会把头扭向一边或者爬离			
	社会行为	会模仿照料娃娃，如拍拍娃娃，喂水等			
		经常模仿大人的行为			
		服从简单的指令			
		成人帮助他做什么事情时,他会配合，如大人说睡觉了，他会主动躺下			
		听到表扬时他会重复刚刚的动作			
		哭闹时，他容易被妈妈安慰			
		知道妈妈要离开会哭，寻找妈妈			
		与同伴一起玩玩具时，有对物品的共同注意			
	社会适应	看见陌生人会焦虑，会害怕			
	自我意识	正在做的事情被禁止或打断，会很激烈地表达不满			

任务四：观察婴儿，完成任务

在托育机构实习过程中，以某个 10—12 个月的婴儿作为观察对象，以文字和视频的形式记录其在动作、认知、语言、情感与社会性方面的行为表现，并分析其发展特点，完成表 4-5。

表 4-5 　10—12 个月婴儿发展观察记录分析表

观察对象：		性别：	月龄：
观察时长：		观察地点：	
活动材料：			
情境概述：			
观察记录：			
观察分析：			

▶▶ 家长热线

任务五：接听家长热线，完成任务

热线 1：要不要给宝宝买图画书

妞妞（10 个月）妈妈买回来几本婴儿图画书，奶奶说："这么小，买书做什么！她又不会看，若她把书全撕了，多可惜！"

你怎么看待上述案例中妞妞奶奶的观点？

云测试

⚠ 学习提示

　　具体内容请查阅《阅读手册》专题四"0—3 岁婴幼儿语言发展教育活动保育"中"婴幼儿语言发展的内容及特征"的部分内容。

拓展阅读

扫码阅读《婴儿的语言教育活动》

热线 2：宝宝该用哪种车学走路

家长的困惑：宝宝现在快一岁了，用学步车学走路一个多月了，还是不会走路，用学步带又怕勒到她，请问：婴儿学走路时应该用什么方法比较好？是否可以用学步手推车呢？

婴儿的语言教育活动

云测试

拓展阅读

扫码阅读《学步的宝宝用学步车好不好》

学步的宝宝用学步车好不好

学习笔记

针对家长的困惑，你的回答是：

温馨提示

10—12 个月，婴儿将这样逐渐成长：

长出 6—8 颗乳牙

◎ 能熟练地爬

◎ 能扶着家具或别的东西走

◎ 能滚皮球

◎ 喜欢反复拾起东西再扔掉

◎ 会找到藏起来的东西，喜欢玩藏东西的游戏

◎ 理解一些简单的指令，如"拍手"和"再见"

◎ 会用面部表情、手势、单词与大人交流，如微笑，拍手，伸出一个手指表示 1 岁等，会随着音乐做动作

◎ 能配合大人穿脱衣服

◎ 会搭 1—2 块积木

◎ 能模仿叫"爸爸""妈妈"

◎ 喜欢跟小朋友一起玩

有以下状况，请赶快送婴儿去看医生：

◎ 当快速移动的物体靠近眼睛时，不会眨眼

◎ 还没有开始长牙

◎ 不会模仿简单的声音

◎ 不能根据简单的口令做动作，如"再见"等

◎ 不能和父母、家人友好地玩

二　10—12 个月婴儿的教育活动

（一）个别化教育活动辅助

▶▶ 小天地，大创作

请你像我这样做（一）

图 4-1 是活动区"阅读角"的环境创设，教师在区域提供了低矮的小书架，毛绒地毯，小靠垫，各类图书（发声书、触摸书、色彩鲜艳文字少的书籍、布艺书、塑料压膜图书、照片书、小规格的方形纸板书）等。

请对这个环境创设进行评析。

该活动区的环境创设主要体现了以下特点：

（1）该活动区的环境创设符合婴儿的身心发展规律。10—12个月的婴儿能逐渐安静地听儿歌、故事；对图画书里多次重复出现的象声词会有反应；喜欢摆弄色彩鲜艳、构图简单的图卡、图画书；看到熟悉的画面会有反应，会发出嗯嗯声或用动作表现出开心的样子。活动区的环境创设温馨舒适，空间开放，光线适中，有助于婴儿在其中开展活动。

（2）图书摆放位置适宜。书籍放置在低矮开放的书架上，给婴儿提供自主拿放的机会，在婴儿看书积累到一定时长后，可以引导他去柔软的垫子上休息，或爬一爬，看看窗外放松一下。

（3）图书内容吸引婴儿兴趣。书籍内容适宜，种类多样，如发声书以图片和声音相结合的形式，激发婴儿模仿象声词；照片书，采用大开面的设计，里面张贴各种熟悉的照片，增加婴儿阅读的兴趣。

（4）图书材质具有多样性。在书籍的材质选择上，有布艺书、触摸书、小规格的纸板书等，预防低月龄的婴儿撕扯、啃咬书页，损坏书。当婴儿能够翻页的时候，可以初步将书本调整为纸质书，这样更有利于婴儿翻页。

图 4-1 阅读角

学习笔记

请你像我这样做（二）

图 4-2 是活动区"调皮的沙滩球"的环境创设，教师提供了吊绳、沙滩球等。这样的环境创设合理吗？有哪些合理之处？有哪些不足？如何改进？（见表 4-6）

图 4-2 调皮的沙滩球

表 4-6　10—12个月婴儿活动区环境创设评析表

合理	不足	改进方法
①空间开阔，便于宝宝在其中活动；②游戏有趣开放，宝宝可以自由拍打沙滩球；③沙滩球悬挂高低有层次，适合不同发展阶段的婴儿参与其中	①沙滩球区域边有小迷宫，阻碍了婴儿的通行，可能会产生安全隐患；② 10—12个月的婴儿刚刚能在搀扶下走路，而沙滩球悬挂过高；③沙滩球的玩法较单一；④沙滩球的陈列方式只有悬挂一种，缺乏开放式探索的可能；⑤球的种类过于单一	①清空无关物品，创设一个安全、有序的开房空间，有助于婴儿自由自主地活动；②进一步调整沙滩球的悬挂高度，使其满足不同月龄婴儿的特点（一些婴儿能站立够到，一些是在大人的帮助下能踮脚够到，还有一些可作装饰悬挂得高一点）；③悬挂沙滩球的吊绳可采用弹力绳，防止悬挂物掉落，让婴儿初步感受沙滩球的弹起弹落；④可在空旷的场地投放一些沙滩球，以及大大小小不同类型的球（发声的、不同材质的），并准备置物筐用于收纳

任务一：观察图片，完成任务

图 4-3 中的环境创设有哪些合理之处？有哪些不足？如何改进？完成表 4-7。

图 4-3

表 4-7　10—12个月婴儿个别化教育活动环境评价表

合理	不足	改进方法

任务二：创设有利于活动开展的环境

请根据以下教育目标，为10—12个月的婴儿创设适宜的环境，完成表4-8。

表4-8 10—12个月婴儿个别化教育活动环境创设表

教育目标	促进婴儿站立和行走动作的发展
材料	（要求：写清楚材料的质地、数量、大小等信息）
空间布局图	
注意事项	

▶▶ 小游戏，大支持

任务三：阅读游戏活动方案，完成任务

认真阅读下面的个别化游戏案例，从"游戏的作用""作为辅助者可以做什么"等角度完成相关任务。

活动名称：个别化游戏活动"好玩的罐子"

活动准备：透明的大罐子（罐口可以小一些，直径约5厘米），彩色的珠子若干（大小不一）。

活动过程：

①出示一个大大的透明的罐子，告诉宝宝："这是一个大罐子，好玩的大罐子。"

②再出示一些彩色的珠子说："宝宝，我们把珠子放进大罐子里吧！"示范用食指和拇指捏住珠子，放进透明的罐子里并摇晃，让宝宝听听珠子碰撞的声音，引起宝宝游戏的兴趣。

③鼓励宝宝模仿，进行捏珠子的游戏。

活动提示：

罐子一定要透明，这样宝宝可以看到色彩鲜艳的珠子。罐口和珠子的体积可以随着宝宝年龄、能力的增加而不断减小。宝宝的游戏操作一定要在成人的视线里，要特别注意防止宝宝把小珠放在口、鼻、耳中。❶

（1）该游戏促进了婴儿哪方面的发展？（   ）（多选题）

A. 婴儿动作的发展   B. 婴儿认知的发展

C. 婴儿语言的发展   D. 婴儿情感与社会性的发展

云测试

---

❶ 尹坚勤、张元：《0—3岁婴幼儿教养手册》，147页，南京，南京师范大学出版社，2008。

（2）游戏中采用了哪些方法？（　　　）

A. 示范法　　　B. 讲解法　　C. 实验法　　D. 间接指导法

（3）在这个游戏中，你可以做哪些辅助工作？

辅助工作 1 ＿＿＿＿＿＿＿＿＿＿＿＿＿＿＿＿＿＿＿

辅助工作 2 ＿＿＿＿＿＿＿＿＿＿＿＿＿＿＿＿＿＿＿

辅助工作 3 ＿＿＿＿＿＿＿＿＿＿＿＿＿＿＿＿＿＿＿

（二）亲子活动辅助

▶▶ 协助教师，推进活动

任务四：阅读亲子活动方案，完成任务

阅读亲子活动方案，作为教师辅助者，观察分析辅助时机与具体内容，并进行情景模拟与反思。

活动名称：亲子游戏活动"学做表情"

活动目标：

此月龄段的宝宝能准确地表示愤怒、害怕、嫉妒、焦急、同情等情绪。在活动中逗引宝宝模仿家长的面部表情，体验表情变化的乐趣。

活动准备：

大镜子，音乐《表情歌》，人手一套"哭""笑"表情图片。

活动流程：

（1）示范互动：小脸变一变。

①教师介绍活动的内容与价值；

②教师分别出示不同的表情图片。如："宝宝，这是什么表情呢？"（笑脸）教师引导宝宝学做笑脸等。

（2）亲子互动：学一学，家长引导宝宝观察图片上宝宝的表情。

①家长出示笑脸。"宝宝在干吗？"家长面对宝宝用夸张的口型说"笑"，同时引导宝宝笑一笑。

②家长出示哭脸。"宝宝怎么了？"家长面对宝宝用夸张的口型说"哭"，同时引导宝宝模仿哭的表情。

（3）亲子游戏：播放《表情歌》。

①家长引导宝宝照着大镜子学做笑（和哭）表情。宝宝如果有困难，家长可以通过触碰腋下的敏感部位，引发宝宝的笑，并说："宝宝笑了。"

②教师示范游戏玩法，将剪了一个洞的广告纸遮住自己的脸，只露出嘴巴，告诉宝宝这是嘴巴，并让宝宝找找家长的嘴巴。

③教师介绍游戏的要点和活动价值。

（4）亲子互动：指一指。

①家长运用广告纸，依次露出五官，引导宝宝逐一认识鼻子、眼睛、耳朵、嘴巴。

②家长引导宝宝逐一指认家长的鼻子、眼睛、耳朵、嘴巴。

③引导宝宝指认自己的五官。

（5）亲子游戏：找一找。

①家长一边念儿歌一边和宝宝一起指认五官，如"找呀找呀找眼睛，你的眼睛在哪里？"

②"在这里，在这里，我的眼睛在这里。"（继续找耳朵、鼻子、嘴巴）

活动提示：

①家长在与宝宝游戏过程中，指到某处时，可和宝宝说说这一部位的作用，如鼻子可以闻出香香的气味，耳朵可以听到美妙的声音，等等。

②家长可根据宝宝的能力逐渐加快找五官的速度，发展宝宝的反应能力。❶

1.观察分析

你认为在这个案例中什么时候需要去辅助教师？怎么进行辅助？请结合案例，完成表 4-9。

表 4-9　10—12 个月婴儿亲子活动辅助工作分析表

辅助时机	辅助工作

"学做表情"
辅助工作提示

---

❶　张红：《0—3 岁婴幼儿教育活动设计与指导》，上海，华东师范大学出版社，2021。

2. 情景模拟

以小组为单位，模拟案例中的辅助活动。

3. 同伴互评

各组将模拟的辅助活动拍成视频，分享在学习平台上，每组可选取一个小组视频进行评价，并对存在的问题提出修改建议。

4. 自我反思

请采用 PDT 评价表（见表 4-10）对模拟的辅助活动进行反思。

表 4-10　PDT 评价表 1

P（plus，学到了什么？）	D（delta，怎样可以做得更好？）	T（take away，收获了什么？）

▶▶ 助力家长，引导有方

任务五：阅读亲子活动方案，完成任务

阅读亲子活动方案，作为家长辅助者，观察分析辅助时机与具体内容，并进行情景模拟与反思。

活动名称：亲子游戏活动"小手小手拍拍"。

活动目标：此月龄段宝宝喜欢重复的游戏，如挥手表示"再见"，玩拍手游戏。通过简单的音乐节奏，培养宝宝对拍手游戏的兴趣，并模仿简单的动作。

活动准备：

音乐《小手拍拍》。

活动流程：

（1）示范互动：学一学。

①教师伸出自己的手拍拍，引起宝宝的注意。

②教师结合儿歌吸引宝宝，边唱儿歌边做动作。

③教师介绍此活动目标。

（2）亲子互动：做一做。

①家长与宝宝一起玩"藏小手"的游戏。家长把手藏起来让宝宝找，宝宝把手藏起来让家长找。

②家长边念儿歌边与宝宝做游戏。

（3）亲子游戏：小手拍拍。

家长和宝宝跟着音乐的节奏一起拍拍手。

活动提示：

①若宝宝听到"藏""伸"等动作没有反应，家长可握着宝宝的手一起做藏和伸的动作。

②家长的示范动作要夸张，节奏要慢，便于宝宝模仿。❶

1. 观察分析

想一想，在这个活动中，家长可能会面临哪些困难？

困难 1 _____
_____

困难 2 _____
_____

困难 3 _____
_____

"小手小手拍拍"家长可能面临的困难提示

2. 情景模拟

请以小组为单位，模拟如何帮助家长解决这些困难。

3. 同伴互评

各组将模拟的辅助活动拍成视频，分享在学习平台上，每组可选取一个小组视频进行评价，并对存在的问题提出修改建议。

4. 自我反思

请采用 PDT 评价表（见表 4-11）对模拟活动进行反思。

表 4-11　PDT 评价表 2

P（plus，学到了什么？）	D（delta，怎样可以做得更好？）	T（take away，收获了什么？）

学习笔记

_____

_____

_____

_____

_____

_____

_____

_____

_____

❶ 张红：《0—3 岁婴幼儿教育活动设计与指导》，上海，华东师范大学出版社，2021。

任务六：总结回顾，连连看

请根据中间的婴儿身心发展特征，将其与左侧对应的发展维度和右侧对应的家长育儿提示连线。

发展维度	婴儿身心发展特征	家长育儿提示
动作	扶物站渐稳，偶尔可独站片刻，牵着手可走几步，能独行几步。手的动作灵活，拇指、食指以钳形动作拿取小东西，能自己伸手拿东西吃。	成人要注意给予标准的语言环境，而不要降低标准迎合孩子。
语言	对语言的理解进一步提高，已能按语言命令行事，开始模仿成人讲话声音。会讲1—2个单词，有意识地叫爸妈，学狗叫"汪汪"。会有意识地叫"奶奶、婆婆"，讲几个重复单词："碗碗""灯灯"。	鼓励宝宝自己走路，让宝宝自己拿勺子吃饭，也可给宝宝笔，让他涂鸦。
认知	视觉、听觉、触觉等感觉已越来越完善灵敏，能注意观察四周事物动静，有进一步探索要求。可按形状颜色把积木分类，指认身体几个部分。	在宝宝面前做不同的表情，给宝宝解释不同表情的意思。
情感与社会性	会表达自己的各种感情，会用拍手跳跃引人发笑，能理解成人肯定或否定的语言，并以动作表情予以应答，如听到"不许拿"会把手中物放下。	可以教宝宝认识身体部分，指着该部分，告诉宝宝器官的名称，可以让宝宝学习认识自己的身体部位。

学习目标

1. 了解 13—18 个月幼儿发展的典型特点及教育活动促进策略。

2. 能够根据 13—18 个月幼儿具体表现，分析其发展的特点与水平，解答家长育儿困惑，进行适宜的教育活动辅助工作。

3. 喜爱幼儿，树立科学的儿童观及教养观。

学习导航

```
                          ┌──────────────────┐      ┌──────────────┐
                          │ 13—18 个月幼儿    │──────│ 小小观察员   │
                          │ 的发展            │      ├──────────────┤
                          │                  │──────│ 家长热线     │
                          └──────────────────┘      └──────────────┘
┌──────────────────┐
│ 13—18 个月幼儿    │                                ┌──────────────────┐
│ 教育活动保育      │                          ┌─────│ 小天地，大创作   │
└──────────────────┘      ┌──────────────────┐ │    ├──────────────────┤
                          │ 个别化教育活动辅助│─┤    │ 小游戏，大支持   │
                          │                  │ └─────└──────────────────┘
                          │ 13—18 个月幼儿    │
                          │ 的教育活动        │      ┌──────────────────┐
                          │                  │─────│ 协助教师，推进活动│
                          │ 亲子活动辅助      │─────├──────────────────┤
                          └──────────────────┘      │ 助力家长，引导有方│
                                                     └──────────────────┘
```

✏️ **学习建议**

　　1. 课前预习《阅读手册》，收集关于 13—18 个月幼儿相关的案例、视频、论文，以及该月龄家长育儿的困惑等，作为日后学习工作的参考。

　　2. 观看相关纪录片，如《北鼻的异想世界》等，加深对 13—18 个月幼儿身心发展特点的理解，并知晓相关的教育策略。

　　3. 通过查阅文献，了解该月龄段中家长育儿的误区与指导策略，如"宝宝恋上小毛毯"，家长应如何应对。

　　4. 在回答《行动手册》上的问题时，除了参考《阅读手册》外，还可借助相关的书籍、网站上的相关内容和绘本等参考资料。

　　5. 如果去早教机构实习，可运用书本知识进行实践，体会教材中相关要求，积累经验。

　　13—18 个月幼儿行走能力进一步发展，对外界的探索范围进一步扩大。与此同时，伴随着语言的初步使用，这一阶段的幼儿对外界的好奇心和探索欲望进一步加强。

　　因此，我们能够看到这一阶段的幼儿，从步履蹒跚到独立行走，从被动反应到主动探索，慢慢地发展自己的语言，表达自己的情绪，并在感知觉的诸方面发展至近乎成人水平。

　　根据 13—18 个月幼儿身体发展特点，教育的内容和要求也需要有针对性，如在动作发展方面，需要提供机会让幼儿练习独立行走；在语言与沟通方面，鼓励幼儿模仿成人说出的单词或语句，学着称呼人，用单词句表达自己的需求。

一　13—18 个月幼儿的发展

🔴 **情境再现** 🔴

　　豆豆 14 个月了，对妈妈越来越依恋。妈妈带她去小区里玩，她总是在童车里东张西望，看着小区里的人与物。有时候，她会发出"娃娃""猫猫"这样的声音。当有邻居过来向她打招呼时，她会睁着大眼睛看着人家，也不感到害怕。妈妈把她从童车里抱出来后，她很想自己走路。走得还不稳，跌跌撞撞的，很僵硬。

专家分析

（1）动作发展方面：13—18个月的幼儿以移动动作为主。其中，粗大动作发展主要表现为行走方面由跌跌撞撞到逐渐稳当。13—18个月幼儿行走的前期表现为身体僵硬，行进时身体不平衡，但他们尽力保持平衡，有明显的左右摇晃的动作。情境中的豆豆正是体现了行走的前期状态，走得不稳，跌跌撞撞。

（2）认知发展方面：13—18个月的幼儿认知发展尚不成熟，对陌生的人和物区分不大，因而对陌生环境有一定的适应性。此时幼儿对陌生环境中的一切都感到新奇。情境中的豆豆在童车里东张西望，看着小区里的人与物，正是这一特点的体现。

（3）语言发展方面：13—18个月的幼儿是言语发生阶段的单词句阶段，其特点之一就是用单个词来表达整个句子的意思，这单个词不是单纯地存在的，而是和当时的情境相联系的。这时的幼儿可以听懂简单的句子，并能听从简单的命令，交际倾向更为突出。情境中豆豆发出"娃娃""猫猫"这样的声音，就是单词句，单音重叠，出现在一定的情境中，家长可以根据豆豆的表情、动作以及当时的具体情况来确定幼儿的需要。

（4）情感与社会性发展方面：幼儿满1周岁时，对成人的依恋达到一个高峰。这时，妈妈或者主要照顾者的出现会给幼儿带来很大的安全感。当妈妈或主要照顾者离开幼儿时，他可能会用哭泣的方式，吸引他们回到自己身边。情境中14个月的豆豆正处于依恋高峰期。13—18个月的幼儿在看着陌生人时，不再像上一阶段那样容易怕得大哭，而是略有胆怯和退缩。所以，豆豆在看到邻居过来向她打招呼时，她睁着大眼睛看着人家。

▶▶ 小小观察员

◇　学做观察员：安安走路　◇

安安是一个14个月的小姑娘，当听到爸爸叫她过来的时候，她慢慢转过身，并伴随着笑容。紧接着，她放开扶着电视柜的手，跌跌撞撞地从电视柜旁走向爸爸。没走多远，她就伸出手，让爸爸扶着，握着爸爸的手指头，她又继续走了一段距离。

分析：视频《安安走路》体现了14个月的幼儿在动作、言语等方面发展的一些特点。

（1）动作发展方面：行走是高度自动化的动作技能之一。跌跌撞撞地走体现了这一阶段幼儿的行走还没达到完全自动化的程度，需要他人帮助的特点。这也是幼儿学习行走初期较为常见的表现。在案例中，安安跌跌撞撞地行走，并需要爸爸的帮助，正是这一阶段幼儿发展特点的体现。

（2）语言发展方面：当听到爸爸叫她过来时，她微笑着走向爸爸，这说明安安的言语已经有了进一步的发展。她能够听懂大人的指令，并采取行动。

安安走路

学习提示

　　具体内容可查阅《阅读手册》专题二中"0—3岁婴幼儿动作发展教育活动保育"的"婴幼儿动作发展的类型与顺序",以及专题三中"0—3岁婴幼儿认知发展教育活动保育"中"婴幼儿认知发展的内容及特征"的部分内容。

◇ 我是观察员 ◇

任务一:分析案例,完成任务

案例1:安安发脾气

　　安安在餐桌上大发脾气,因为妈妈不允许她按照自己的方式吃饭,她发出了尖叫声,并推开妈妈的手;直到妈妈允许她按照自己的方式吃饭时,她才平静下来。

　　请根据上述案例,参照观察示例中的分析方式,撰写案例分析。

云测试

学习提示

　　具体内容请查阅《阅读手册》专题五中"0—3岁婴幼儿情感与社会性发展教育活动保育"中"婴幼儿情感与社会性发展的内容及特征"的部分内容。

安安听指令

案例2:安安听指令

请观看视频《安安听指令》,撰写观察记录,并进行分析。

观察记录

分 析

云测试

！学习提示

具体内容请查阅《阅读手册》专题四中"0—3 岁婴幼儿语言发展教育活动保育"中"婴幼儿语言发展的内容及特征"的部分内容。

任务二：自主学习，完成任务

（1）搜集有关 13—18 个月幼儿发展视频，以小组形式共同完成该月龄段幼儿的发展记录。（见表 5–1）

表 5–1 13—18 个月幼儿发展观察记录表

发展领域	发展特点

（2）在日常生活或教育实习实践中观察幼儿的行为表现，完成以下任务。

①观察 13—18 个月幼儿行走动作，完成观察记录表 5–2。

观察目标：幼儿在走路时是否行走自如，并能绕过障碍物行走。

观察记录：运用表 5–2，观察记录 13—18 个月幼儿行走动作。

表 5–2 13—18 个月幼儿行走动作观察记录表 ❶

行走地点	能否独立行走	行走时仅仅走几步	行走时要走就走	行走时要停就停	走路时步态平稳，不摇不摆
地毯上					
草地上					
树林中的小路					
人行道上					

②观察 13—18 个月幼儿上下楼梯，完成观察记录表 5–3。

观察目标：幼儿在上下楼梯时是否自如。

观察记录：运用表 5–3，观察记录 13—18 个月幼儿上下楼梯动作。

---

❶ 周念丽：《0—3 岁儿童观察与评估》，67 页，上海，华东师范大学出版社，2013。

表 5-3 13—18 个月幼儿爬楼梯动作观察记录表 ❶

方式	观察内容	具体表现
手足并用爬楼梯	①爬楼梯阶数； ②动作是否迅速、协调	
牵大人手上楼梯	①是否用一只手牵大人的手； ②上楼梯阶数； ③动作是否迅速、协调	
牵大人手下楼梯	①是否用一只手牵大人的手； ②下楼梯阶数； ③动作是否迅速、协调	

⚠ 学习提示

具体内容可查阅《阅读手册》专题二中"0—3 岁婴幼儿动作发展教育活动保育"中"婴幼儿动作发展的类型与顺序"的部分内容。

任务三：利用评估表，综合评估幼儿的发展水平

请以某 13—18 个月的幼儿作为观察对象，尝试采用《13—18 个月幼儿发展观察评估表》评估其发展水平，完成表 5-4。

表 5-4 13—18 个月幼儿发展观察评估表 ❷

观察对象：_____ 性别：_____ 月龄：_____个月

观察情境：（用简短的话描述幼儿活动情境）_____

发展方面		观察评估细目	是	否	幼儿具体表现
动作发展	粗大动作发展	行走自如			
		绕过障碍物走			
		手足并用爬上楼梯 1—2 级			
		过肩扔球			
		踢球时不摔倒			
	精细动作发展	搭高积木			
		握笔涂鸦			
		将小物体投放到小瓶子里			
		用勺子取米饭			
		拿着杯子喝水			

---

❶ 周念丽：《0—3 岁儿童观察与评估》，67 页，上海，华东师范大学出版社，2013。
❷ 周念丽：《0—3 岁儿童观察与评估》，39 页，上海，华东师范大学出版社，2013。

续表

发展方面		观察评估细目	是	否	幼儿具体表现
认知发展	注意发展	当大人边说边指某实物时会认真观看			
		对图书、图片、儿歌、电视画面更感兴趣			
		1岁以后，对有兴趣的书、画报能独自翻阅5分钟左右，对有兴趣的电视内容也能连续观看8分钟左右			
	记忆发展	能记住自己用的东西			
		说出某小朋友（在场）名字时会转向该孩子			
		在照片中能辨认家庭成员			
		模仿不在当时场景中看到的行为			
	思维发展	开始对数字感兴趣			
		会给洋娃娃喂饭			
		探究因果关系，如按动按钮打开电视，敲动鼓面引起响声等			
语言发展	言语知觉	能模仿成人的简单语言			
		能够听懂5—10个常用物品的名称			
		能够理解简单的语句，并在语句的提示下完成相应的动作，如"把杯子给妈妈"			
		能够听懂并指出自己身体的各部分			
		喜欢翻图画书并指点相关图片			
	言语发音	会说8—20个单词			
		对所看到的物体进行命名，命名的同时伴随语言泛化现象			
		能发有复杂声调的几个音节			
	前语言交际能力	会主动跟人打招呼和再见			
		在有需要的时候（如饿了的时候）会用简单的语言跟妈妈说			
情感与社会性发展	情绪表达	当与共同玩耍的伙伴离别时或者客人离开时，会主动挥手表示再见			
		当家里有陌生的来访者时，能主动打招呼或者向客人微笑示意			
		对自己害怕的物品或动物表现出惧怕			
		当熟悉的照护者，如妈妈离开时，会表现出哭闹等强烈的情绪			

续表

发展方面		观察评估细目	是	否	幼儿具体表现
情 感 与 社 会 性 发 展	情绪 表达	当与熟悉的照护者，如妈妈重逢时，会表现出高兴、停止哭闹的情绪			
		当不愿意做某事时，能摆手、摇头或者用语言"不"来向父母表达自己的不满			
	情绪 理解	当看到其他婴幼儿难过、哭泣时，也会跟着难过、哭泣			
		当家里有陌生的来访者向幼儿打招呼时，会以招手或微笑回应			
	情绪 管理	吃饭的时候，拒绝成人的喂养，愿意自己用手或者勺子吃饭			
		对自己害怕的物品或动物表现出逃跑、躲避的行为			
	社会 行为	经提示会说谢谢等礼貌用语			
		与小朋友一起玩时经常为了争夺玩具发生冲突			
		开始能理解并遵从成人简单的行为准则和规范			
		知道妈妈要离开会哭，寻找妈妈			
	社会 适应	会依赖自我安慰的东西，如毯子等物品			
		对陌生人表示新奇			
		看见陌生人会焦虑，害怕			
	自我 意识和 独立性	能在镜中辨认出自己，并叫出自己的名字			
		能够指认鼻子、眼睛等五官中的一个或更多			
		听从劝阻			

任务四：观察幼儿，完成任务

（1）观看视频《安安爬楼梯》，以视频中 14 个月的安安作为观察对象（见图 5-1），以小组形式共同完成该幼儿的观察记录（见表 5-5）。

图 5-1

表 5-5 13—18 个月幼儿发展观察记录分析表 1

观察对象：　　　　　　　 性别：　　　　 月龄：		
观察时长：　　　　　 观察地点：		
活动材料：		
情境概述：		
观察记录：		
观察分析：		

安安爬楼梯

学习笔记

❗ 学习提示

　　本任务是在以上各项任务的基础上，针对学生对幼儿行为观察与分析的能力而设计的。

　　（2）在早教机构实习过程中，以某 13—18 个月的幼儿作为观察对象，观察其在动作、认知、语言、情感与社会性方面的情况，拍摄视频并详细记录其行为表现，完成表 5-6。

表 5-6 13—18 个月幼儿发展观察记录分析表 2

观察对象：　　　　　　　 性别：　　　　 月龄：		
观察时长：　　　　　 观察地点：		
活动材料：		
情境概述：		
观察记录：（试着对该幼儿的行为进行分析）		
观察分析：		

▶▶ 家长热线

任务五：接听家长热线，完成任务

热线 1：宝宝爱"打人"

　　仔仔妈妈发现，仔仔这一段时间变了，变得喜欢"打人"。有一天，奶奶抱起仔仔，仔仔突然举起小拳头打奶奶。仔仔的这种行为已经持续了一段时间，仔仔妈妈很着急，害怕仔仔长大后有暴力倾向。

　　对于仔仔妈妈的焦虑，你怎么看？

云测试

拓展阅读

如何帮宝宝改掉打人的毛病[1]

第一，要营造良好的家庭气氛。父母不能对宝宝的"暴力行为"视而不见。如果宝宝打人了，应立刻抓住打人的那只手，同时严肃、坚定地直视他的眼睛，让宝宝感到自己错了，等宝宝情绪平静后，再和他讲道理。

第二，不要体罚宝宝。当宝宝打人时，父母千万不能用打的方式来惩罚他，最好"冷处理"——把正在哭闹的宝宝放在一边，告诉宝宝父母很爱他，但必须等宝宝哭完后再和他说话。这样的话只说一遍即可，不要多说，更不要向宝宝过多解释为什么。当宝宝情绪激动时，应避免出现越讲道理越僵，以至于父母失去耐心的情况。

第三，积极的鼓励不可少。父母应以积极热情的方式对宝宝的良好行为给予鼓励。尤其是那些平时习惯打骂、呵斥、批评宝宝的父母，更应注意自己的态度。鼓励能够强化宝宝的良好行为，使宝宝表现出积极、正面的情感，促其向上发展。父母应对宝宝充满信心。

第四，父母应注意自己的反应。当宝宝在家里打人时，父母要表现出应有的尊严，不能对此一笑了之，甚至开心地享受宝宝发脾气时别样的可爱之处，更不应主动逗宝宝发脾气或打人。让宝宝感受到，自己出现攻击性行为时，他人正常的反应是什么。时间久了，宝宝明白这种行为不被人接受，自然会有所改变。

第五，为宝宝提供非攻击性行为发生的条件。如果明知宝宝自尊心脆弱，就不要拿他的弱点与其他宝宝的长处相比；多了解宝宝的需要以及独到之处，从他能接受的角度尊重宝宝；让宝宝独立做事情，担负一定责任，使他相信自己有能力；经常说"相信你能行""你能做到，再努力一下""妈妈为你骄傲"之类的话，以此打开宝宝的心扉，帮助宝宝成长。

热线2：宝宝发脾气怎么办

家长的困惑：我的宝宝14个月了，最近似乎有了自己的小脾气，会向爸爸妈妈提出一些难以满足的要求，比如，吃饭的时候要自己用手抓，一旦得不到满足，就哭闹或拍桌子。

针对家长的困惑，你的回答是：

云测试

[1] 尹坚勤、张元，《0—3岁婴幼儿教养手册》，255—256页，南京，南京师范大学出版社，2008。

温馨提示

从1岁到1岁半，孩子将这样逐渐成长：

◎ 有8—14颗乳牙

◎ 能独站，独走，蹲下再站起来，会抬一只脚做踢的动作

◎ 走路时能推、拉或者搬运玩具

◎ 能玩简单的打鼓、敲瓶等游戏

◎ 能重复一些简单的声音或动作

◎ 能听懂和理解一些话，能说出自己的名字

◎ 喜欢听儿歌、故事，听大人的指令能指出书上相应的东西

◎ 能用一两个字表达自己的意愿

◎ 能从怀子中取出或放进小玩具

◎ 能有意识地叫"爸爸""妈妈"

◎ 能辨别家人的称谓和家庭里熟悉的东西

◎ 能认出镜子中的自己

◎ 能堆起2—3块积木

◎ 能自己用杯子喝水，用勺吃饭

◎ 能指出身体和各个部位

◎ 能短时间和小朋友一起玩

有以下状况，请赶快送孩子去看医生：

◎ 囟门仍较大

◎ 不能表现多种情感：愤怒、高兴、恐惧

◎ 不会爬

◎ 不会独站

二 13—18个月幼儿的教育活动

（一）个别化教育活动辅助

▶▶ 小天地，大创作

请你像我这样做（一）

在活动区中创设了专门用来体育锻炼的"上下楼梯"的区域。如图5-2、图5-3所示，有高12厘米、宽135厘米的楼道和便于宝宝扶站的低矮栏杆，楼道台面贴有若干小脚印，楼道转角平台处投放宝宝熟悉且可以自由摆弄的玩具等。

该活动区环境创设评析：

（1）该活动区的环境创设遵循"以幼儿发展为本"的原则，因地制宜，并遵循了该月龄段幼儿的发展要点和规律。13—18个月的幼儿正处于大动作发展时期，他们能手脚并用爬上低矮的楼梯，或扶着栏杆上几级台阶。12厘米高的台阶对处在这个月龄段的幼儿来说是较佳的攀爬高度，对于他们而言，具有安全性和可掌控性，他们在爬行或走动的过程中，腿部的大肌肉动作得到了锻炼，为手部和腿部动作的协调发展提供了练习机会，有助于大动作的发展。135厘米的台阶宽度适宜，便于照料者陪伴在旁，给予保护，

也为幼儿与同伴同时上下楼梯提供了条件。

图 5-2　楼梯　　　　　　　　　图 5-3　楼道转角

图 5-4　阅读角

（2）活动区为不同发展阶段幼儿的活动提供了适宜的支持。对于处在爬行阶段初期的幼儿，可以引导他们手脚并用爬楼梯；对那些开始起步学习走楼梯的幼儿，可以引导他们扶着小栏杆往上走。对于熟练掌握这项技能的幼儿，可以引导他们不扶扶手，双脚交替自如地上下楼梯。

（3）活动区环境创设激发了幼儿主动上下楼梯的意愿。在楼梯的台面上贴有小脚印，在楼道的拐角处有玩具墙的设计，宝宝可以在这里休憩，探索熟悉的玩具，这增加了爬楼梯的丰富性与趣味性。

（4）楼道的材质遵从自然性的原则，选材要求环保，光滑无棱角，且洁净。

请你像我这样做（二）

图 5-4 是活动区"阅读角"的环境创设，教师在区域中投放了书架，各类幼儿图书，低矮的桌椅，帐篷顶。请你对这个环境创设进行评析。（见表 5-7）

表 5-7　13—18 个月幼儿活动区环境创设评析表

合理	不足	改进方法
①图书数量充足； ②图书内容丰富； ③阅读场地开阔	①图书数量、种类过多，放置杂乱。 ②部分图书内容不适宜 13—18 个月幼儿阅读。 ③阅读光线不充足； ④与游戏区相连，过于吵闹。 ⑤低矮的桌椅不适合小月龄幼儿开展阅读。 ⑥书架过高，不方便幼儿自由取拿。 ⑦同种图书提供过少，幼儿易发生争执	①调整书籍的数量，规范摆放，可以提供厚纸张装订图书，在阅读中充分调动幼儿的兴趣，满足其感官体验。 ②挑选并更换书籍，提供符合低月龄段幼儿阅读特点的图书。 ③更换遮光的帐篷顶为轻纱帷幔，便于透光。 ④将阅读区移位于安静且独立的区域，营造舒适的阅读氛围。 ⑤撤换桌椅，在地面铺设地毯，便于幼儿在阅读区走动，开展自主阅读或亲子互动阅读。 ⑥提供低矮的开放式书架，便于幼儿随取随用。 ⑦同种类图书至少提供 2 份，保障幼儿平行阅读

任务一：观察图片，完成任务

如图 5-5 所示，为某托儿所的活动室环境。图片中的环境创设有哪些合理之处？还有哪些不足？如何改进？请完成表 5-8。

图 5-5 活动室

表 5-8 13—18 个月幼儿个别化教育活动环境评价表

合理	不足	改进方法

任务二：创设有利于活动开展的环境

请为 13—18 个月幼儿创设活动环境，认真思考后完成表 5-9。

表 5-9 13—18 个月幼儿个别化教育活动环境创设表

教育目标	发展走路的能力，加快由爬到走的进程
材料	
空间布局	
注意事项	

13—18 个月
幼儿个别化
教育活动环
境创设表

▶▶ 小游戏，大支持

任务三：阅读游戏活动方案，完成任务

认真阅读下面的个别化游戏案例，可从"游戏的作用""作为辅助者可以做什么"等角度完成相关任务。

活动名称：个别化游戏活动"搭高楼"❶

活动目标：训练手眼协调能力。

活动准备：室内地板上铺泡沫垫，天气好时户外也可以；
每名宝宝给 5 块积木。

活动过程：

①成人示范给宝宝看，一边说"搭高楼"，一边用积木搭高。

②鼓励宝宝自己搭。

❶ 尹坚勤、张元：《0—3 岁婴幼儿教养手册》，186 页，南京，南京师范大学出版社，2008。

学习笔记

云测试

（1）该游戏主要促进了幼儿哪方面的发展？（　　　）（多选题）

A. 幼儿动作的发展　　　　　B. 幼儿认知的发展

C. 幼儿语言的发展　　　　　D. 幼儿情感与社会性的发展

（2）该游戏采用了哪些方法？（　　　）

A. 平行介入　　　　　B. 交叉介入　　　　　C. 垂直介入

（3）在这个游戏中，你可以做哪些辅助工作？

> 辅助工作1 _____
>
> 辅助工作2 _____
>
> 辅助工作3 _____

（4）如果要将搭高楼活动延伸至家庭亲子活动中，你可以给家长提供什么支持或建议？

学习笔记

（二）亲子活动辅助

▶▶ **协助教师，推进活动**

任务四：阅读亲子活动方案，完成任务

阅读亲子活动方案，观察分析作为教师辅助者的辅助时机与具体内容，并进行情景模拟与反思。

活动名称：亲子活动"拉拉手"

活动目标：培养身体的平衡感和协调性

活动准备：活动室墙内布置"手拉手的卡通图片"

活动过程：

①爸爸妈妈和宝宝手拉手围成一个大圈。

②在前奏部分，教师带领大家随着音乐节奏拍手。家长可以握着宝宝的小手一起跟着音乐节奏拍手。

③在歌词部分，教师边唱歌边带着一位宝宝走大圈。唱到最后一句时，所有人停下来点点头，家长可以面对自己的宝宝点点头，鼓励宝宝也自主点点头。

1. 观察分析

你认为在这个案例中什么时候需要去辅助教师？怎么进行辅助？请结合案例，完成表 5-10。

表 5-10　幼儿亲子活动辅助工作分析表

辅助时机	辅助工作

"拉拉手"亲子活动辅助

2. 情景模拟

以小组为单位：

①结合"观察分析"中的辅助时机，模拟游戏中幼儿和家长可能遇到的问题。

②模拟游戏过程中的辅助活动。

3. 自我反思

请采用 PDT 评价表（见表 5-11）对之前模拟的辅助活动进行反思。

表 5-11　PDT 评价表 1

P（plus，学到了什么？）	D（delta，怎样可以做得更好？）	T（take away，收获了什么？）

学习笔记

▶▶ 助力家长，引导有方 ········

任务五：阅读亲子活动方案，完成任务

阅读亲子游戏，观察分析家长可能遇到的困难，并进行情景模拟与反思。

活动名称：亲子游戏活动"拷贝不走样"❶

活动目标：训练大肌肉动作。

活动准备：准备好欢快的音乐。

活动过程：

①伴随着乐声，试着做一些大肌肉动作让宝宝模仿，如爬，走，踮起脚，弯下腰，摇手，转圈等。

②鼓励宝宝做动作。

③允许宝宝自由加入或退出。

（1）观察分析，在这个活动中家长可能会面临哪些困难？

> 困难1 _____
>
> 困难2 _____
>
> 困难3 _____

"拷贝不走样"家长可能面临的困难提示

（2）情景模拟，请以小组为单位，模拟如何帮助家长解决这些困难？

> _____

❶ Debby Cryer，Thelma Harms，Beth Bourland：《1-2 岁幼儿学习活动指导手册》，75 页，上海，少年儿童出版社，2006。

（3）自我反思，完成表 5-12。

表 5-12　PDT 评价表 2

P（plus，学到了什么？）	D（delta，怎样可以做得更好？）	T（take away，收获了什么？）

任务六：总结回顾，连连看 ❶

请根据中间的幼儿身心发展特征，将其与左侧对应的发展维度和右侧对应的家长育儿提示连线。

发展维度	幼儿身心发展特征	家长育儿提示
语言	同伴交往中以物为中心的社会互动技能发展起来，冲突行为增多，亲子关系中的依恋行为变得更加鲜明清晰。看见陌生人时产生"羞怯"情感，有了自己独立的思想和意愿，并有了反抗行为。	成人自己发音要正确，耐心地引导宝宝学说一些简单的词。也可和宝宝一起边做动作，边哼唱儿歌。
动作	注意更具持久性，时间可以超过 15 秒。开始出现初步的回忆能力，喜欢藏东西，也喜欢帮成人找东西。能够有意识地调整自己的行动。	成人可以带着宝宝一起到较为宽敞的场地，跟在宝宝后边，鼓励宝宝走动。此外，也要注意多给宝宝一些抚触，让宝宝多接触一些不同材质的物品。
认知	动作以移动运动为主。行走逐渐稳当，能够上下楼梯。手眼协调能力快速发展。	成人可以利用生活中常见的场景，让宝宝对于大、小形成初步的印象。比如，可以用"大手""小手"强化宝宝对"大""小"的感知。
情感与社会性	可以听懂简单的句子，能听从简单的指令，交际倾向更为突出。甚至可以与成人进行"对话"。	要关注宝宝的情绪变化，及时给予积极的回应。鼓励宝宝与他人交往，打招呼。也可以通过让宝宝自己把玩具放回原处、玩一些简单的规则游戏等，增强宝宝的社会适应性。

---

❶ 周念丽：《0—3 岁儿童观察与评估》，47 页，上海，华东师范大学出版社，2013。

学习目标

1. 掌握 19—24 个月幼儿发展的典型特点，能够根据幼儿具体表现分析其发展的特点与水平。

2. 知晓 19—24 个月幼儿发展教育促进策略，愿意积极解答家长育儿中的典型困惑。

3. 能够根据 19—24 个月幼儿的发展特点，创设合适的个别化教育活动环境，主动开展个别化游戏辅助工作。

4. 了解 19—24 个月幼儿集体教育活动流程，能够及时发现辅助时机，主动开展适宜的辅助工作。

5. 了解 19—24 个月幼儿亲子活动流程，能够及时发现辅助时机，主动开展适宜的辅助工作。

学习导航

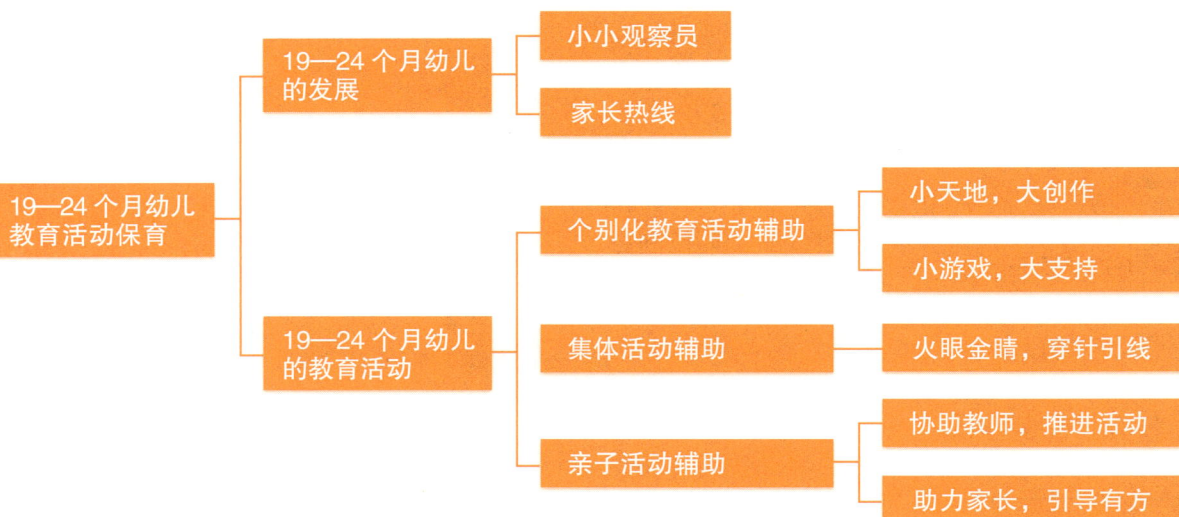

学习建议

1.课前预习《阅读手册》，收集关于 19—24 个月幼儿相关的案例、视频、论文，以及该月龄家长育儿的困惑等，作为日后学习工作的参考。

2.观看相关纪录片，如《助我成长》等，加深对 19—24 个月幼儿身心发展特点的理解，并知晓相关的教育策略。

3.通过查阅文献，了解该月龄段家长育儿的误区与指导策略，如面对幼儿的"人生第一个叛逆期"，家长应如何应对。

4.在回答《行动手册》上的问题时，除了参考《阅读手册》外，还可借助相关的书籍、网站上的相关内容等参考资料。

5.如去早教机构实习，可运用书本知识进行实践，体会教材中相关要求，积累经验。

与上一个月龄段的幼儿相比，19—24 个月的幼儿在动作、语言与沟通、情感与社会性及认知与探索领域均有了明显的发展，如在家里喜欢爬沙发、床，借助小凳子爬上餐椅，再爬上餐桌；来到户外，整个人像一辆上了发条的小坦克，一刻不停地在各种自然障碍物或运动器械中跑来跑去；语言进入爆炸期，能够表达的词汇迅速增多，会将词语组合使用，出现双词甚至多词句，如"宝宝吃饭饭"；能够感受到成人哭、笑、生气等不同情绪，学会面对别人的情绪，如当父母生气时，讨好父母；当同伴哭泣时，试图用动作安慰同伴。

根据 19—24 个月幼儿身体发展特点，在教育的内容和要求上需要有针对性，如在动作方面要提供机会让幼儿练习自如地走、跑，进行举手扔球的动作，玩叠高积木和串珠游戏，学着收玩具；在语言与沟通方面，鼓励幼儿用简单句（双词句）表达自己的需求等。同时还应利用个别化教育活动、集体教育活动、亲子活动等多种活动形式促进幼儿的发展。

一 19—24 个月幼儿的发展

◦ 情境再现 ◦

22 个月的豆豆正坐在垫子上搭积木，他用大拇指、食指、中指配合拿起正方体和长方体的积木，试着垒高，垒到第四块积木时，他蹲了起来，又拿起旁边的红色三角形积木，一边说"红色的三角形"，一边慢慢地将积木放在第四块积木上，积木很稳，没有倒塌。他继续拿起旁边的积木往上垒，可能用力大了，积木倒了。豆豆带着哭腔对旁边的妈妈说："妈妈帮忙拿，妈妈帮忙拿！"妈妈和豆豆一起重新再垒高，成功垒到了6块积木，豆豆很开心，在妈妈的提示下说："谢谢妈妈！"

● 专家分析 ●

（1）动作发展方面：豆豆可以用大拇指、食指、中指配合拿起积木，能垒4—6块积木，并能完成蹲这个动作。

（2）语言发展方面：会用双词句表达，能进行简单的交际会话。

（3）认知发展方面：认识了常见的颜色和形状，如红色、三角形。

（4）情感与社会性发展方面：当积木倒了伤心时，会寻求妈妈的帮助，成功垒高后表现出非常开心，并在妈妈的提示下说"谢谢妈妈"，交际性增强。

▶▶ 小小观察员

◇ 学做观察员：吉力喝牛奶 ◇

观察记录：

21个月的吉力用手拧开了纯牛奶盒子的盖子，并把牛奶倒进了水杯里，边倒边说："宝宝倒出来啦！"倒出来后，将盖子盖回盒子。后又把盖子打开，尝试再倒牛奶，又把整个牛奶盒放进杯子里，边说："泡一泡。"当妈妈说"先把牛奶喝掉"时，吉力将牛奶盒子端起来喝，喝了几次发现没有牛奶后说："没有啦！"最后又把整个牛奶盒放进杯子里，说："热一热，热一热。"

分析：视频《吉力喝牛奶》体现了19—24个月幼儿以下方面的发展：

（1）动作发展方面：会用大拇指、食指和中指旋转瓶盖，完成拧开与合上的动作，说明精细动作发展越来越精细化。同时能较准确地将牛奶倒入较小敞口的水杯中，手眼协调能力得到了较好的发展。

（2）语言发展方面：能说出由多个词语组成的句子，如"宝宝倒出来啦"。

（3）情感与社会性发展方面：会模仿生活中成人的行为，如把牛奶盒放进杯子里说"泡一泡""热一热"，即模仿成人将牛奶盒放入碗中加热的行为。

◇ 我是观察员 ◇

任务一：分析案例，完成任务

案例1：吉力玩滑梯

观看视频《吉力玩滑梯》，判断吉力主要发展领域及表现。

吉力喝牛奶

吉力玩滑梯

20 个月的吉力和爸爸一起玩滑梯，吉力扶着栏杆一阶一阶上楼梯，上去之后和爸爸一起从滑梯处滑下来。

（1）该视频体现的是幼儿哪方面的发展？（　　）

A. 幼儿动作的发展　　B. 幼儿认知的发展

C. 幼儿语言的发展　　D. 幼儿情感与社会性的发展

（2）这个年龄段的幼儿在这方面已具备了什么特点？

云测试

学习笔记

学习提示

具体内容请查阅《阅读手册》专题二“0—3 岁婴幼儿动作发展教育活动保育”中“婴幼儿动作发展的类型与顺序”部分内容。

案例 2：吉力看书

观看视频《吉力看书》，判断吉力主要发展领域及表现。

20 个月大的吉力指着书上的高速列车（见图 6-1）说：“最大的，妈妈拿最大的”，“这个大大的高速列车没有车轮子”，“妈妈拿高速列车”等。当妈妈指着巴士车问“这是什么车”时，吉力回答：“巴士车。”当妈妈说出“大巴士车”后，吉力说“它是大巴车”。妈妈问：“蓝色的是什么车？”吉力回答：“小轿车。”妈妈指粉色的问是什么，吉力回答“飞机”，并联想到爸爸吃的药是粉色的。当问到船时，吉力能说出绿色，但未能回答出轮船。

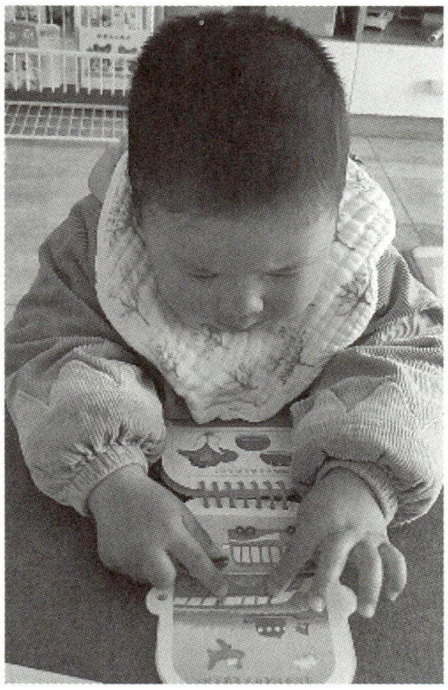

图 6-1　吉力指着书上的高速列车

（1）请从下面选项中勾选出你从视频《吉力看书》中看到的幼儿发展的方面。（　　）（多选题）

A. 幼儿动作的发展

B. 幼儿认知的发展

C. 幼儿语言的发展

D. 幼儿情感与社会性的发展

吉力看书

云测试

（2）这个月龄段的孩子在这些方面已具备了什么特点？

ⓘ 学习提示

具体内容请查阅《阅读手册》专题三"0—3岁婴幼儿认知发展教育活动保育"中"婴幼儿认知发展的内容及特征"，以及专题四"0—3岁婴幼儿语言发展教育活动保育"中"婴幼儿语言发展的内容及特征"的部分内容。

案例3：吉力和妈妈聊天

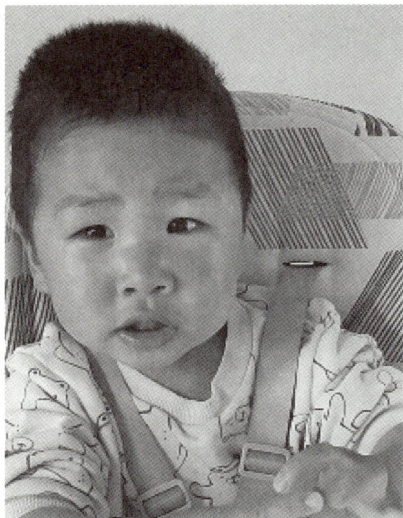

吉力和妈妈聊天

图6-2 吉力和妈妈聊天

观看视频《吉力和妈妈聊天》，判断吉力主要发展领域及表现

22个月的吉力和妈妈聊天（见图6-2）。

吉力："金鹰商场的墙上，墙上有个黑色的大大的音箱没有放音乐，在休息。"

妈妈："那么哪一个音箱在工作呢？"

吉力："小小的，还有大大的在工作"，"电梯里有摄像头。"

妈妈："哦，电梯里有摄像头，哪里还有摄像头？"

吉力："外面。"

妈妈："是哪个外面？"

吉力："是楼底下，是大大的。"

妈妈："那电梯里呢？"

吉力："小小的。"

（1）请从下面选项中勾选出你从该视频中看到的孩子发展的方面。（　　）（多选题）

A. 幼儿动作的发展　　　　　　　B. 幼儿认知的发展

C. 幼儿语言的发展　　　　　　　D. 幼儿情感与社会性的发展

（2）这个月龄段的幼儿在这些方面已具备什么特点？

云测试

! 学习提示

具体内容请查阅《阅读手册》专题三"0—3岁婴幼儿认知发展教育活动保育"中"婴幼儿认知发展的内容及特征",以及专题四"0—3岁婴幼儿语言发展教育活动保育"中"婴幼儿语言发展的内容及特征"的部分内容。

任务二:自主学习,完成相关任务

(1)搜集有关19—24个月幼儿发展视频,以小组形式共同完成该年龄段幼儿的发展记录。(见表6-1)

表6-1 19—24个月幼儿发展观察记录表

发展领域	发展特点(以视频中的文字介绍为主)

(2)请在日常生活或教育实习实践中以某19—24个月的幼儿作为观察对象,观察其穿扣动作,并评估其精细动作的发展水平,完成表6-2。

表6-2 19—24个月幼儿穿扣动作观察记录表

使用材料	观察内容	发展水平
小纽扣	能否将绳子穿过扣眼; 穿过扣眼后能否将线拉出; 在一分钟内能穿多少个纽扣	
小珠子	能否将绳子穿过珠孔; 穿过珠孔后能否将线拉出; 在一分钟内能穿过多少颗小珠子	
有孔的积木	能否将绳子穿过积木的小孔; 穿过小孔后能否将线拉出; 在一分钟内能穿过多少块小积木	

! 学习提示

具体内容请查阅《阅读手册》专题二"0—3岁婴幼儿动作发展教育活动保育"中"婴幼儿动作发展的类型与顺序"的部分内容。

任务三：利用评估表，综合评估幼儿的发展水平

在早教机构实习过程中，请以某 19—24 个月的幼儿作为观察对象，尝试采用《19—24 个月幼儿发展观察评估表》（见表 6-3）评估其发展水平。

表 6-3 19—24 个月幼儿发展观察评估表

观察对象：_____　　　性别：_____　　　月龄：_____个月

观察情境：（用简短的话描述幼儿活动情境）_____

发展方面		观察评估细目	是	否	幼儿具体表现
动作发展	粗大动作发展	能用脚后跟走路			
		能倒退走			
		可以扶物一阶一阶上楼梯			
		双脚同时离地跳起两次以上			
		向不同方向抛球			
	精细动作发展	垒高积木五六块			
		用大拇指、食指和中指握笔			
		连续翻书 3 页以上			
		会穿袜子和鞋			
		会关门和开门			
认知发展	注意发展	能安静地听成人讲 5—8 分钟简短的故事			
		对三角形、圆形等简单的图片感兴趣			
		能逐渐按照成人提出的要求完成一些简单的任务			
	记忆发展	能模仿成人的声音			
		容易记住那些使他们愉快、悲伤及其他引起他们情绪反应的事物			
	思维发展	认识太阳和月亮			
		能识别大小			
		认识三种以上的颜色			
		会玩过家家装扮游戏			
		知道三种以上常用物品的名称和用途			
语言发展	言语理解能力	能执行有两个动作要求的命令，如"把球拿过来"			
		能理解一些形容词及常见动词			
		能理解并正确回答"××在哪里""这是什么"等问题			

续表

发展方面		观察评估细目	是	否	幼儿具体表现
语言发展	言语表达能力	已能用20—50个词语进行日常说话			
		能说出由两个单词组成的句子			
		说到自己时，能说自己的名字			
		开始会用"你""我"等代词			
	言语交际能力	与人交往能仅依靠语言			
		能进行简单的交际对话			
情感与社会性发展	情绪表达	当大人用夸张的表情表达滑稽时，会开怀大笑			
		当爸爸回家时，幼儿会主动迎接			
	情绪理解	妈妈与宝宝玩躲猫猫的游戏时，在看到妈妈的时候，会开心地大笑			
		能正确指出吃惊的表情			
		能正确指出哭啼的表情			
		能正确指出生气的表情			
		能正确指出微笑的表情			
	情绪管理	当周围的大人开心地笑时，会跟着开心大笑			
		当有同伴伤心哭泣时，会通过言语或动作来安慰同伴			
		当悲伤的时候，会到父母身边寻求帮助			
	社会行为	不愿把东西给别人，只知道是"我的"			
		交际性增强，较少表现出不友好和敌意			
		会帮忙做事，如学着把玩具收拾好			
		游戏时模仿父母动作，如假装给娃娃喂饭、穿衣			
		较为听从母亲的指示，会为了让母亲高兴而听话			
	社会适应	在陌生环境中能够积极融入			
		有一定的自理能力，如可以自己脱衣服			
	自我意识和独立性	当别人提到自己的名字时，能意识到他们在谈论自己			
		可以从一堆照片中辨认出自己的照片			
		较为偏爱自己的性别所对应的玩具和游戏			

任务四：观察幼儿，完成任务

在早教机构实习过程中，以某19—24个月的幼儿作为观察对象，在动作、认知、语言、情感与社会性中任意选两个发展维度，详细观察记录其行为表现。（见表6-4）

表 6-4　19—24 个月幼儿发展观察记录分析表

观察对象：	性别：	月龄：
观察时长：　　　　　观察地点：		
活动材料：		
情境概述：		
观察记录：		
观察分析：		

▶▶ **家长热线**

任务五：接听家长热线，完成任务

热线 1：宝宝是在无理取闹吗

吃晚饭的时候，爸爸随意坐在了妈妈平时坐的餐椅上，23 个月的点点看到后非常着急，边推爸爸边说："妈妈的椅子，妈妈的椅子！"在听到爸爸说"爸爸也可以坐"时，点点更是哭了起来，非让妈妈来坐，爸爸只能坐在平常坐的椅子上。最近同样的事情还有很多，比如，睡觉的枕头必须按他要求的方向摆放等。点点的爸爸认为孩子在无理取闹，要多加管束；点点妈妈认为这是孩子的正常表现，应该尽可能满足孩子的要求。

你怎么看待上述案例中点点爸爸和妈妈的观点？

云测试

● **拓展阅读** ●

何为秩序敏感期 ❶

秩序敏感期是指婴幼儿对秩序（通过时空形式所表现出的事物或要素的和谐统一的运动状态，具体表现形态有均衡、比例、对称、节奏、韵律等）极端敏感的一个非常重要和神秘的时期。在这一时期，婴幼儿对事物的秩序有强烈的需求，并逐步获得和发展出对物体摆放的空间顺序或生活起居习惯的时间顺序的适应性，即秩序感。按照蒙台梭利的观点，婴幼儿具有两重秩序感，内部的秩序感和外部的秩序感。内部的秩序感使婴幼儿意识到自己身体的不同部分和它们的相对位置，外部的秩序感则指向婴幼儿对外部世界存在的规律和关系的感知与理解。秩序感的表现形态有安全感、归属感、时空感、格局感、规则意识等。

---

❶　李娟：《解读幼儿的秩序敏感期》，载《教育导刊（下半月）》，2011（1）。

婴幼儿在秩序敏感期的表现

在胚胎和婴儿初期，幼小的生命已经对秩序产生了微弱的、无意识的生物感应。例如，胎儿会由于母亲怀孕时期身体不适和情绪失调而产生躁动和不安，出生三个月的婴儿会因为看到对称和比例均衡的人脸而显露出高兴和激动的情绪，这种情绪是婴儿对获得了一种自然感性秩序的满足的表达，是安全感的外露。

1—3岁的幼儿由向内的秩序感逐渐转向向外的秩序感，有强烈的追求外在事物秩序化的欲望，对物品摆设的位置、动作发生的顺序、人物的呈现、物品的所有权等有着近乎苛刻的要求，如若遭到挑战就会感到不安和焦虑，甚至会表现出极端的激烈反应。幼儿在这一时期难以变通甚至不可理喻，也可称为执拗敏感期。

秩序敏感期对幼儿成长的重要性

蒙台梭利通过对幼儿的大量研究发现，0—6岁的婴幼儿有九大敏感期，而秩序是生命的第一需要，也是影响一个人终身的习惯和品质。人生初期出现的秩序敏感期将对孩子的一生造成影响。

热爱秩序是幼儿的一个特点。对于幼儿来讲，秩序是生命的一种需要，就像呼吸需要空气一般，当得到满足时，他就产生一种自然的快乐，这种快乐意味着一个人对他自己环境里的所有细节方面都能支配，这是一种心灵上的对环境的适应，在这种环境中，幼儿会获得稳定的秩序感，从而形成使得心灵宁静和愉悦的安全感，免于对未知的恐惧。

秩序感是个体生命中对道德发展有奠基作用的早发性情感，是艺术、宗教和道德活动的源泉，是心灵的某种秩序或结构。处于秩序敏感期的幼儿已经开始关注和认识外在事物间的规则关系，并按照他们所理解的关系来组织和应对周围世界。比如，幼儿在玩"过家家"游戏时，可能会把大茶杯放在大茶托上，会给大娃娃用大杯子，相对地，给小娃娃用小杯子。这种对外的秩序感为他们发展出道德意识奠定了基础，因为道德即人与人、人与物之间所建立的各种规则。

人的智力不是凭空而来的，而是建立在幼儿在其敏感期所打下的基础之上的。秩序敏感期同样如此，如果把握得当，也会为幼儿智慧的开启打下基础。在人的思维发展起始阶段，智慧中普遍存在着一种基本的结构成分——秩序关系，这使得处于感知运动阶段的幼儿主要表现为靠自己的肌肉动作和感觉来应对外界事物，通过不断地与外界交往，其动作慢慢地协调起来。幼儿智慧的发生正是基于这最初的秩序性、协调性动作及幼儿对它们的感知觉经验——秩序感，正是这种经验，成为促进逻辑思维形成的基础性情感。

热线2：孩子总是说"不，不，不"，怎么办

家长的困惑：我的孩子以前很乖很听话，可是19个月之后，对你的回应总是以"不""不要"开头，让他换尿不湿，他说："不要！不要！"晚上即使很晚很困了，他还是会说："不要睡觉！不要睡觉！"感觉每件事情，他都跟我对着干，这可怎么办呢？

云测试

针对家长的困惑，你的回答是：

学习提示

具体内容请查阅《阅读手册》专题五"0—3 岁婴幼儿情感与社会性发展教育活动保育"中"婴幼儿情感与社会性发展的内容及特征"的部分内容。

学习笔记

温馨提示

从 1 岁半到 2 岁，幼儿将这样逐渐成长：

◎ 能向右退着走

◎ 能扶栏杆上下楼梯

◎ 在大人保护下，能在宽的平衡木上走

◎ 在大人帮助下，能自己用勺吃饭

◎ 能踢球，扔球

◎ 喜爱童谣、歌曲、短故事和手指游戏

◎ 模仿大人，试图拉开和闭合普通的拉链

◎ 模仿做家务（例如，给干活的大人拿个小凳子，大人做面食时跟着捏）

◎ 能手口一致说出身体各部位的名称

◎ 能主动表示想大小便

◎ 知道并运用自己的称谓，如"宝宝要"

◎ 能自己洗手

◎ 会说 3 个字的短句

◎ 喜欢看书，学着大人的样子翻书

◎ 模仿折纸，能试图堆 4—6 块积木

◎ 能识别 2 种颜色，能识别简单的形状，如圆形、方形、三角形等

◎ 喜欢玩沙，玩水

◎ 能认出照片上的自己，或用手指指出

◎ 表现出多种情感（同情、爱、不喜欢等）

有以下状况，请赶快送幼儿去看医生：

◎ 不会独立走路

◎ 不试着讲话或者不能重复词语

◎ 对一些常用词不理解

◎ 对简单的问题，不能用"是"或"不是"回答

二 19—24个月幼儿的教育活动

（一）个别化教育活动辅助

▶▶ 小天地，大创作

请你像我这样做（一）

图6-3至图6-6是活动区"娃娃家"的环境创设，教师在区域规划了房间、卫生间、餐厅、厨房等，分别提供了一些材料。房间里有衣架、衣橱、各种衣服和鞋子、娃娃、梳妆台（带镜子）及装饰品、床及床上用品。卫生间里有盥洗用品、马桶、浴盆。餐厅里有餐桌、桌布、椅子。厨房里有灶台、餐具、炊具、仿真食物。工具里有拖把、扫把、簸箕、喷壶。请你对这个环境创设进行评析。

图6-3 　　　　　　　　图6-4

图6-5 　　　　　　　　图6-6

该活动区环境创设体现了以下特点：

（1）环境的创设符合该年龄段幼儿的年龄特点。2岁左右的幼儿喜欢玩角色扮演游戏，他们喜欢模仿大人的活动。娃娃家创设了房间、厨房、餐厅、卫生间等场景，并投放了丰富的形象玩具（小床、小沙发、灶台、蔬果等），为幼儿生活经验的再现提供了支持。

（2）材料的投放包含形象玩具和真实生活物品，进一步增加了幼儿探索和游戏的兴趣。该活动区投放了妈妈用过的旧丝巾和鞋子、真实的小扫把和小拖把，这些都让幼儿感觉到亲切和熟悉。

（3）环境创设寓教于乐，促进幼儿多方面能力的发展。幼儿在活动区体验切水果，挂衣服，扫地，能有效锻炼幼儿的手部精细动作、手眼协调能力。娃娃家创设的标识能够引导幼儿学习将物品进行归位，初步建立了幼儿的秩序感。

（4）娃娃家的用具都是幼儿的生活用品，可以直接触摸并使用，安全又环保。

请你像我这样做（二）

图6-7、图6-8是活动区"建构区"的环境创设，教师提供了软垫、乐高积木、玩

具车、轨道等材料。

这样的环境创设合理吗？有哪些合理之处？有哪些不足？如何改进？（见表6-5）

图6-7

图6-8

表6-5　19—24个月幼儿活动区环境创设评析表

合理	不足	改进方法
①材料投放数量充足；②独立的建构区域，空间充足	①细小零碎的积木不适合19—24个月的幼儿游戏，有误吞的安全隐患；②游戏积木多为塑料制品，缺乏质感；③积木种类过于单一，幼儿缺乏开放式探索的可能；④缺乏活动区标识；⑤未陈列幼儿作品；⑥区域旁边放有钢琴凳,阻碍幼儿通行,易产生安全隐患	①可适当减少高结构材料的提供，用大块的积木或低结构的生活用品（如奶粉罐）替代；②将塑料积木用品更改为原木积木、纸盒、卷筒纸芯等物品。圆形、长方形等多元化积木形状，引发幼儿垒高、堆叠等初步建构行为和想象力；③提供多品种、多数量的操作物品。如鸡蛋托、小型动物毛绒玩具、泡沫积木等。支持幼儿从对物品简单的认识到探索，再到能够进行复杂的假想性游戏，有助于幼儿开展平行游戏；④在积木筐前创设积木取放标识，便于幼儿及时取放材料或更换活动区，培养幼儿的秩序感；⑤建构区域周围可贴有幼儿搭建的图片，也可摆放幼儿完成的作品；⑥清空与活动区无关的物品，创设一个安全、有组织的空间，有助于幼儿在其中自由移动与取放材料

任务一：观察图片，完成任务

图6-9是19—24个月幼儿活动室的一角"美工区"，你认为这样的环境创设合适吗？有哪些合理之处？有哪些不足？如何改进？请思考后完成表6-6。

表6-6　19—24个月幼儿个别化教育活动环境评价表

合理	不足	改进方法

图6-9　美工区

任务二：创设有利于活动开展的环境

请根据以下教育目标为 19—24 个月的幼儿创设环境，并完成表 6-7。

表 6-7　19—24 个月幼儿个别化教育活动环境创设表

教育目标	①感受涂鸦的乐趣和变出物品图案的神奇； ②愿意用多种颜色进行涂鸦，对三角形、圆形等简单图形感兴趣； ③促进手部小肌肉群的发展
材料	
空间布局	
注意事项	

▶▶ 小游戏，大支持

任务三：阅读游戏活动方案，完成任务

请认真阅读下面的个别化游戏案例，从"游戏的作用""作为辅助者可以做什么"等角度完成相关问题。

活动名称：个别化游戏活动"图形宝宝找家"

活动目标：学会分类，辨别大小和形状是一项基本技能，这不仅能够帮助宝宝认识世界，还能为宝宝今后参加各项集体活动，特别是开动脑筋解决问题做准备。同时，宝宝的动手操作，有助于其精细动作能力和手眼协调能力的发展。因此，本活动提供了多种图形配对游戏，让宝宝在游戏中一边思考"不同的图形分别对应哪个位置"，一边动手操作。

活动准备：

①图形卡片：用较硬一点的卡片（可以选择不同颜色），剪出三四个简单图形，如圆形、三角形、正方形、五角星等，确保图形大小相当，以免因尺寸不一出现混乱，如小三角形能通过大圆形的孔；

②硬纸盒：在硬纸盒的侧面和顶部剪出与图形卡片形状、大小一致的图形，或比卡片略大，确保宝宝稍微用力就能塞入盒中。硬纸盒须留有一面不剪，以便打开取出卡片。

活动过程：

①认识"图形宝宝"的家：翻转观察这个硬纸盒有几面，每个面是什么形状，有什么颜色等；用手打开并关上盒子盖（或能打开的一侧）；

②送"图形宝宝"回家：将准备好的简单图形卡片，通过硬纸盒对应的图形入口放入纸盒中；全部送完后打开盒子盖（或能打开的一侧），将所有图形拿出，继续游戏。

（1）该活动促进了幼儿哪方面的发展？（　　　）（多选题）

A. 幼儿动作的发展　　　　　　　　B. 幼儿认知的发展

C. 幼儿语言的发展　　　　　　　　D. 幼儿情感与社会性的发展

（2）该活动可能达成的目标是什么？

（3）在这个活动中，你可以做哪些辅助工作？

辅助工作 1

辅助工作 2

辅助工作 3

（4）如果要将"图形宝宝"找家活动延伸至家庭亲子活动，你可以给家长提供什么支持或建议？

（二）集体活动辅助

▶▶ **火眼金睛，穿针引线**

任务四：阅读集体游戏活动方案，完成任务

阅读集体游戏活动方案，观察分析辅助时机与具体内容，并进行情景模拟与反思。

活动名称：集体游戏活动"宝宝喂小猪"❶

---

❶　张红：《0—3岁婴幼儿教育活动设计与指导》，131—132页，上海，华东师范大学出版社，2021。

活动目标：此月龄段（19—24个月）宝宝手部精细动作进一步发展，愿意自己用汤匙吃东西。在"喂小猪"的情景中，引导宝宝学着用三根手指握小勺，锻炼其手部精细动作，发展其手眼协调能力和语言能力。

活动准备：自制小猪每人一个，白扁豆若干，乒乓球若干（替代食物），大小不同的小勺若干。

活动流程：

（1）示范互动：可爱的小猪。

①教师出示小猪，引导宝宝与小猪打招呼；

②引导宝宝数一数小猪；

③教师示范用三根手指握勺喂食，边喂边说："小猪，请吃××。"

（2）宝宝喂小猪。

①引导宝宝认认小猪，并与小猪进行对话；

②鼓励宝宝尝试用小勺舀白扁豆喂小猪吃。

（3）游戏：请小猪吃食。

①宝宝用勺子自由舀乒乓球；

②在舀乒乓球的过程中，教师引导宝宝将舀到的乒乓球放进小猪的嘴巴里，边舀边说："小猪，请吃汤圆。"

③教师："小猪要回家了，我们和小猪再见。"引导宝宝说"再见"。

活动提示：

①当宝宝满把抓握小勺时，教师可示范用三根手指握小勺，鼓励宝宝模仿；

②用语言激发宝宝与小猪交流，如尝试学说："小猪，请吃汤圆。"

1. 观察分析

你认为在这个案例中什么时候需要去辅助教师？怎么进行辅助？请结合案例，完成表6-8。

表6-8　19—24个月幼儿集体教育活动辅助工作分析表

辅助时机	辅助工作

"宝宝喂小猪"
辅助工作提示

2. 情景模拟

请以小组为单位，模拟案例中的辅助活动。

3. 同伴互助

各组将模拟的辅助活动拍成视频，分享在线上学习平台，每组可选取一个小组视频进行评价，并对存在的问题提出修改建议。

4. 自我反思

请采用 PDT 评价表（见表 6-9）对之前模拟的辅助活动进行反思。

表 6-9　PDT 评价表 1

P（plus，学到了什么？）	D（delta，怎样可以做得更好？）	T（take away，收获了什么？）

（三）亲子活动辅助

▶▶ 协助教师，推进活动

任务五：阅读亲子活动方案，完成任务

阅读亲子活动案例，观察分析辅助的时机与具体内容，并进行情景模拟与反思。

活动名称：亲子游戏活动"我是好宝宝"❶

活动目标：19—24 个月的宝宝交际性增强，较少表现出不友好和敌意。在看看、讲讲、玩玩的过程中，引导宝宝尝试与同伴一起玩，鼓励宝宝学着用语言来表达交往的愿望。

活动准备：宝宝在日常生活中和其他小朋友一起玩的照片若干，每名宝宝带一件自己喜欢的玩具。

活动流程：

（1）示范互动：看看说说。

出示班上两名宝宝一起玩的照片，问："这是谁？""宝宝在哪里？""在干什么？"鼓励其他宝宝与他们握手或拥抱。

（2）亲子互动：谁是好宝宝。

①家长拿出宝宝和同伴的照片，让宝宝找出自己和同伴。

②引导宝宝看看：宝宝在干什么？

③引导宝宝找出照片中的好宝宝，让宝宝知道有好玩的玩具、好吃的东西，可以和同伴一起玩，一起吃。

---

❶ 张红：《0—3 岁婴幼儿教育活动设计与指导》，134—135 页，上海，华东师范大学出版社，2021。

（3）亲子游戏：我是好宝宝。

①学念儿歌《我是好宝宝》

②家长引导宝宝与同伴一起分享自己的玩具。

活动提示：

①鼓励宝宝用语言表达，如有困难，家长可以说出短句的开头几个字，让宝宝接着说。

②家长语速要慢，边念边做动作，帮助宝宝理解。

1. 观察分析

你认为在这个案例中什么时候需要去辅助教师？怎么进行辅助？请结合案例，完成表 6-10。

表 6-10   19—24 个月幼儿亲子活动辅助工作分析表

辅助时机	辅助工作

2. 情景模拟

以小组为单位，模拟案例中的辅助活动。

3. 同伴互助

各组将模拟的辅助活动拍成视频，分享在学习平台上，每组可选取一个小组视频进行评价，并对存在的问题提出修改建议。

4. 自我反思

请采用 PDT 评价表（见表 6-11）对之前模拟的辅助活动进行反思。

表 6-11   PDT 评价表 2

P（plus，学到了什么？）	D（delta，怎样可以做得更好？）	T（take away，收获了什么？）

"我是好宝宝"
辅助工作提示

▶▶ 助力家长，引导有方

任务六：阅读亲子活动方案，完成任务

阅读亲子游戏，观察分析家长可能遇到的困难，并进行情景模拟与反思。

游戏名称：亲子游戏活动"指指看——认识不同的身体部位" ❶

---

❶ [美]温迪·玛斯、[美]罗尼·科恩·莱德曼：《美国金宝贝早教婴幼儿游戏（0—3岁）》，栾晓森、史凯译，248 页，北京，北京科学技术出版社，2019。

游戏目标：认识身体部位是宝宝建立独立的自我意识的第一步。宝宝会在1周岁左右开始认识自我，1周岁之后这一过程会加快。简单的游戏有助于宝宝认识自我，还能锻炼宝宝的记忆力、语言能力，增强其身体感知能力。

游戏过程：

①游戏开始时，家长要与宝宝相向而坐，摸摸他的鼻子，然后拉着宝宝的手指，点点家长自己的鼻子，同时要多说几遍"鼻子"。接着让他指指自己的鼻子。之后以同样的方法指出身体的其他部位，如头、胳膊、腿和脚。刚开始，他不能很快地分辨出"妈妈的鼻子"和"宝宝的鼻子"，但这一状况很快就会发生转变。这个游戏会成为他非常喜欢的游戏，会带给他成就感。

②如果宝宝能说出某几个身体部位的名称，家长就可以指着相应的身体部位让宝宝来说。家长也可以自己设计一个动作游戏，给他演示如何摇头，如何跺脚，用鼻子吸气，以及晃动他的小脚趾。

1. 观察分析

想一想，在这个活动中，家长可能面临哪些困难？

困难1

困难2

困难3

"指指看——认识不同的身体部位"家长可能面临的困难提示

2. 情景模拟

请以小组为单位模拟如何帮助家长解决这些困难。

"指指看——认识不同的身体部位"困难解决方法提示

3. 同伴互助

各组将模拟的辅助活动拍成视频，分享在学习平台上，每组可选取一个小组视频进行评价，并对存在的问题提出修改建议。

4. 自我反思

请采用 PDT 评价表（见表 6—12）对之前的模拟进行反思。

表 6-12   PDT 评价表 3

P（plus，学到了什么？）	D（delta，怎样可以做得更好？）	T（take away，收获了什么？）

任务七：总结回顾，连连看

请根据中间的幼儿身心发展特征，将其与左侧对应的发展维度和右侧对应的家长育儿提示连线。

发展维度	幼儿身心发展特征	家长育儿提示
动作	能连续跑 3—4 米，但不稳。能一手扶栏杆自己上下楼梯。双脚能同时跳起，能蹲着玩，会跨骑在四轮小车上。能双手举过头顶掷球，能用鞋带穿大珠，会把 5—6 块积木垒高，能自己用勺子吃饭。	提供机会让幼儿练习自如地走、跑，举手扔球，玩叠高积木、串珠游戏，教幼儿学会收拾玩具。给幼儿提供拼图、贴纸、涂鸦等材料，让幼儿自己尝试穿脱鞋。
语言	能安静地听成人讲 5—8 分钟简短的故事，对三角形、圆形等简单的图片感兴趣。认识太阳和月亮，知道大小，认识三种以上的颜色。	鼓励幼儿用简单句或双词句表达自己的需求，说出自己的名字。多问孩子"这是什么""×× 在哪里"等问题，给幼儿准备适宜的绘本，多进行亲子阅读，听故事，学念儿歌。
认知	当大人用夸张的表情表达滑稽时，会开怀大笑。当有同伴伤心哭啼时，会通过言语或动作来安慰同伴。交际性增强，较少表现出不友好和敌意。在别人提到自己的名字时能意识到是在谈论自己。	提醒幼儿与他人打招呼，创造机会让幼儿和同伴一起玩耍、游戏，在游戏中逐步培养初步的规则意识。生活中尽量保持时间和空间秩序的一致性。
情感与社会性	能执行有两个动作要求的命令，如"把球拿过来"。理解并能正确回答"×× 在哪里""这是什么"等问题，能说出由两个单词组成的句子。与人交往能仅依靠语言，能进行简单的交际会话。	鼓励幼儿辨别周围生活环境中的常见物，对物体的形状、大小、颜色、软硬等差别明显的特征有充分的感知体验。与幼儿玩假装游戏，如打电话、说话、喂饭等。

单元七

25—30个月幼儿教育活动保育

学习目标

1. 掌握25—30个月幼儿发展的典型特点，能运用专业知识观察分析幼儿的行为表现。

2. 学习25—30个月幼儿发展教育促进策略，并能为家长提供适宜的教育建议。

3. 能正确看待25—30个月幼儿教养中的常见问题，解答家长育儿过程中的典型困惑。

4. 能根据教育目标创设适宜的个别化教育活动环境，并能为教师提供恰当且有效的辅助支持。

5. 了解25—30个月幼儿集体教育活动流程，能够及时发现辅助时机并进行适宜的辅助工作。

6. 了解25—30个月幼儿亲子活动流程，能够为教师和家长提供恰当且有效的辅助支持。

学习导航

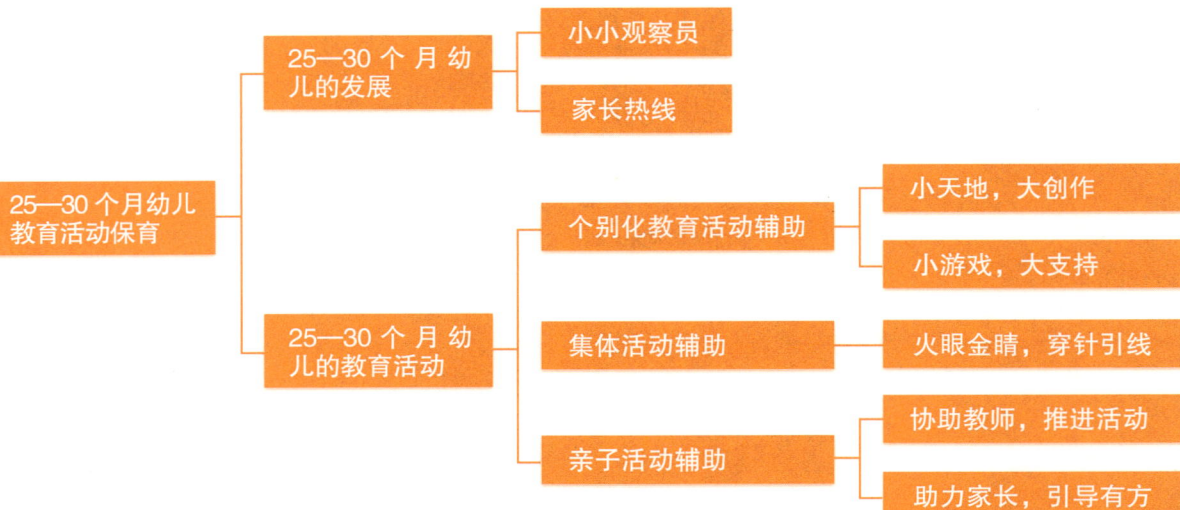

学习建议

1. 课前预习《阅读手册》，掌握 25—30 个月幼儿在动作、认知、语言、情感与社会性等发展领域的主要特点。

2. 在回答《行动手册》上的问题时，除了参考《阅读手册》外，还可借助相关论文、书籍、网站上的相关内容等参考资料。

3. 观看《助我成长》等相关纪录片，加深对 25—30 个月幼儿身心发展特点的理解，并知晓相关的教育策略。

4. 收集关于 25—30 个月幼儿相关的教育活动案例，学习案例中教师的正确做法，思考可以提供哪些辅助工作。

5. 在日常生活中，应有目的、有意识地观察 25—30 个月幼儿的行为表现，并以文字、图片、视频等方式记录该月龄段幼儿的典型行为。

6. 在去早教机构实习时，可运用《行动手册》的内容进行实践，体会其中的相关要求，积累经验。

25—30 个月的幼儿身心各方面稳步发展，动作能力逐渐增强，能够自由地走和跑，会踢球，会双手叠积木，可以双手端着东西走动。动作技能的发展也为生活自理能力的发展奠定了基础，如穿鞋、拉拉链等。语言能力方面，掌握的语音、词汇、语法和口语表达能力都较前一阶段有明显的进步，开始逐步用语言表达自己的意愿，听说能力不断提高，基本上能理解成人所用的句子，自我意识开始萌芽，掌握代词"我"是自我意识萌芽的重要标志，喜欢和同龄伙伴及熟悉的成人交往，在交往中带有明显的自我中心倾向，常以满足自己需要为准则与他人交往，喜欢听成人重复讲一个故事。爱模仿别人，尤其是模仿成人哄娃娃吃饭、睡觉、做饭等。

根据 25—30 个月幼儿身心发展特点，教育的内容和要求需要有针对性，如在动作发展方面要提供机会让幼儿练习走直线，单足站立，用大号蜡笔涂涂画画；在语言发展方面，鼓励幼儿用语言表达自己的需求等。同时还应利用个别化教育活动、集体教育活动、亲子活动等活动形式促进幼儿的发展。

一 25—30 个月幼儿的发展

◉ 情境再现 ◉

26 个月的皮皮在玩动物拼图，边拼边说："这是一条大鲨鱼，这里有一条鳐鱼。"在玩的过程中，妈妈问海马呢，皮皮能很快找到，并将海马拼好。很显然，对于这个阶段的皮皮来说，已经能够很快地找到动物，并知道用什么方法拼好，在拼的过程中，也会用语言说一说。然而，就在前不久，拼图对于皮皮来说还很难，他不知道怎么去拼，总是拍拍打打，推到一边，或者让妈妈帮他拼，经过一段时间的摸索，皮皮不仅知道每个动物叫什么名字，还能很快完成拼图。

● 专家分析 ●

（1）动作发展方面：25—30个月的幼儿动作能力逐渐增强，其中，精细动作发展主要表现为双手手指、手腕协调活动进一步发展，可以串珠、扣扣子，一页页地翻书等。因此，情境中的皮皮在玩拼图的过程中，可以很好地拿放拼图。

（2）认知发展方面：25—30个月的幼儿认知能力逐渐提高，能够理解简单的概念，例如，大小、形状等，也能辨别熟悉的物品，具备一定的记忆力和模仿能力。情境中的皮皮在前一阶段还不能够完成拼图，需要妈妈的帮助，而这个阶段已经可以说出动物的名称，知道用什么方法拼出来。

（3）语言发展方面：25—30个月是幼儿语言发生期的简单句阶段，幼儿掌握的语音、词汇、语法和口语表达能力都较前一阶段有明显的进步，特点之一就是能开始说出结构完整而无修饰语的简单句。2岁半的幼儿开始说有简单修饰语的句子，情境中的皮皮能够说出"这是一条大鲨鱼"，就是有修饰语的句子。

（4）情感与社会性发展方面：25—30个月的幼儿情绪的冲动性减少，稳定性增加；在前一个阶段，当需求没有得到满足时，幼儿会感到愤怒或沮丧，可能会导致敲击物体或投掷物品等行为。情境中的皮皮前不久在拼图时，就会出现因为不会拼而拍打拼图或推到一边的行为。

▶▶ 小小观察员

◇ 学做观察员：夏夏炒菜 ◇

观察记录：

夏夏盖上锅盖，打开火，拿着勺子在锅里炒了炒。夏夏爸爸问："炒好菜了吗？"夏夏边炒菜边说："没有。"接着，夏夏将炒勺放下，蹲下身子，从地上的筐里，拿出一个紫色的茄子，并重新站了起来，将它放在锅盖位置，看了看，转身弯腰又放回了原处。然后，夏夏右手拿起锅盖，左手拿着锅，将锅盖放在桌面上。之后，从桌面上拿起了黄色的调料瓶，放在锅里摇了摇，放下调料瓶。接着，将锅放在灶盘上，盖上锅盖，然后端起桌面的放青团的盘子递给旁边的人。（见图7-1）

观察分析：

视频《夏夏炒菜》主要体现了26个月幼儿认知、动作、语言方面的发展。

图7-1 夏夏炒菜

认知发展方面：案例中的夏夏安静地玩耍，全神贯注地用玩具玩炒菜游戏，并能按照扮演的角色进行相应的动作，说明其对所扮演的角色有了初步的认识，接下来的时间，她会玩时间更长、内容更丰富的角色扮演游戏。

精细动作发展方面：案例中的夏夏可以很轻松地摆弄小的物体，会转动开关，能用一只手自如地拿放物品，说明其手指较为灵活，能很好地进行抓握，手眼协调能力有了很大发展。

语言发展方面：案例中的夏夏能够回答爸爸提出的问题，说明她不仅能够理解生活中简单的对话，还能口齿清晰地进行表达。

夏夏炒菜

◇ 我是观察员 ◇

任务一：分析案例，完成任务

阅读案例，分析 25—30 个月的幼儿主要发展领域及水平。

案例 1：皮皮玩拼图

皮皮（25 个月）正在玩拼图，他拼好了大鲨鱼，妈妈见状，说："皮皮拼好一只大鲨鱼了。"皮皮看着拼图说："海马在哪里？"妈妈说："那你找一下，海马在哪里呢？"皮皮很快找到并拼好了海马。妈妈说："你的海马拼好了。"皮皮指着海马说："弯弯的海马。"接着，皮皮又找到了小企鹅，拼好后，看向妈妈说："小企鹅。"妈妈开心地说："你又拼好了小企鹅，你好棒呀，你接下来拼什么呢？"皮皮说："海星。"接着皮皮又拼好了海星、螃蟹、虾、乌龟……（见图 7-2）

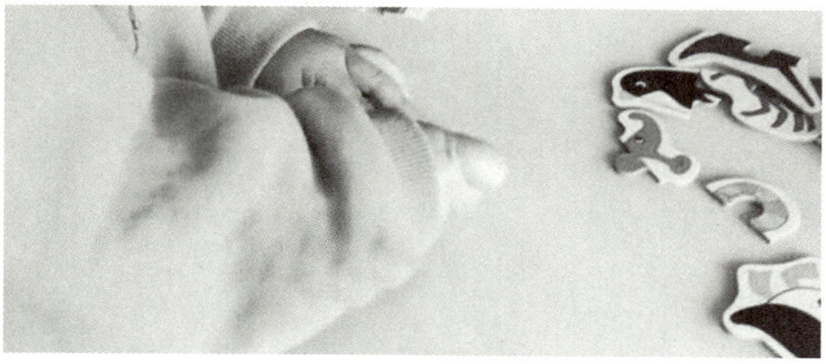

图 7-2 皮皮玩拼图

（1）案例体现了皮皮哪方面的发展？（　　　）（多选题）

A. 幼儿动作的发展　　　　　　B. 幼儿认知的发展

C. 幼儿语言的发展　　　　　　D. 幼儿情感与社会性的发展

（2）运用理论知识对该案例中皮皮的行为表现进行分析：

云测试

案例2：翻书讲故事

皮皮（27个月）双手拿着书，将书放在腿上，用左手食指指着绘本封面上的书名念"小猫当当"，念完后，一边翻书，一边讲绘本上的故事："今年的圣诞礼物，我想要红色的小汽车……"皮皮的翻书动作熟练，她时而用食指和拇指配合翻书，时而用食指和中指进行翻书，整个过程中，都是一页一页地翻书，直到看完了这本书。（见图7-3）

图7-3　皮皮自己翻书讲故事

云测试

（1）该案例体现了皮皮哪方面的发展？（　　　　）（多选题）

A. 幼儿动作的发展 　　　　　B. 幼儿认知的发展

C. 幼儿语言的发展 　　　　　D. 幼儿情感与社会性的发展

（2）运用理论知识对该案例中皮皮的行为表现进行分析：

案例3：希希数数

观看视频《糖果有几颗》，判断该案例体现了幼儿哪些发展领域及这些领域的发展特点。（见图7-4）

糖果有几颗

图7-4　糖果有几颗（27个月）

（1）根据该视频，撰写观察记录：

（2）你从案例中看到幼儿哪些方面的发展？（　　　）（多选题）

A. 幼儿动作的发展　　　　　　B. 幼儿认知的发展

C. 幼儿语言的发展　　　　　　D. 幼儿情感与社会性的发展

（3）这个年龄段的幼儿在这些方面已具备了什么特点？

案例 4：希希唱歌

观看视频《希希唱歌》，判断视频体现了幼儿哪些发展领域及这些领域的发展特点。（见图 7-5）

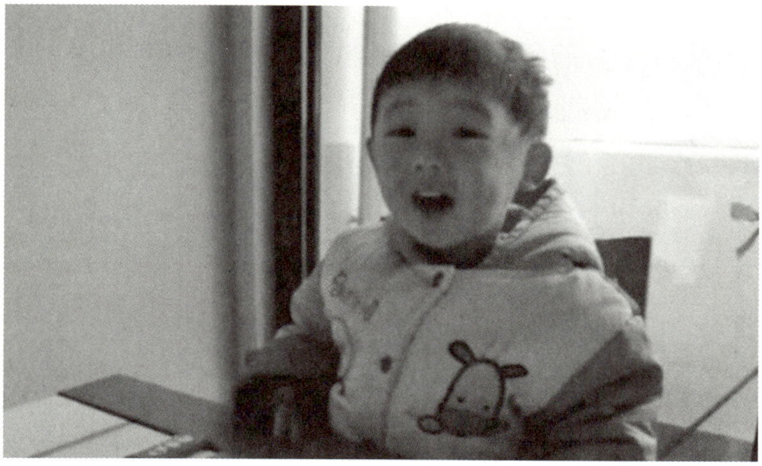

图 7-5　希希唱歌

（1）根据该视频，撰写观察记录：

云测试

学习笔记

希希唱歌

云测试

（2）你从案例中看到幼儿哪些方面的发展？（　　　）（多选题）

A. 幼儿动作的发展　　　　　　　B. 幼儿认知的发展

C. 幼儿语言的发展　　　　　　　D. 幼儿情感与社会性的发展

（3）这个年龄段的幼儿在这些方面已具备了什么特点？

⚠ 学习提示

　　具体内容请查阅《阅读手册》专题二"0—3岁婴幼儿动作发展教育活动保育"中"婴幼儿动作发展的类型与顺序"的部分内容、专题三"0—3岁婴幼儿认知发展教育活动保育"中"婴幼儿认知发展的内容及特征"的部分内容、专题四"0—3岁婴幼儿语言发展教育活动保育"中"婴幼儿语言发展的内容及特征"的部分内容，以及专题五"0—3岁婴幼儿情感与社会性发展教育活动保育"中"婴幼儿情感与社会性发展的内容及特征"的部分内容。

任务二：观察幼儿，完成任务

　　请以某25—30个月的幼儿作为观察对象观察其握笔动作，并评估其精细动作的发展水平，完成表7-1。

表7-1　25—30个月的幼儿握笔动作观察记录表

观察对象：_____　　　性别：_____　　　月龄：_____个月

观察内容	观察要点	能	不能
	能否以拇指、食指、中指握笔，能否在大人的示范下完成		
画封闭圆	能否画成圆形图案		
画平行线	能否画两条平行的直线		
画竖线	能否画出长度超过2.5厘米的竖线		
画相交线	能否画出两条相交的直线		

任务三：利用评估表，综合评估幼儿的发展水平

　　在早教机构实习过程中，以某25—30个月的幼儿作为观察对象，利用《25—30个月幼儿发展观察评估表》（见表7-2），综合评估幼儿的发展水平。

表7-2　25—30个月幼儿发展观察评估表

观察对象：_____　　性别：_____　　月龄：_____个月

发展方面		观察评估细目	是	否	幼儿具体表现
动作发展	粗大动作发展	可单脚站2秒以上			
		能自己走过平衡木，并能双脚跳下			
		熟练地接住并抱起离他2米远滚来的球			
		能用双手接住大人抛出的球			
		能双足并拢连续向前跳一两米后站稳			
	精细动作发展	能垒高七八块积木			
		能画封闭的圆形或平行线			
		双手能来回倒物体			
		可用筷子夹起小物品放入盘中			
		能解开并扣上衣服或鞋子的按扣			
认知发展	注意发展	开始对周围更多的事物发生兴趣			
		能逐渐按照成人提出的要求完成一些简单的任务			
	记忆发展	能记住简单的儿歌			
		假如父母离开几个月后再回来时，能够再认			
	思维发展	开始能用词对同一类物体的比较稳定的主要特征进行概括			
		以游戏的方式来模仿成人的活动，假想自己是某一社会角色			
		了解昨天、今天和明天的概念			
		在成人的帮助下，可以将常见的两类物品进行分类			
		会简单的平面拼图			
		和其他孩子玩装扮游戏			
语言发展	语言理解能力	经常提出"为什么"等问题			
		说的话未被成人听懂，会有受挫感			
		能理解成人的话			
		喜欢反复地听一个故事			
	语言表达能力	会用三词句或四词句与人交谈			
		能重复成人说出的由4—5个单词组成的句子			
		会使用否定句			
		电报语现象明显			
		喜欢模仿成人的语言			
	语言交际能力	有事会请求成人帮忙			

续表

发展方面		观察评估细目	是	否	幼儿具体表现
情感与社会性发展	情绪表达	在不想做某事的时候，会通过语言"不"来表达			
		在哭闹或者伤心的时候，能用语言表达自己的情绪，如说出"我不开心"等			
		能正确说出照片中的小朋友吃惊的表情			
		能正确说出照片中的小朋友难过的表情			
		能正确说出照片中的小朋友生气的表情			
		能正确说出照片中的小朋友开心的表情			
	情绪理解	当成功完成某项任务，如搭好积木的时候，会表现出特别兴奋			
		对妈妈的伤心情绪表示关注			
	情绪管理	坚持做父母不容许他做的事情			
		当发脾气，家长采取不理会的态度时，能自己转移注意，不再哭闹			
	社会行为发展	能够主动帮助同伴			
		模仿家长的行为，看到家长做什么，也要去做			
		与同伴的交往增加，交往中会护着自己的东西			
		主动表达自己的需要，说出自己想要的东西			
		同伴交往中出现一定的合作行为，如将物品递给同伴等			
		能主动发起同伴交往			
	社会适应发展	能自己穿衣服			
		不再怕生，在新环境中能很快适应			
	自我意识发展	有一定的自我控制能力，能够遵从一定的规则			
		能够从一堆照片中挑出自己的照片			

任务四：观看视频，完成任务

（1）观察视频《希希剥糖纸扔垃圾》。

　　以 27 个月的希希为观察对象，分析该案例体现了幼儿哪些方面的发展，以及在这些方面已具备了什么特点，完成表 7-3。

27个月的希希想吃糖，妈妈让希希自己剥开，希希自己开始剥。他边剥边把糖纸扔在桌上，剥好后，希希直接将糖放在嘴巴里。妈妈问："希希，好吃吗？好吃就笑一笑"。希希笑了，妈妈告诉希希不能多吃，让希希把糖纸扔在垃圾桶里，希希开始捡桌上的糖纸，有一个很小的碎糖纸尝试几次都捡不起来，于是，希希决定，先去扔，边扔边说："我一会儿再拿。"果然，希希在扔完以后，再次来到餐桌旁，将小小的碎糖纸捡起来扔进垃圾桶。（见图7-6）

图7-6 希希剥糖纸扔垃圾

表7-3 25—30个月幼儿发展观察记录表

发展领域	发展特点

（2）在早教机构实习过程中，以某25—30个月的幼儿作为观察对象，选动作、认知、语言、情感与社会性等任意两个发展维度，详细观察记录其行为表现。（见表7-4）

表7-4 25—30个月幼儿发展观察记录分析表

观察对象：　　　　　性别：　　　　　月龄：
观察时长：　　　　观察地点：
活动材料：
情境概述：
观察记录：
观察分析：

▶▶ **家长热线**

任务五：接听家长热线，完成任务

热线1：宝宝不肯认错

多多一发脾气，就会乱摔东西。有一次，在发脾气的时候，他又把桌上的玩具统统摔到地上。妈妈批评他说："东西可以摔吗？这样做对吗？摔东西的可不是好宝宝！"多多不理妈妈。妈妈继续批评他，但多多却打断道："我饿了。"妈妈生气地说："妈妈不喜欢你岔开话题。"多多继续不理妈妈，也不肯认错。

这样不肯认错的孩子，以后长大了会不会变成一个蛮不讲理的人呢？

针对家长的困惑，你的回答是：

热线 2：孩子不肯自己吃饭

一家人带着坤坤去饭店吃饭，席间有几位与坤坤月龄相仿的孩子都已自主进餐，于是坤坤妈妈就和坤坤说："宝宝，我们也试着自己吃饭。"坤坤立刻大叫："我不要，我要妈妈喂，我不要自己吃饭！"坤坤妈妈感觉家里人太惯着孩子了，只要儿子说"喝水"，奶奶马上就会递上水；如果他说"鼻涕"，爷爷马上就会帮他擦干净；一到吃饭的时候，爷爷奶奶轮流喂，每次妈妈提出不要惯着孩子，要他自己吃饭，可是爷爷奶奶却说："坤坤才多大呀，自己能吃饭吗？再说了，喂饭吃得多。正是长身体的时候……"

坤坤妈妈觉得爷爷奶奶这样做不好，但是儿子确实不会自己吃饭，家长应该怎么办？

（1）对于坤坤爷爷奶奶的观点和做法，你认可吗？说说你的理由。

"我"认可（　）/ 不认可（　）坤坤爷爷奶奶的做法。

"我"的理由

（2）对于坤坤妈妈的困惑，你的建议是：

热线 3：孩子总是"言不由衷"

嘟嘟现在 28 个月了，不仅能够比较熟练地用 3—5 个单词组成的句子表达自己的想法，而且能够比较顺畅地和别人进行对话交流。有时候问他："你要红色的还是黄色的？"他会回答："黄色的。"但是反过来再问："你要黄色的还是红色的？"他答："红色的。"如果这个时候，让他自己拿颜色卡，他就会拿黄色的。类似的事情还挺多的。这是怎么回事呢？

针对家长的困惑，你的回答是：

云测试

二 25—30 个月幼儿的教育活动

（一）个别化教育活动辅助

▶▶ **小天地，大创作**

请你像我这样做（一）

图 7-7、图 7-8 是活动区"消灭大蛀虫"的环境创设，教师在区域内提供了涂鸦板（教师预先用水彩颜料画好大小蛀虫），小水枪喷瓶，地面（预先画好大小蛀虫），各种工具（废旧小牙刷、清洁刷、水壶、水桶），擦手布若干块……请对这个环境创设进行评析。

图 7-7   图 7-8

该活动区的环境创设主要体现以下特点：

①多样化的户外活动区增加了幼儿与自然、空气、水的接触机会，有利于该阶段幼儿的身心和谐发展。

②活动环境的创设贴近幼儿的生活，增加了幼儿参与活动的积极性和兴趣。涂鸦板、地面上呈现了各种各样的蛀虫，借助幼儿的生活经验（牙齿生蛀虫不好），引导幼儿利用工具和水，将大蛀虫消灭。

③多样化工具的投放，有效地支持幼儿在活动中的自发探索，并为幼儿动作发展提供锻炼的机会。在工具的选择上，有刷子、小水枪、滚刷、喷瓶、小水桶等，幼儿在操作中，可以探索不同工具的操作方法、效用等。

④环境为幼儿创设了立体的活动空间。透明的涂鸦板两边都能允许幼儿进行探索，开阔的场地，为多名幼儿一起游戏创造了条件。

学习笔记

请你像我这样做（二）

图 7-9 是活动区"生活点心区"的环境创设，教师提供了牛奶、点心等，思考一下，这样的环境创设合理吗？有哪些合理之处？有哪些不足？如何改进？（见表 7-5）

①活动区名称：生活点心区。

②活动区材料：牛奶、点心。

图 7-9　生活点心区一　　　　图 7-10　生活点心区二

表 7-5　25—30 个月幼儿活动区环境创设评析表

合理	不足	改进方法
①遵循教养融合的理念；②活动区符合卫生规范；③注重幼儿生活自理能力的培养	①环境布置太过单一；②对幼儿生活自理能力培养的支持不够；③幼儿的桌椅安排面对墙壁，不利于同伴之间的相互模仿，不利于他们体验集体生活的乐趣	①低龄幼儿喜欢情景化的活动，教师可以在餐点活动区域进行简单的环境布置，例如，在餐桌上分别贴上不同的动物头像，一方面激发幼儿的进餐兴趣，另一方面引导幼儿自主入座；②投放大盘子和多样化的工具（小夹子、小勺子），鼓励幼儿自己拿饼干；③桌椅位置保证四周都能坐，为幼儿一起进餐创造条件（见图 7-10）

任务一：观察图片，完成任务

（1）图 7-11 是 25—30 个月幼儿活动室的一角"涂鸦区"，你认为这样的环境创设合理吗？有哪些合理之处？有哪些不足？如何改进？请思考后完成表 7-6。

表 7-6　25—30 个月幼儿个别化教育活动环境评价表

合理	不足	改进方法

图 7-11　涂鸦区

（2）如果要在涂鸦区进行个别化游戏活动森林里的萤火虫，你还会为该区角增加哪些材料？增加这些材料的理由是什么？结合问题补充完成表 7-7。

表 7-7　25—30 个月幼儿个别化教育活动环境创设表

个别化游戏活动	森林里的萤火虫
活动目标	通过手指点画，激发宝宝对色彩的兴趣，巩固对色彩的认知，锻炼宝宝手眼协调能力
需要补充的材料	
空间布局（可以绘图）	
补充材料的理由	

任务二：创设有利于活动开展的环境

请为 25—30 个月的幼儿创设适宜集体活动开展的环境，认真思考后完成表 7-8。

表 7-8　25—30 个月幼儿集体教育活动环境创设表

集体活动	好吃的水果
教育目标	尝试在一定的范围内练习涂鸦，涂画出好吃的水果；对色彩感兴趣，体验涂鸦活动的快乐
材料	
空间布局	
环创说明	

学习笔记

▶▶ **小游戏，大支持**

任务三：阅读案例，完成任务

阅读个别化游戏案例，从"游戏的作用""作为辅助者可以做什么"等角度完成相关任务。

活动名称：个别化游戏活动"花儿开"

活动准备：

①红、黄、绿颜料，画有花茎的操作纸；

②活动前给宝宝穿好画画的衣服。

活动过程：

①教师将颜料、操作纸放在操作桌上；

②教师引导幼儿说一说颜料的颜色，"红色""黄色""蓝色"；

教师：宝宝看，这是什么颜色？

③和幼儿一起看看不同颜色、不同大小的花；

教师：这是一朵什么颜色的花？（红色的花或黄色的花）

④引导幼儿用手指蘸上颜料，点在枝条上印花，用2—3点组合成美丽的花或变化手指来点出不同大小的花。

（1）该游戏促进了幼儿哪些方面的发展？（　　　）（多选题）

A. 幼儿动作的发展

B. 幼儿认知的发展

C. 幼儿语言的发展

D. 幼儿情感与社会性的发展

（2）该游戏可能达成的目标是什么？

（3）游戏中采用了哪些方法？（　　　）

A. 示范法

B. 讲解法

C. 实验法

D. 间接指导法

云测试

（4）在这个游戏中，你可以做哪些辅助工作?

辅助工作 1

辅助工作 2

辅助工作 3

（5）如果将"花儿开"活动延伸至家庭亲子活动中，你可以给家长提供什么支持或建议?

（二）集体活动辅助

▶▶ 火眼金睛，穿针引线

任务四：阅读案例，完成任务

阅读集体活动方案，观察分析辅助时机与具体内容，并进行情景模拟与反思。

活动名称：集体游戏活动"分饼干"❶

活动目标：

此月龄段幼儿喜欢色彩鲜艳的物体。在活动中让幼儿感知并说出颜色，尝试按不同的颜色进行分类，提高幼儿手的控制能力和手眼协调能力。

活动准备：

红色、黄色小动物每人一个，红黄两色雪花若干片。

活动流程：

---

❶　张红：《0—3岁婴幼儿教育活动设计与指导》，131—132页，上海，华东师范大学出版社，2021。

（1）活动导入：小动物来了。

①教师出示小动物问："谁来了？"引导幼儿与小动物打招呼，模仿叫声；

②数一数来了几只小动物，说说小动物身体上的颜色；

③引导幼儿认认、说说"饼干"的颜色。

（2）师幼互动：分饼干。

①教师示范喂"饼干"，观察小动物身体上的颜色，找出相应颜色的"饼干"，用拇指和食指拿"饼干"喂小动物；

②教师指导幼儿按颜色分"饼干"，并手口一致数数。

活动提示：

①鼓励幼儿大胆地用语言与教师进行互动，用语言提示幼儿"红红的饼干"；

②引导幼儿认识颜色并找出相对应的颜色；

③提醒幼儿根据颜色对应摆放。当幼儿将"饼干"放入小动物肚子里时，要及时鼓励。

1. 观察分析

（1）你认为在这个游戏活动中，宝宝们可能会出现哪些情况需要你的辅助？

"分饼干"宝宝可能面临的情况提示

可能的情况 1	
可能的情况 2	
可能的情况 3	

（2）下面的辅助时机和你在上题中的猜想是否吻合？根据表格中的辅助时机，你将如何进行辅助？请结合案例完成表 7-9。

表 7-9　集体教育活动"分饼干"辅助工作分析表

辅助时机	辅助工作
宝宝不能安静地进行活动	
宝宝不能说出小动物身体上的颜色	
宝宝不能将"饼干"喂给相应颜色的小动物	
宝宝不能手口一致地数"饼干"	

"分饼干"辅助工作提示

2. 情景模拟

以小组为单位，现场模拟案例中的辅助活动。

3. 自我反思

请采用 PDT 评价表（见表 7-10）对小组模拟辅助活动进行反思。

表 7-10　PDT 评价表 1

P（plus，学到了什么?）	D（delta，怎样可以做得更好?）	T（take away，收获了什么?）

（三）亲子活动辅助

▶▶ 协助教师，推进活动

任务五：阅读亲子活动案例，观察分析辅助时机与具体内容，并进行情景模拟与反思

活动名称：亲子游戏活动"玩纸球"❶

活动目标：此月龄段的幼儿，能尝试举起手臂投掷，有方向性。投掷、团纸的动作，有助于发展幼儿的手部肌肉力量。

活动准备：报纸、彩色纸、玩具小动物若干。

活动流程：

（1）示范互动：好玩的纸团。

①教师来变魔术。教师把报纸变成一个彩球，边变边说："变变变，变成一个大彩球。"把报纸团起来，放在手心用力团一团，漂亮的彩球做好了；

②教师演示"抛球""接球"等的方法；

③教师向家长诠释团纸对发展手部小肌肉力量的作用。

（2）亲子互动：做彩球

①幼儿自己选择一张纸，放在手心，家长手把手让幼儿学习团的动作。边示范边引导幼儿一起说："团一团，变一变，变成一个大彩球。"鼓励幼儿用大力气，把球团得小些；

②幼儿把小纸团喂给动物吃。

（3）亲子游戏：做彩球。

①幼儿用 3 张纸一层一层包成一个大彩球；

②结合各种运动器械来做彩球。

---

❶ 张红：《0—3岁婴幼儿教育活动设计与指导》，134—135页，上海，华东师范大学出版社，2021。

活动提示：

①家长观察幼儿是否能用手掌的力量来团纸。要提醒幼儿将纸放在手心，然后用力地团。鼓励幼儿用大力气，包得紧。如果幼儿力气不够，家长可适当地帮忙；

②活动结束后，家长除了辅助幼儿团纸外，还可以提供橡皮泥或面粉团让幼儿团，练习幼儿的手部运动能力。

1. 观察分析

在这个案例中什么时候需要去辅助教师？怎样进行辅助？请结合案例，完成表7-11。

表 7-11　亲子活动团纸球辅助工作分析表

辅助时机		辅助工作
针对幼儿	时机1：	
	时机2：	
	时机3：	
针对家长	时机1：	
	时机2：	
	时机3：	

2. 情景模拟

以小组为单位，模拟游戏过程中的辅助活动。

3. 自我反思

请采用 PDT 评价表（见表7-12）对之前模拟的辅助活动进行反思。

表 7-12　PDT 评价表 2

P（plus，学到了什么？）	D（delta，怎样可以做得更好？）	T（take away，收获了什么？）

▶▶ 助力家长，引导有方

任务六：阅读亲子活动方案，完成任务

活动名称：亲子游戏活动"小动物回家"

活动目标：此月龄段幼儿知道圆形、方形和三角形，在"小动物回家"的游戏情景中，让幼儿用语言说出圆形、三角形和方形的图形特征，尝试利用图形配对，锻炼幼儿的手眼协调能力。

活动准备：每人一份操作玩具（小房子、小猫等的图形）。

活动流程：

（1）示范互动：和动物交朋友。

①教师出示小动物，引导幼儿认认、学学、说说；

②引导幼儿识别圆形、三角形和方形；

③小猫要回家。先引导幼儿观察小动物身上的图形，接着观察房子窗户上的图形，哪个和小猫身上的图形匹配，把小猫送回相应的家；

④教师介绍此活动的价值。

（2）亲子互动：动物要回家。

①家长引导幼儿和小动物打招呼，说出动物的名称并认识三种不同的形状；

②家长指导幼儿根据图形帮助动物回家（找相应的图形进行配对）。

（3）亲子游戏：我和动物交朋友。

①小动物（根据形状）在一起做游戏；

②律动：音乐《我爱我的小动物》；边听音乐边模仿小动物的动作、叫声。

活动提示：

①互动时可以观察幼儿是否有良好的倾听习惯，鼓励幼儿回答教师的提问，尽量鼓励幼儿大声回答；

②可以让幼儿抚摸图形，通过触觉感知不同形状的特征，引导幼儿先找相同图形，再进行配对；

③游戏时，鼓励幼儿用肢体动作大胆表现小动物的特征。

1. 观察分析

想一想，在这个活动中家长可能会面临哪些困难？

困难 1 _____

困难 2 _____

困难 3 _____

2. 情景模拟

请以小组为单位模拟相应情景，帮助家长解决这些困难。

3. 自我反思

请采用 PDT 评价表（见表 7-13）对之前的模拟进行反思。

表 7-13　PDT 评价表 3

P（plus，学到了什么？）	D（delta，怎样可以做得更好？）	T（take away，收获了什么？）

任务七：总结回顾，连连看

请根据中间的幼儿身心发展特征，将其与左侧对应的发展维度和右侧对应的家长育儿提示连线。

发展维度	幼儿身心发展特征	家长育儿提示
动作	出现了真正意义上的"跑"，能够并足在原地跳动，但跳得不高，也可以独自单腿站立数秒。能够跨过有一定高度的障碍物；可以不扶栏杆独自一阶一阶上楼梯，手的动作更加灵活，能够比较准确灵巧地运用物体。会拼搭各种形状的积木，如小房子、小火车、门楼等。还可以用手指抓笔在纸上随意画，有的儿童还可以画直线或垂线。在日常生活中，发展较好的儿童已开始使用筷子，开始学着自己穿脱衣服等。	成人利用电子读物、图书等向幼儿传授与人交往的方法，在游戏中发展宝宝的交往能力，引导其对人有礼貌，不影响别人的活动。
语言	能顺利地理解成人的语言，接尾策略使用频繁，爱好提问，而且提问也表现出多元化、更多的层次等特征；出现"三词句"，会运用多种简单句式。交际能力进一步提高，对礼貌用语的理解更加透彻。	成人要善于与幼儿进行交流，保护其爱讲话、爱提问的积极性，耐心地解答其提出的问题，并提供图画书，鼓励他自己去寻找答案，培养其阅读兴趣。
认知	在与同伴的社会互动中，冲突不断增多，大多是关于物品使用权和所有权的冲突。能够主动帮助处于困境中的同伴，用语言或其他替代活动表示同情或安慰。可以通过语言来影响同伴的行为。	让幼儿有练习钻爬、上下楼梯和走小斜坡的机会；成人提供积木、珠子、橡皮泥等玩具，让宝宝操作摆弄；成人可以提供给宝宝勺子，让其自己吃完自己的饭菜。
情感与社会性	可以记住成人的一些简单的委托，并付诸行动，而且可以记住一些歌谣、故事等。思维仍然依赖于直观和动作，这处于分类能力发展的第一阶段。在这一阶段，幼儿分类时很少考虑到事物之间的相似性。	提供感知常见动植物和简单数字的机会，帮助幼儿指认颜色、形状等；让幼儿感知视觉空间世界，听不同旋律、音色、节奏的音乐；或引导其回忆、复述对他们而言是新颖的、不平常的活动。

学习目标

1. 掌握 31—36 个月幼儿发展的典型特点,能够根据幼儿的具体表现,分析其发展的特点与水平。

2. 学习 31—36 个月幼儿发展教育促进策略,能够解答家长育儿过程中典型的困惑。

3. 能够根据 31—36 个月幼儿的发展特点,创设合适的个别化教育活动环境,并能对个别化游戏进行辅助工作。

4. 了解 31—36 个月幼儿集体教育活动流程,能够及时发现辅助时机并进行适宜的辅助工作。

5. 了解 31—36 个月幼儿亲子活动流程,能够及时发现辅助时机并进行适宜的辅助工作。

学习导航

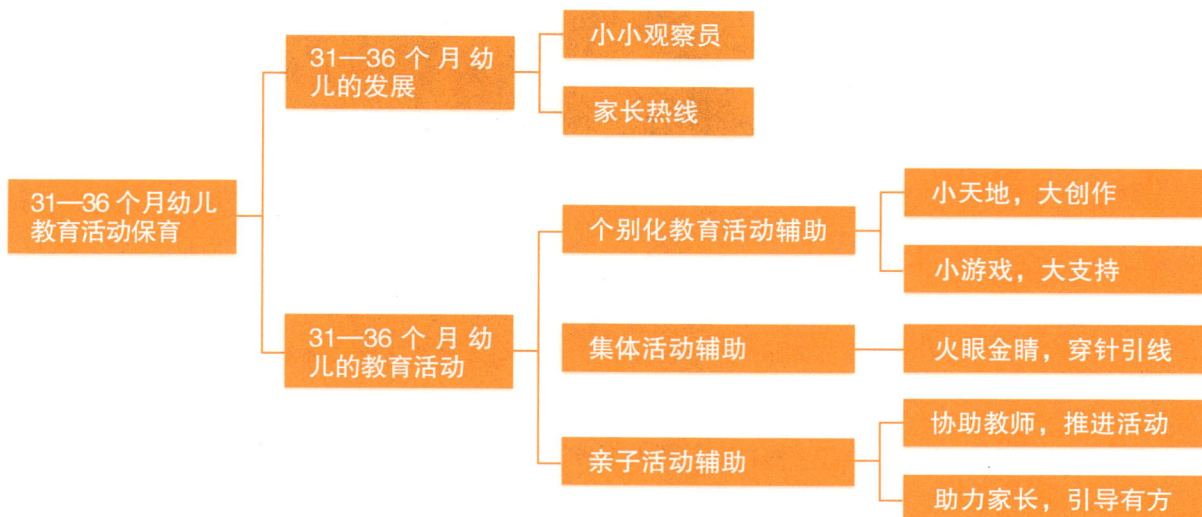

学习建议

1. 课前预习《阅读手册》。

2. 观看《助我成长》《31—33个月宝宝各月养育指南》《34—36个月宝宝各月养育指南》《婴幼儿能力发展评价与指导》等相关纪录片，加深对31—36个月幼儿身心发展特点的理解，并知晓相关的教育策略。

3. 收集关于31—36个月幼儿相关的案例和该月龄家长育儿的困惑，查阅文献了解该月龄段中家长育儿误区与指导策略，作为日后学习工作的参考。

4. 在回答《行动手册》上的问题时，除了参考《阅读手册》外，还可借助相关的书籍、网站上的相关内容等参考资料。

5. 在早教机构实习时，可运用《行动手册》的内容进行实践，体会其中相关要求，积累经验。

31—36个月幼儿处于恒速生长期，但其心理发育的速度加快；运动技巧有了新的发展，动作日渐成熟，两手也更加灵活，能玩些带有技巧性的玩具，如能模仿大人画出简单的形状，会自己用勺子吃饭；能做简单的家务，如把餐具放到餐桌上，或把玩具放进盒子里；在运用语言和词汇方面取得了显著的进步，会说出5—6个单词组成的复杂句子，能够说出近千个词汇，能与周围的人进行较自由的交谈；在学习方面能利用自己的想象力编简单的故事；能记起昨天和大人一起做的事情，能够回忆起过去发生的令人兴奋的事情；能预料某一动作造成的结果，例如，杯子碰翻了，水会流出来；能数出10以内的数，逐渐学会与同伴进行交流、沟通。这个年龄段的幼儿兴趣爱好广泛，但往往兴趣不在吃上，有的宝宝还出现厌食或边吃边玩的不良习惯。

一 31—36个月幼儿的发展

情境再现

33个月的希希身高94厘米，体重13.6千克，越来越活泼了，爱说话，也爱运动。他能够利索地跑步，还特别喜欢用单脚跳着走，或者踮着脚尖走路。希希喜欢蹦跳、踢球、攀登、玩沙、玩泥等活动。希希的自理能力也在增强，自己能够解纽扣、扣纽扣了。当然，希希的"脾气"最近越来越大了，如果不让他做他想做的事情，他就哭闹不止，爸爸妈妈、爷爷奶奶都哄不好。

专家分析

（1）动作发展方面：31—36个月的幼儿在粗大动作和精细动作方面都有很大进步。情境中的希希快速地跑，喜欢单脚跳着走，喜欢蹦跳、踢球等，都反映了该年龄段幼儿在粗大动作的力量、速度、稳定性和协调性等方面的发展；希希能够解、扣纽扣说明他的精细动作技巧也有了进一步提高，手指更加灵巧。

（2）认知发展方面：31—36个月的幼儿由于生活范围扩大，行动能力增加，对周围活动的兴趣不断发展，出现最初的"求知欲"，并且由于动作思维充分发展，该年龄段幼儿的好奇、探索表现得十分明显，所以有了情境中的希希越来越活泼的表现。

（3）语言发展方面：31—36个月的幼儿有了很好的语言表达能力。希希爱说话，表明他在这个时期语言的积极性非常高，他储存了大量的新词汇，在积极锻炼自己的语言，迫不及待地想展示出来。

（4）情感与社会性发展方面：31—36个月的幼儿学会宣泄不良情绪和控制自己的情绪，同时也出现了人生中的第一个反抗期。希希"脾气"越来越大，不让他做想做的事情就哭闹不止，这正是这个年龄段幼儿情绪和社会适应发展的特征。

▶▶ 小小观察员

◇ 学做观察员：希希看动画 ◇

观察记录：

希希在看他喜欢的动画片，已经看20多分钟了，妈妈让他关上电视，他不理不睬，依然一动不动地坐在沙发上看。妈妈很生气，关上电视机。于是希希开始发脾气，又哭又闹。这时，隔壁阿姨带着小妹妹来希希家玩，希希马上又开心了。他在阿姨和小妹妹面前背诗、唱歌。阿姨说希希真厉害，希希就更开心了。但是当小妹妹玩他的玩具、吃他的零食时，希希又变得很小气，他很生气地把小妹妹手里的玩具抢回来。妈妈说："妹妹不要的，给妹妹玩一下吧！"希希很坚定地说："这是我的玩具，我不要妹妹碰。"

分析：该观察记录体现了31—36个月幼儿以下方面的发展。

（1）认知发展方面：这个月龄段的幼儿注意时间可以达到20—30分钟，内容简单、色彩丰富、伴随有动画和声音效果的材料更符合这个月龄段幼儿的注意发展偏好。

（2）情绪情感发展方面：随着认知水平和语言能力的提高，幼儿对情绪的内化和管理能力提升，但由于他们的语言表达和解决问题的能力还有限，当不能达成目的时，他们就会发脾气。

（3）自我意识发展方面：希希的自我意识逐渐形成，物权意识也开始表现出来，"这是我的玩具，我不要妹妹碰"，这并不是希希自私的行为，而是幼儿发育过程中的正常表现。所以在这个时候，家长不要强迫或指责宝宝，否则会让幼儿失去安全感，导致他们的假意分享。

（4）该月龄段的幼儿往往是通过成人的行为和言语肯定自己的，所以当邻居阿姨说"希希真厉害"时，希希就更开心了。

◇ 我是观察员 ◇

任务一：观看视频，完成相关任务

案例1：希希和妈妈玩指认颜色的游戏

观看视频《希希和妈妈玩指认颜色的游戏》，判断希希所处的月龄、主要发展领域及表现。（见图8-1）

希希和妈妈玩指认颜色的游戏

图8-1 希希和妈妈玩指认颜色的游戏

（1）视频中的希希大致处于哪个月龄段？你的判断依据是什么？

云测试

（2）视频中你看到了希希哪些方面的发展？（　　）（多选题）

A. 幼儿动作的发展　　　　　　　B. 幼儿认知的发展

C. 幼儿语言的发展　　　　　　　D. 幼儿情感与社会性的发展

（3）请用简单的语言记录希希在这些方面的发展。

（4）请观察 31—36 个月幼儿颜色指认的情况，完成表 8-1。

表 8-1 31—36 个月幼儿颜色指认观察记录表 ❶

幼儿说出的颜色	
幼儿说对的颜色	
幼儿说错的颜色	
正确率	

❗ **学习提示**

具体内容请查阅《阅读手册》专题三 "0—3 岁婴幼儿认知发展教育活动保育" 中 "婴幼儿认知发展的内容及特征" 的部分内容。

我爱土豆丝

案例 2：我爱土豆丝

观看视频《我爱土豆丝》，记录希希的主要发展领域和表现。（见图 8-2）

视频背景：希希马上 3 周岁了，要上幼儿园了。

（1）该案例体现了希希哪些方面的发展？（　　　）（多选题）

A. 幼儿动作的发展　　　　　　B. 幼儿认知的发展

C. 幼儿语言的发展　　　　　　D. 幼儿情感与社会性的发展

图 8-2　我爱土豆丝

（2）结合上面的选项，请用简单的语言描述希希在这些方面发展的表现。

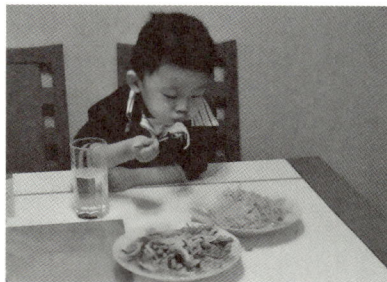

云测试

❗ **学习提示**

具体内容请查阅《阅读手册》专题四 "0—3 岁婴幼儿语言发展教育活动保育" 中 "婴幼儿语言发展的内容及特征" 和专题二 "0—3 岁婴幼儿动作发展教育活动保育" 中 "婴幼儿动作发展的类型与顺序" 的部分内容。

土豆有几个

案例 3：数数

观看视频《土豆有几个》、视频《数小鱼》，记录希希数数能力的发展变化。（见图 8-3、图 8-4）

---

❶ 周念丽：《0—3 岁儿童观察与评估》，38 页，上海，华东师范大学出版社，2013。

数小鱼

云测试

图 8-3　土豆有几个

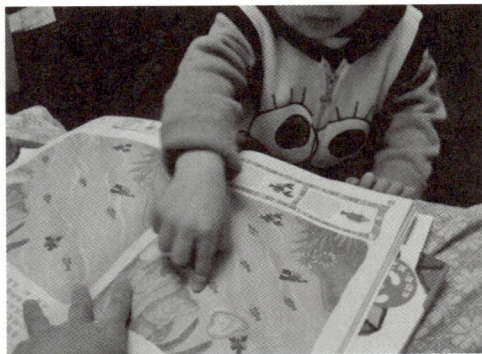

图 8-4　数小鱼

（1）上述案例体现了希希哪些方面的发展？（　　　）（多选题）

A. 幼儿动作的发展　　　　　　　　B. 幼儿认知的发展

C. 幼儿语言的发展　　　　　　　　D. 幼儿情感与社会性的发展

（2）试判断两个视频中希希所处的月龄，并说出判断理由。希希在该方面的发展有什么变化？

学习笔记

⚠️ 学习提示

　　具体内容请查阅《阅读手册》专题三"0—3 岁婴幼儿认知发展教育活动保育"中"婴幼儿认知发展的内容及特征"的部分内容。

任务二：自主学习，完成任务

（1）搜集有关 31—36 个月幼儿发展视频，以小组形式共同完成该月龄段幼儿的发展记录。（见表 8-2）

表 8-2　31—36 个月幼儿发展观察记录表

发展领域	发展特点（以记录视频中的文字介绍为主）

（2）在日常生活或教育实习实践中观察幼儿，完成任务。

①观察31—36个月幼儿骑脚踏车，完成观察记录表8-3。

观察目标：幼儿能否在不同情境下完成骑脚踏车的动作。

观察记录：运用表8-3，观察记录31—36个月幼儿骑脚踏车的动作。

表8-3　31—36个月幼儿骑脚踏车动作观察记录表

观察情境	能否在他人帮助下做到	能否独自做到	动作是否协调灵活
平地上前进			
平地上后退			
躲过前面的石头			
听指令拐弯			

！学习提示

具体内容请查阅《阅读手册》专题二"0—3岁婴幼儿动作发展教育活动保育"中"婴幼儿动作发展的类型与顺序"的部分内容。

②观察31—36个月幼儿分类行为表现，完成观察记录表8-4。

表8-4　31—36个月幼儿分类能力发展观察记录表

分类维度	实例	表现	完成水平
按形状分类	对生活中常见的形状规则的用品进行分类（圆形、方形、三角形）		
按材质分类	对生活中常见的软硬两种材质通过触摸进行分类		
按功能分类	对生活中常用的物品根据可食用、不可食用维度进行分类		
按大小分类	能将爸爸、妈妈和自己三种大小不同的衣服进行分类		

说明：可依据幼儿的完成情况及日常表现做出水平判断。

！学习提示

具体内容请查阅《阅读手册》专题三"0—3岁婴幼儿认知发展教育活动保育"中"婴幼儿认知发展的内容及特征"的部分内容。

任务三：利用评估表，综合评估幼儿的发展水平

在早教机构实习过程中，以某 31—36 个月的幼儿作为观察对象，利用《31—36 个月幼儿发展观察评估表》（见表 8-5），综合评估幼儿的发展水平。

表 8-5　31—36 个月幼儿发展观察评估表

观察对象：_____　　　性别：_____　　　月龄：_____个月

观察情境：（用简短的话描述幼儿活动情境）_____

发展方面	观察评估细目		是	否	幼儿具体表现
动作发展	粗大动作发展	听信号向指定方向跑			
		能投沙包（或球）2 米远			
		双脚交替跳			
		双足向前跳三四米远			
		能骑脚踏车			
	精细动作发展	能垒高 10 块积木			
		拇指分别与其他四指对碰			
		折长方形、正方形、三角形			
		脱下和拉起裤子			
		抓住和使用剪刀（剪圆）			
认知发展	注意发展	能集中 15—20 分钟的时间来做一件自己感兴趣的事			
		当成人要求他去做一件事时，他可以保持几分钟，但一会儿就会转移注意力			
	记忆发展	能认出 1 个月前见过的小朋友			
		能认出几天前看过的图片			
		可以简单哼唱几天前教过的歌曲			
	思维发展	对周围事物好奇、好问，好奇心、探索欲望强烈			
		知道天冷、天热时应穿什么衣服			
		会区分三角形、圆形和正方形等			
		懂得日用品的用途，能将吃的、穿的、用的东西区分开			
		对数数感兴趣			

续表

发展方面		观察评估细目	是	否	幼儿具体表现
语言发展	语言理解能力	能理解并正确回答"谁""什么""哪儿""谁的"等问题			
		能初步理解一些上、下、里、外等介词			
		能理解表达时间的词语，如马上			
	语言表达能力	会说出自己的姓名、年龄、性别、喜好			
		能说出五词句、六词句等较为复杂的句子			
		会用语言描述物体的形状、大小和颜色等方面的特征			
		能说出一些数量词			
		能较为熟练地使用"我""你""他"等人称代词			
	语言交际能力	会说"请""再见""谢谢"等礼貌用语			
		能用语言向成人提要求			
情感与社会性发展	情绪发展	在妈妈当着他的面拥抱或者夸奖别的小朋友时，他会生气			
		在妈妈当着他的面给其他小朋友喜欢吃的食物时，他会生气			
		能够较快地与新朋友一起玩			
		可以正确说出自己在生气			
		当成人夸奖他时，他会很高兴			
		当成人批评他时，他会很难过			
		讲兔子吃胡萝卜的故事，问他："兔子喜欢胡萝卜，那么给兔子苹果，兔子会怎样？"他会回答："兔子不开心。"			
		讲兔子吃胡萝卜的故事，问他："兔子喜欢胡萝卜，那么给兔子胡萝卜，兔子会怎样？"他会回答："兔子很开心。"			
		当他哭闹时，用其他事物可转移他的注意力			
		会在生气的时候试图转移注意力或者把气发泄到物品上面			

续表

发展方面		观察评估细目	是	否	幼儿具体表现
		游戏时能理解简单的游戏规则			
	社会行为发展	乐于和其他小朋友一起游戏，并能够不打扰其他人			
		知道如何排队，并耐心等待			
		开始学习和同龄人分享玩具			
		能遵从简单的行为规则，并养成习惯			
	社会适应	能自己穿衣，收拾玩具			
		能主动和陌生人打招呼			
		能帮助妈妈做简单的家务			
	自我意识发展	能正确地表达失望的情绪，有一定的自我控制能力			
		能区分自己和他人的性别			

饺子有几个

图 8-5　饺子有几个

任务四：观看视频，完成观察、记录和分析任务

（1）观看视频《饺子有几个》，以 36 个月的双胞胎大牛（男）和妞妞（女）作为观察对象，以小组形式共同完成两个幼儿的观察记录。（见表 8-6，见图 8-5）

表 8-6　31—36 个月幼儿发展观察记录分析表 1

观察对象：	性别：	月龄：
观察时长：	观察地点：	
活动材料：		
情境概述：		
观察记录：		
观察分析：（试着分析两个孩子发展的异同）		

学习笔记

⚠️ **学习提示**

具体内容请查阅《阅读手册》专题三"0—3 岁婴幼儿认知发展教育活动保育"中"婴幼儿认知发展的内容及特征"的部分内容。

（2）在早教机构实习过程中，以某 31—36 个月的幼儿作为观察对象，在动作、认知、语言、情感与社会性等中任选两个发展维度，详细观察记录其行为表现，完成表 8-7。

表 8-7　31—36 个月幼儿发展观察记录分析表 2

观察对象：		性别：		月龄：	
观察时长：		观察地点：			
活动材料：					
情境概述：					
观察记录：					
观察分析：					

▶▶ **家长热线**

任务五：接听家长热线，完成任务

热线 1：宝宝有恋物行为怎么办

　　我儿子豆苗 8 个月大的时候，我开始上班。每次出门时，豆苗都会哭得撕心裂肺，奶奶要哄好久。后来我给豆苗买了一个毛绒熊，在我上班离开家的时候，他就会抱着这只小熊，吃饭、睡觉、玩玩具，哪怕是出去旅行，他都要将大熊带在身边。最初看着大熊成了他的好伙伴，我很开心。可是现在，豆苗马上要上幼儿园了，那只大熊也已经又脏又旧了，他还是走到哪儿带到哪儿，还要带着大熊去幼儿园。他爸爸认为不能惯着他，把大熊扔掉，豆苗的这个坏习惯也就改掉了。前两天，他爸爸就要扔掉大熊，豆苗很生气，抱着大熊哭着和爸爸吵架。看豆苗这么伤心，我觉得他爸爸这样做不太好，但我也不能让他带着大熊去幼儿园，我应该怎么办？

（1）对于豆苗爸爸的观点和做法，你认可吗？说说你的理由。

"我"认可（　　）/ 不认可（　　）豆苗爸爸的做法。

"我" 的理由

（2）对于豆苗妈妈的困惑，你的建议是：

建　议

云测试

🔵 拓展阅读 🔵

你知道吗？

人在缺乏某种心理补偿时，会在有意识或无意识中，找一个替代物来满足这种心理需求。当这个替代物产生的心理暗示能带来某种满足和愉悦时，人就会对这个替代物产生依赖感。心理学中把这种现象称为"安全毯现象"（人从高处往下跳时，如果在地上放一块毯子，对人可起缓冲和保护作用），又叫"缓冲垫作用"。来自英国布里斯托尔大学和美国耶鲁大学的一项研究表明，多达70%的孩子在成长过程中都有过恋物行为。

心理学上我们把孩子们的这些依恋的物品称为"过渡性客体"，比较通俗的说法就是安抚物。"过渡性客体"不是母亲给予的，而是儿童自己发现或创造的。它甚至比母亲更重要，是儿童"几乎无法切割的一部分"。这些"过渡性客体"，能帮助孩子在和父母分开的时候，自我安慰，降低情感的受伤程度。

因此，有物品依赖行为的孩子的家长不要过度担忧，行动上不要采取过激的做法，如硬性拿走孩子依赖的物品等，这会给孩子造成心理压力，尽管有时奏效，但更多的情况下是事与愿违的。由于心理上的压抑，孩子常会坐立不安，发脾气，或引起其他不良反应。

家长需要做的是从心理上接受孩子依恋移情物的行为，平时生活中应该多向孩子表达爱意，多拥抱孩子，减少孩子的紧张感，给予孩子足够的安全感和关注度，逐渐让孩子摆脱对安抚物的依赖。

拓展阅读

扫码阅读绘本《阿文的小毯子》

阿文的小毯子

云测试

热线2：如何解决宝宝的挑食和入睡困难问题

最近孩子的吃饭和睡觉问题，是让人头痛的两件事。吃饭的时候他总是一口饭含在嘴里，坐着发呆，说他一句，他就慢吞吞地喝一口汤，吃一口饭。每顿饭都差不多要一小时才能吃完，菜几乎不吃，理由是"我不喜欢吃"。在该睡觉时不愿上床睡觉，即使是躺在床上，他也不容易入睡，有时候我在陪着他时都要睡着了，他还在床上不停地翻动，直到很晚才能勉强入睡。

这位家长的咨询，包含了幼儿常见的"含饭"和"入睡困难"两个难题。

（1）关于"含饭"，你的建议是：

（2）关于"入睡困难"，你的建议是：

温馨提示

从 2 岁到 3 岁，幼儿将这样逐渐成长：

◎ 乳牙出齐 20 颗

◎ 会骑儿童三轮车；能两脚并跳；能爬攀登架；能独自绕过障碍物（如门槛）

◎ 能用手指捏细小的物体，能解开和扣上衣服上的大纽扣，会折纸，洗手会擦干

◎ 能走较宽的平衡木

◎ 能自己上下楼梯

◎ 会拧开或拧紧盖子

◎ 能握住大的蜡笔在大纸上涂鸦

◎ 喜欢倒东西和装东西的活动，如玩沙、玩水

◎ 开始有目的地使用东西，例如，把一块积木当作一艘船到处推

◎ 能把物体进行简单的分类，例如，把衣服和鞋子分开

◎ 熟悉主要交通工具及常见动物

◎ 能说出图画书上东西的名称

◎ 喜欢有人给他念书，能一页一页地翻书，并假装"读书"

◎ 能说出 6—10 个词的句子，能比较准确地使用"你""我""他"

◎ 脾气不稳定，没有耐心，很难等待轮流做事

◎ 喜欢"帮忙"做家务；爱模仿生活中的活动，如喂玩具娃娃吃饭

◎ 喜欢和别的孩子一起玩，相互模仿言行

有以下状况，请赶快送孩子去看医生：

◎ 虽能自如地走，但会经常摔倒；不能在成人帮助下爬台阶

◎ 不能提问题

◎ 不能指着熟悉的物品说出它的名称；不能说 2—3 个字的句子

◎ 不能根据一个特征把熟悉的物品分类，例如，把吃的东西和玩具分开

◎ 不喜欢和小朋友玩

二 31—36 个月幼儿的教育活动

（一）个别化教育活动辅助

▶▶ 小天地，大创作

请你像我这样做（一）

图 8-6、图 8-7 是活动区"排排队"的环境创设，教师在区域内提供了小动物头像若干（塑封后贴在小积木上以便摆放）、自制大象滑梯和小花园的背景。请对这个环境创设进行评析。

图 8-6   图 8-7

该活动区的环境创设主要体现以下特点：

（1）环境创设遵循幼儿发展的特点和丰富性原则，结合绘本内容呈现多种活动形式，激发幼儿的参与性。31—36 个月的幼儿正是语言能力发展的关键时期，他们喜欢在故事情景中进行扮演或者借助一些道具来理解故事内容，该活动区便是基于幼儿这一阅读特点来设计的。活动区选取了《排排队》这一绘本，幼儿能够根据故事情节，通过操作说出常见动物的名称。

（2）环境创设能支持幼儿养成良好的习惯。教师在设计这一活动区环境时为每个动物朋友制作了自己的家，在活动结束时，幼儿能够根据标识摆放整理，从而培养幼儿物归原处的基本行为规范。

（3）环境创设体现了教育性原则。幼儿一般没有排队意识，这一年龄段的幼儿刚入园时往往在盥洗、喝水等集体活动时挤成一堆。这一活动区的设计，可以帮助幼儿建立排队的意识，知道排队、等待是非常重要的事情，能够给自己和他人带来便利。

请你像我这样做（二）

图 8-8、图 8-9 是活动区"自然角"的环境创设，教师提供了盆栽植物若干，喷水壶和花架等。

这样的环境创设合理吗？有哪些合理之处？有哪些不足？如何改进？（见表 8-8）

图 8-8　自然角 1

图 8-9　自然角 2

表 8-8　31—36 个月幼儿活动区环境创设评析表

合理之处	不足之处	改进方法
①活动区阳光充足，有助于植物的生长；②活动区植物品种丰富；③每个幼儿在活动区都有自己的植物	①自然角中仅有一些植物，没有考虑到低龄幼儿的年龄特点和兴趣；②幼儿在该自然角中缺乏可体验的机会，容易对活动失去兴趣	①这一年龄段的幼儿对动物非常感兴趣，教师可以利用这一年龄特点，提供一些小动物，如小鱼、小乌龟等。在简单的饲养活动中，帮助幼儿建立初步的责任感；②在自然角中投放多样化的劳动工具，比如，不一样的喷壶、除虫的夹子、放大镜等，增加幼儿在活动中的体验感；③增加环境创设，如班级幼儿照顾动植物的照片墙、植物浇水记录卡、动物投喂记录卡等，激发幼儿照顾动植物的责任感，初步了解照顾动植物的方法

任务一：观察图片，完成任务

（1）图 8-10 是某早教机构走廊墙壁的环境创设，以 10 分为满分，你给这个环境创设打几分？说明你的理由。

图 8-10

环创分数　

理　由

（2）图8-11是31—36个月幼儿活动室的一角"娃娃的家"，你认为这样的环境创设合理吗？有哪些合理之处？有哪些不足？如何改进？请思考后完成表8-9。

图8-11　娃娃的家

表8-9　娃娃的家环境创设分析表

合理	不足	改进方法

（3）如果要在娃娃的家区角进行个别化游戏"我来喂'宝宝'"，你还会为该区角增加哪些材料？增加这些材料的理由是什么？结合问题补充完成表8-10。

表8-10　31—36个月幼儿个别化教育活动环境创设表1

个别化教育活动	我来喂"宝宝"
活动目标	①在游戏中学习正确使用小勺子； ②感受给"宝宝"喂饭的乐趣
需要补充的材料	
空间布局 （可以绘图）	
环创说明	

（4）如果要在娃娃的家区角开展个别化游戏"我帮妈妈做家务"，你会对该区域做什么样的调整？结合问题补充完成表8-11。

表8-11　31—36个月幼儿个别化教育活动环境创设表2

个别化教育活动	我帮妈妈做家务
活动目标	①学习给娃娃穿衣服，扣按扣； ②能主动做一些力所能及的事情； ③愿意帮妈妈做一些简单的家务
材料	
空间布局	
环创说明	

任务二：创设有利于活动开展的环境

请根据以下教育目标为31—36个月的幼儿创设环境。认真思考后完成表8-12。

表8-12　31—36个月幼儿教育活动挤牛奶环境创设表

活动名称	挤牛奶
活动目标	①练习五指抓、挤、捏的动作； ②感受挤牛奶的乐趣
材料	
空间布局	
环创说明	

▶▶ **小游戏，大支持**

任务三：阅读游戏活动方案，完成任务

1.认真阅读下面的个别化游戏案例，从"游戏的作用""作为辅助者可以做什么"等角度完成相关任务。

活动名称：个别化游戏活动"小金鱼"❶

活动准备：购买2—3条小鱼，一个玻璃鱼缸及鱼食若干

活动过程：

①教师把装有小鱼的鱼缸端到宝宝面前，让宝宝看里面住着谁；

---

❶　尹坚勤、张元：《0—3岁婴幼儿教养手册》，495页，南京，南京师范大学出版社，2008。

②和宝宝一起观察小鱼，请宝宝说说小鱼是什么颜色的，长什么样子。学说"圆眼睛""大肚皮""大尾巴"等；

③和宝宝一起看看、学学小鱼的动作；

④准备一些鱼食，带着宝宝一起喂鱼，看看小鱼是怎么吃东西的。

（1）该游戏促进了幼儿哪些方面的发展？（　　　　）（多选题）

A. 幼儿动作的发展　　　　　　　　B. 幼儿认知的发展

C. 幼儿语言的发展　　　　　　　　D. 幼儿情感与社会性的发展

（2）该游戏可能达成的目标是什么？

（3）游戏中采用了哪些方法？（　　　　）（多选题）

A. 示范法　　　　　　　　　　　　B. 讲解法

C. 实验法　　　　　　　　　　　　D. 间接指导法

（4）在这个游戏中，你可以做哪些辅助工作？

辅助工作 1

辅助工作 2

辅助工作 3

（5）如果将"小金鱼"活动延伸至家庭亲子活动中，你可以给家长提供什么支持或建议？

2.认真阅读下面的个别化游戏案例，从"观察什么""猜测可能出现的情况""作为辅助者可以做什么"等角度完成任务。

活动名称：个别化游戏活动"一起来踩沙"

活动目标：

①让宝宝感受光脚丫踩沙子的感觉；

②培养宝宝的自理能力。

活动过程：

①引导宝宝独立脱鞋，脱袜；

②引导宝宝光着脚丫在沙子上走，用脚丫体验沙子的质感；

③引导宝宝观察小脚丫走过后，沙子上留下的脚印。

（1）在这个游戏中，你应该留心观察什么？

（2）预想下幼儿可能会出现什么情况或问题？

（3）根据你的预想，你可以做哪些辅助工作？

辅助工作1

辅助工作2

辅助工作3

"一起来踩沙"
辅助工作提示

我不会穿

任务四：观看视频，完成任务

观看视频《我不会穿》，针对希希遇到的困难，你可以通过创设情境、提供材料或者其他方式给他一些帮助。

案例简介：又到了接宝宝离园的时间，33 个月的希希坐在地上，半天也没有穿上自己的凉鞋，他拿着鞋去找妈妈。

创设情境 _____

提供材料 _____

其他方式 _____

学习笔记

（二）集体活动辅助

▶▶ 火眼金睛，穿针引线

任务五：阅读游戏活动方案，完成任务

阅读集体活动方案，观察分析辅助时机与具体内容，并进行情景模拟与反思。

活动名称：集体游戏活动"三只熊" [1]

活动目标：宝宝喜欢听故事，在听故事和游戏中学会分辨物品的大、中、小。

活动准备：故事《三只熊》，大号、中号、小号三只毛绒玩具熊，三把大小不同的椅子，三张大小不同的熊的图片，三把椅子的图片。

活动过程：

①讲故事，提问故事里有谁，它们都是什么样子的，发生了什么事。

提示语："今天我们一起来听听三只熊的故事。"

②出示三只熊的图片，观察、比较三只熊并再次讲述。

提示语："和老师一起来看图片听故事。"

[1] 李晓玫：《1—36 个月婴幼儿亲子活动教师指导手册》，395 页，大连，辽宁师范大学出版社，2018。

③故事里的游戏。引导宝宝用"大""中""小"三个词说话，给三只熊配椅子。

提示语：故事中熊爸爸的椅子是哪一把？熊妈妈的椅子是哪一把？熊宝宝的椅子是哪一把？（爸爸的是大号的，妈妈的是中号的，宝宝的是小号的）

1. 观察分析

①你认为在这个游戏活动中，宝宝们可能会出现哪些情况需要你的辅助？

可能的情况 1 _____

可能的情况 2 _____

可能的情况 3 _____

! **学习提示**

具体内容请查阅《阅读手册》专题三"0—3 岁婴幼儿认知发展教育活动保育"中"婴幼儿认知发展的内容及特征"的部分内容。

②下面的辅助时机和你上题中的猜想是否吻合？对照表格中的各种辅助时机，你将如何进行辅助？请结合案例完成表 8-13。

表 8-13　31—36 个月幼儿亲子活动辅助工作分析表 1

辅助时机	辅助工作
当宝宝不能安静地听故事，不能专心感受故事人物的不同时	
当宝宝不能回答出故事里有谁，它们发生了什么事时	
当宝宝不能跟着教师讲的故事来操作图片时	
当宝宝不能分辨并说出大号、中号、小号的物品都是谁的时	

"三只熊"辅助工作提示

2. 情景模拟

以小组为单位，现场模拟案例中的辅助活动。

3. 自我反思

请采用 PDT 评价表（见表 8-14）对小组模拟辅助活动进行反思。

表 8-14　PDT 评价表 1

P（plus，学到了什么？）	D（delta，怎样可以做得更好？）	T（take away，收获了什么？）

（三）亲子活动辅助

▶▶ 协助教师，推进活动

任务六：阅读亲子活动方案，完成任务

阅读亲子活动方案，观察分析作为教师辅助者的辅助时机与具体内容，并进行情景模拟与反思。

活动名称：亲子游戏活动"虫虫爬爬"

活动目标：锻炼宝宝的协调能力，能够手脚协调向前快速爬。

活动准备：铺垫子，拼装地垫的宽敞空旷的房间。

活动过程：

（1）教师带着妈妈和宝宝一起扮虫虫，在地板上学小虫虫爬。

"虫宝宝还小，它只会慢慢爬"，教师蹲下，手抓住脚，慢慢往前移动。

"慢慢长大了，爬得快一点了"，教师带着家长和宝宝，手、膝支撑地向前爬。

（2）游戏：虫虫爬爬。

家长带着宝宝从房间的一侧爬到另一侧，到目的地后就用手拍一下墙，比一比谁更快。

请家长坐在地垫上，伸直双腿，鼓励宝宝从自己腿上爬过去。

请家长躺在地垫上，让宝宝从家长身上爬过去。

家长们还可以相互靠近，躺在地垫上，让宝宝们从家长身上爬过去。

1. 观察分析

你认为在这个案例中什么时候需要去辅助教师？怎么进行辅助？请结合案例，完成表 8-15。

表 8-15 31—36 个月幼儿亲子活动辅助工作分析表 2

辅助时机		辅助工作
针对幼儿	时机 1:	
	时机 2:	
	时机 3:	
针对家长	时机 1:	
	时机 2:	
	时机 3:	

"虫虫爬爬"辅助工作提示

2. 情景模拟

①以小组为单位，结合"观察分析"中的辅助时机，模拟虫虫爬爬游戏中幼儿和家长可能遇到的问题。

②以小组为单位，模拟游戏过程中的辅助活动。

3. 自我反思

请采用 PDT 评价表（见表 8-16）对之前模拟的辅助活动进行反思。

表 8-16 PDT 评价表 2

P（plus，学到了什么？）	D（delta，怎样可以做得更好？）	T（take away，收获了什么？）

▶▶ **助力家长，引导有方**

任务七：阅读亲子活动方案，完成任务

阅读亲子活动方案，观察分析作为家长辅助者的辅助时机与具体内容，并进行情景模拟与反思。

活动名称：亲子游戏活动"大象的鼻子"[1]。

活动目标：通过做扣环的连接动作，锻炼宝宝的手眼协调能力、手腕稳定性和手部力量。

活动准备：不同颜色、不同形状的塑料扣环、浴帘挂钩等

---

[1] 李晓玫：《1—36 个月婴幼儿亲子活动教师指导手册》，440 页，大连，辽宁师范大学出版社，2018。

活动流程：

①出示缺了鼻子的大象，教师介绍材料，并示范连接方法。

提示语："呀，这头大象的鼻子呢？我们用这些扣环帮助大象找回鼻子吧！"

②在背景音乐中，家长和宝宝一起动手连接扣环，并在连接过程中配一些有趣的语言，帮助大象找回鼻子。

提示语："左一个，右一个，轻轻一碰接一串；你一个，我一个，大家一起连连看。"

③完成后鼓励宝宝和同伴一起互相欣赏大象的鼻子，说说大象鼻子的颜色、形状，比比鼻子的长短。

活动提示：

带上自己的大象快去找好朋友吧，把你的大象介绍给你的好朋友。

1. 观察分析

在这个活动中家长可能会遇到哪些困难？

"大象的鼻子"家长可能面临的困难提示

困难 1 _____

困难 2 _____

困难 3 _____

⚠ 学习提示

具体内容请查阅《阅读手册》专题三"0—3 岁婴幼儿认知发展教育活动保育"中"婴幼儿认知发展的内容及特征"的部分内容。

2. 情景模拟

请以小组为单位模拟如何帮助家长解决这些困难。

例如："宝宝，我们来看看怎么连不上呢？原来刚才我们没有找到套环的嘴巴，来，我们现在再来试试。"

3. 自我反思

完成表 8—17。

表 8-17 PDT 评价表 3

P（plus，学到了什么？）	D（delta，怎样可以做得更好？）	T（take away，收获了什么？）

任务八：总结回顾，连连看

请根据中间的幼儿身心发展特征，将其与左侧对应的发展维度和右侧对应的家长育儿提示连线。

发展维度	幼儿身心发展特征	家长育儿提示
动作	能单脚站立，能双脚交替上下楼梯，会从肩上挥臂投掷东西，能骑儿童三轮车。会边、角相对折纸，能扣扣子和解扣子，能画圆形和交叉线，能独立进餐，而且吃得干净。能主动大小便。学习自己洗手、洗脸。能独立入睡。	成人要善于与宝宝进行交流和沟通。利用电子读物、图书等向宝宝传授与人交往的方法。经常带宝宝到公共场所，如游乐场、公园等，在游戏和活动中发展宝宝的交往能力。让宝宝学会分享和交换玩具。培养宝宝活泼、开朗的性格。
语言	形象思维发展很快，抽象思维开始萌芽。能根据物体的形状和颜色进行配对；能对物体进行手、口一致的数数（1—3）；能区分上下、前后、里外的方位。能说出自己的姓名、年龄，能完成简单的拼图。	成人要保护宝宝爱讲话、爱提问的积极性，耐心地解答其提出的问题，并鼓励宝宝自己去寻找答案。当宝宝偶尔口吃时，成人不要批评或模仿，要让他慢慢地讲。
认知	喜欢听到成人的赞赏和夸奖。能按照成人的要求约束自己的行为，但有时会任性。喜欢和同伴玩，并能等待和分享，但常与同伴有冲突。	在成人的视野内，让宝宝独立玩耍。和宝宝传接球，踢球。成人要多和宝宝一起做些操作活动，如折纸、捏橡皮泥等，培养他的兴趣，提高动手能力。培养宝宝良好的生活卫生习惯，如自己穿脱衣服、洗手、进餐、入睡等。
情感与社会性	语言发展迅速。爱讲话，爱提问题。能说出完整的句子，会背诵短小的儿歌。能用较完整的句子回答成人的提问。由于语言的发展跟不上思维活动，常出现口吃现象。	要保护宝宝在认知活动中的好奇心，支持他的探究行为。让宝宝在操作物体的活动中发展思维能力和想象力。在数数活动中培养宝宝对数的兴趣。为他选择适宜的玩具和读物，如拼图、图画书等。

婴幼儿教育活动保育

阅读手册

YINGYOU'ER
JIAOYU HUODONG BAOYU
YUEDU SHOUCE

北京师范大学出版集团
BEIJING NORMAL UNIVERSITY PUBLISHING GROUP
北京师范大学出版社

目　录
阅 读 手 册

专题五 0—3 岁婴幼儿情感与社会性发展教育活动保育

专题一

0—3 岁婴幼儿教育活动保育

学习目标

- 初步了解早教机构的主要教育活动类型及价值。
- 理解早教机构应遵循的教养理念。
- 掌握 0—3 岁婴幼儿教育应遵循的原则。
- 知道 0—3 岁婴幼儿教育的主要内容。

学习导航

- 0—3岁婴幼儿教育活动保育
  - 认识早教机构
    - 什么是早教机构
    - 早教机构应遵循的教养理念
    - 早教机构的教育活动类型
    - 早教机构教育活动的价值
  - 0—3岁婴幼儿教育概述
    - 0—3岁婴幼儿的概念
    - 0—3岁婴幼儿发展的特点
    - 0—3岁婴幼儿教育的概念
    - 0—3岁婴幼儿教育的意义
    - 0—3岁婴幼儿教育的原则
    - 0—3岁婴幼儿教育的主要内容

0—3 岁婴幼儿的教育事关婴幼儿的健康成长，事关千家万户的切身利益，事关国家和民族的未来。党的二十大报告指出，深入贯彻以人民为中心的发展思想，在幼有所育、学有所教、劳有所得、病有所医、老有所养、住有所居、弱有所扶上持续用力，人民生活全方位改善。2017 年 12 月，中央经济工作会议提出，要解决好婴幼儿照护和儿童早期教育服务问题。此后，《国务院办公厅关于促进 3 岁以下婴幼儿照护服务发展的指导意见》（2019）和配套政策相继出台，各地紧随其后也出台了一系列举措发展早教服务。

一　认识早教机构

（一）什么是早教机构

早教机构，顾名思义就是开展早期教育的机构。一般认为，广义的早教机构指为 0—6 岁的儿童提供教育的机构，如幼儿园、托儿所、婴幼园、公办早期教育指导中心、加盟品牌或者自创品牌的早教中心等多种形式。[1]《问答式早教百科》将早教机构定义为："全日制托幼机构，针对宝宝的不同月龄，给宝宝实施提高智力、情感和社会交往活动能力的系统连贯的早教计划。"[2]狭义的早教机构是指以 0—3 岁婴幼儿及家长为服务指导对象，对其提供教养服务和咨询的专门机构。我国 0—3 岁早期教育机构主要有：托班、亲子园（中心）、妇幼保健院设立的婴幼儿照护服务指导中心、政府开办的 0—3 岁早期教育指导中心等。[3]其中托班主要是各类幼儿园为了协助家长看护孩子，在园所内设立的宝宝班。专业的亲子园则是以专业教师与婴幼儿、家长的互动为主，以提高家长科学育儿水平的一种教育模式。妇幼保健院设立的婴幼儿照护服务指导中心更多的是从营养和保健角度对 0—3 岁婴幼儿进行护理。政府开办的早教指导中心由财政支持，致力于研发早教内容及对家长工作的指导。

华爱华教授按照时间和教育对象的差异将早教机构大体分为两类：一类是幼儿园、托儿所等公办性质的全日制早教机构，主要教育对象是 3—6 岁

---

[1] 律茵：《锦州市早教机构 0—3 岁婴幼儿亲子活动课堂组织现状研究》，内蒙古师范大学，硕士学位论文，2013。

[2] 菅波：《问答式早教百科》，35 页，北京，中国纺织出版社，2010。

[3] 王颖蕙、曹桂连：《我国 0—3 岁婴幼儿早期教养文献综述》，载《新课程（教育学术版）》，2009（11）。

的幼儿，教师是教育实施者，每日实行系统、连贯的学期课程计划；另一类主要是一些商业性质的加盟品牌或者自创品牌的非全日制早教机构，这类机构并没有纳入我国国民教育体系中，一般在工商部门注册，以教育咨询公司或教育服务中心等名义从事早教业务。❶不同于幼儿园的是，后者主要为0—3岁婴幼儿和家长提供教育与服务，婴幼儿和家长每周只需定期来几次，每次用1小时左右的时间进行亲子活动，实行的是按年龄段分期进行的阶段性课程计划，有时还可以根据家长自身的时间和婴幼儿实际状况来灵活安排课程时间和内容。❷

（二）早教机构应遵循的教养理念 ❸

教养理念是教育主体在教养实践及教养思维活动中形成的对"教养应然"的理性认识和主观要求。教养理念是建立在教养规律基础之上的，科学的教养理念是一种"远见卓识"，它能正确地反映教养的本质和时代的特征，科学地指明前进的方向。早教机构应遵循以下教养理念。

①尊重权利，满足需求。尊重婴幼儿作为一个独立个体所应有的权利，重视婴幼儿的情感需求，以亲为先，以情为重，创设宽松、温馨、充满爱的环境，满足婴幼儿的成长需求。尊重婴幼儿的意愿，促使他们积极主动、健康愉快地发展。

②科学养育，教养融合。强调对早期生命的呵护，把保障婴幼儿的安全、健康放在教养工作的首位。养中有教，教中重养，教养合一，自然渗透，促进婴幼儿身心和谐发展。

③遵循规律，顺应发展。尊重婴幼儿身心发展规律，顺应婴幼儿的天性。遵循各年龄段婴幼儿的教养规律，通过适宜的环境和有趣的活动，使婴幼儿自然发展，健康成长。

④尊重差异，开启潜能。尊重婴幼儿在发育与健康、感知与运动、认知与语言、情感与社会性等方面的个体差异，实施个别化的教养。提供适宜的刺激，丰富多种经验，开启婴幼儿潜能，促进婴幼儿个性化发展。

⑤开展游戏，融入生活。注重生活和游戏对婴幼儿发展的独特价值。充分利用日常生活和游戏中的学习情景，引发婴幼儿对周围环境、游戏活动的

---

❶ 华爱华：《教学，还是指导——从〈FPG早教方案〉系列丛书看早教机构中的婴幼儿（亲子）活动》，载《学前教育：幼教版》，2007（3）。

❷ 刘霖芳：《我国早教机构发展中存在的问题及对策》，载《教育探索》，2012（10）。

❸ 《青岛市0—3岁婴幼儿教养指导纲要（试行）》，青教通字〔2014〕110号。

兴趣，培养婴幼儿与亲人的依恋关系、良好的习惯和与人交往的态度，助益婴幼儿开心游戏，快乐生活。

（三）早教机构的教育活动类型

早教机构的教育活动主要包括个别化游戏活动、集体游戏活动和亲子游戏活动三种。

1. 个别化游戏活动

个别化游戏活动是由教师创设环境，婴幼儿根据自己的兴趣、意愿和能力，自由选择材料进行的游戏活动。个别化游戏活动是早教机构活动的重要组成部分，可以满足婴幼儿不同的兴趣和发展需要。在个别化游戏活动中，教师投放的活动材料直接关系着婴幼儿的游戏活动效果，因此，教师要把握"材料"与"空间"两大要素，通过挖掘可利用空间，寻找适宜性材料，丰富材料投放的游戏性等方式来满足婴幼儿的不同兴趣与需要，同时使之与婴幼儿的发展相适宜。

早教机构的个别化游戏活动还包含家长参与的形式，其主要价值是指导家长有效支持婴幼儿活动。常见形式为：教师为4—5对家长和婴幼儿提供3—5种活动材料，让家长和婴幼儿根据自己的偏爱和喜好选择，自由安排活动内容。教师先以旁观者的身份在教室里巡视、观察，发现家长和婴幼儿行为不合适时，选择合适的时机及时介入给予帮助：一边示范正确的做法，一边为家长详细讲解为什么要这么做，下次碰到这种情况应该怎么做。但是这种方式往往因为家长和婴幼儿人员分散，教师数量和精力有限，不能照顾到每一位家长和宝宝，有的家长甚至没有耐心等待，就会打断孩子，自作主张地左右宝宝的行为。再加上活动时间的限制，教师的指导往往只是点到为止，指导的深度和广度都不够，教学效果并不算佳。❶

2. 集体游戏活动

早教机构的集体游戏活动是指根据婴幼儿的年龄分班而进行的日常集体游戏活动，活动可以是只面向婴幼儿的，通常一次活动的内容不多，时间也相对较短；活动也可以是同时面向婴幼儿和家长的，内容丰富，时间也相对长一些。家长和婴幼儿共同参与的集体游戏活动将在亲子游戏活动中介绍。

31—36 个月幼儿个别化游戏活动——动物园

13—18 个月幼儿集体游戏活动——身体音阶歌

---

❶ 刘婷：《0—3 岁早期教育机构课程设置的个案研究》，华中师范大学，硕士学位论文，2017。

3. 亲子游戏活动

亲子游戏是为了巩固家庭里父母与孩子之间的感情而进行的各种有意义的游戏活动，是亲子之间交往的重要形式。❶亲子游戏活动是指早教机构根据0—3岁婴幼儿身心发展特点，在专业早教教师指导下，由婴幼儿及其父母或其他监护人共同参与，以亲子游戏为基本组织形式开展的促进婴幼儿身心发展、提高父母科学育儿水平的活动。❷亲子游戏活动包括机构内亲子游戏活动和家庭亲子游戏两种。

（1）机构内亲子游戏

机构内亲子游戏是在早教机构开展的活动。早教机构针对0—18个月婴幼儿开展的教育活动基本都是亲子游戏活动，对19—36个月幼儿开展的集体游戏活动部分是亲子游戏活动。教师通过指导家长和婴幼儿开展亲子游戏，达到对家长和婴幼儿双方面的教育的目标。

机构内亲子游戏的流程相对模式化，通常包含4个环节。环节一：开场，这是问好时间或运动时间。环节二：集体游戏活动，此时教师指导家长和婴幼儿共同游戏。环节三：自由活动，此时教师让家长和婴幼儿自由活动。环节四：结束，播放亲子音乐。

（2）家庭亲子游戏

家庭亲子游戏又称为家庭延伸活动，这种活动是早教机构帮助家长在每一个阶段的课程结束后拟好的延伸活动，其中有针对家长的也有针对婴幼儿的活动，并准备好家庭延伸资料，让家长和婴幼儿在日常生活中开展科学的早期教育活动。家庭延伸活动让家长意识到婴幼儿的一日生活充满大量动作、语言、认知、情感与社会性的发展内容，比如，换尿布时为宝宝唱儿歌，洗澡时为婴幼儿描述正在擦洗的部位，收集一些日用品给宝宝摆弄，给宝宝讲身边物品的名称、颜色和形状，在阳光下踩影子、赛跑，闻一闻食物的香味，再尝一尝味道等，帮助家长有意识地将生活中的自然互动提升为自觉的教养行为。

（四）早教机构教育活动的价值

早教机构内教育活动的类型不同，其价值也有差异。

0—12个月婴儿机构内亲子游戏活动

---

❶ 董旭花：《谈谈亲子教育》，载《山东教育（幼教刊）》，2004（23）。
❷ 李婧：《早教机构0—3岁婴儿教育活动问题与对策研究——以重庆市主城区A早教机构为例》，西南大学，硕士学位论文，2011。

1.个别化游戏活动的价值

个别化游戏活动的价值主要体现在对婴幼儿、课程和教师三个方面。

第一，个别化游戏活动使婴幼儿的学习活动更有品质。在个别化游戏的区角活动中，婴幼儿主要是通过感知、动作、表象等来积累经验的。他们往往借助于操作摆弄与客体交往，在与具体材料的互相作用中，获取直接经验，进行多元化学习。这样的学习让婴幼儿更自主，更快乐。这样的学习，也许能让婴幼儿真正建构起属于他们自己的概念系统和收获有意义的成长经验。此外，在个别化游戏活动中，婴幼儿的目的性、计划性、观察力、专注力、自信心、创造力及动手能力等都能获得有效的提高。

第二，个别化游戏活动使幼儿园早教机构的课程更体现平衡性和过程性。个别化游戏活动使婴幼儿的学习更全面，更均衡，让婴幼儿在模仿与操作、探索与发现、表达与表现的过程中，尽情享受课程所赋予的愉悦。

第三，个别化游戏活动使教师的课程观发生"革命性"的转变。在个别化学习中，空间距离的拉近，能使教师走近婴幼儿、观察婴幼儿，从而了解每个婴幼儿的"最近发展区"。这时，教学活动追求的主要目标是支持、帮助婴幼儿学会学习、收获经验。个别化游戏活动在客观上增加了教师与婴幼儿接触的机会，使婴幼儿能更多地感受到教师的关注与关怀，增进双方的情感，提升师幼互动的有效性。

2.集体游戏活动的价值

参加早教活动的婴幼儿普遍年龄偏小，一对一的个别化游戏活动更适合婴幼儿年龄特点。早教机构要开展集体活动，就应该把握好集体游戏活动的价值。

首先，早教机构开展集体游戏活动有助于婴幼儿群体意识的形成。随着月龄的增长，婴幼儿从对自己感兴趣，逐渐发展为对周围的人和事物感兴趣，开始有了初步的群体意识。而集体游戏活动恰好可以为婴幼儿提供这样的机会，让婴幼儿在群体情绪的相互感染中，体验和同伴一起游戏的快乐。婴幼儿是通过模仿他人来学习的，他们总能从周围的环境中学到很多，并保持步调一致，紧跟环境的变化。早教机构集体游戏活动"多边互动"效应为婴幼儿观察、模仿他人的动作和言语创造了条件，在倾听语言、重复模仿、相互呼应、参与交流中，婴幼儿的情感与社会性得到了进一步拓展，婴幼儿对早教中心逐步产生归属感，从而变得更自信和独立。

其次，早教机构的集体游戏活动对改善家长教养行为有积极作用。在集体游戏活动时，家长、教师和婴幼儿聚聚在一起，三方互动的频率相对较高。

在集体游戏活动中，教师通过示范来"现身说法"，具有直观性和灵活性，家长能比较直接地从与教师和婴幼儿的互动中得到启示。与此同时，家长还可以在集体活动中观察其他家长引导婴幼儿的积极做法，以便在日后的家庭教养中加以借鉴和尝试。

3.亲子游戏活动的价值

亲子教育是婴幼儿早期接受教育最直接、最有效的方式，是实现家庭与早教机构共育的重要途径。在幼儿前期开展科学有效的亲子教育，不仅能助益早教机构建立科学的育儿理念，提升早教机构的育儿水平，还能帮助孩子顺利度过从家庭步入学校的转折期，尽快适应集体教育的大环境，为其一生发展奠定基础。

有效开展亲子游戏活动，其价值主要从教师、家长和婴幼儿三个维度来阐释。

对于教师来说，教师可以通过对亲子游戏活动的指导与观察，更清楚地了解婴幼儿个体发展的特点和需要，及时了解家长的儿童观、教育观和指导婴幼儿的方法，并能根据游戏活动情况及时调整自己的教育理念与方法，更好地做到因材施教。

对于家长来说，在亲子教育活动中，家长能直接了解孩子在集体游戏活动中的真实表现，从而客观地认识与评价孩子的发展水平。通过与孩子的互动，增进亲子间的感情交流与合作；通过参与活动，转变教育观念，提升育儿的技能。

对于婴幼儿来说，家长的参与，能让婴幼儿产生安全感，增强他们参加活动的勇气和自信，能使婴幼儿在身心释然的状态下愉快地参与游戏活动，从而有效开发婴幼儿的潜能。

二 0—3 岁婴幼儿教育概述

（一）0—3 岁婴幼儿的概念

英语中的"婴儿"一词"infant"来源于拉丁文"infants"，原意为"不会说话"。早期的文献中把不会说话的 1 周岁前的儿童称作婴儿。自 20 世纪 70 年代以来，随着儿童心理发展研究的深入，研究者发现，在心理发展水平上，1 周岁前的儿童与 1—2 岁的儿童并无多大质的差异。以语言发展为例，婴儿 1 周岁掌握的单词句与 1—2 周岁掌握的双词句和简整句没有本质的区别，它们都具有基本相同的陈述、愿望和命令的含义。因此，人们开始倾向于将婴儿期规定为 0—2 周岁。进入 20 世纪 80 年代，婴儿研究领域扩大到思维中的表象水平、言语发展（包含言语交流）和社会交往行为等方面。学者试图把婴儿的某种水平的认知策略、同伴关系发展、个性特征的显露等纳入婴儿期，于是婴儿期扩展到 0—3 周岁。也有人倾向于将婴儿理解为从出生至 3 周岁的儿童。[1]

一般人们将 1 周岁以内的儿童称为婴儿，1—3 周岁的儿童称为幼儿。在本书中，没有特别指出月（年）龄的 0—3 岁的儿童，都可称为婴幼儿。[2]

（二）0—3 岁婴幼儿发展的特点

发展是一个涵盖面非常广的概念。0—3 岁婴幼儿的发展具有以下四方面的特点。

1. 连续性与阶段性

婴幼儿的发展既体现出量的积累，又表现出质的飞跃。某些有代表性要素的量积累到一定程度时，就会引发质的飞跃，也表现为发展的阶段性。婴幼儿在学习时有一定的自然进程。"学习周期"反映了婴幼儿在学习和发展过程中经历了觉察、探索、掌握和应用四个循环阶段。当婴幼儿接触到新的事物时，他们首先会觉察其中所蕴含的新概念、新知识和新技能，接着便可以自发地探索、掌握和应用这些概念、知识和技能。教师可以根据"学习周期"设计学习活动，在各个阶段激发和保持婴幼儿的学习兴趣，并不断为他们创造与周围环境互动的机会。

2. 方向性与不可逆性

在正常情况下，婴幼儿的发展具有一定的方向性和先后顺序，既不能逾越，也不会逆向发展。如个体动作的发展，就遵循自上而下、由躯体中心向外围、从粗动作到细动作的发展规律。此外，婴幼儿身体各大系统成熟的顺序是神经系统、运动系统、生殖系统；到 1 岁时大脑皮层发育的顺序是枕叶、颞叶、顶叶、额叶；脑细胞发育的顺序是轴突、树突、轴突的髓鞘化。这些方向性和不可逆性在某种程度上体现出基因在环境的影响下不断把遗传程序编制显现出来的过程。

3. 不平衡性与个体差异性

个体从出生到成熟并不总是按相同的速度直线发展的，而是体现出多元化

---

[1] 张兰香：《0—3 岁婴儿保育与教育》，20—25 页，北京，北京师范大学出版社，2017。
[2] 《托育机构保育指导大纲（试行）》，人口监测与家庭发展司网站，2022-12-07。

的模式，这表现为不同系统在发展速度、起始时间、达到的成熟水平上不同，同一机能系统在不同时期有不同的发展速度。从总体发展来看，人在婴幼儿期出现第一个加速发展阶段，然后是儿童期表现为平稳发展，青春期出现第二个加速发展阶段，成年期表现为平稳发展，到了老年期，身体机能开始下降。

尽管婴幼儿的发展总要经历一些共同的基本阶段，但是个体差异仍然非常明显，每个婴幼儿的发展优势、发展速度、发展水平往往是千差万别的。例如，有的人爱动，有的人喜静。

4.积极性与探索性

婴幼儿是好奇的、积极的、有能力的学习者。教师应充分了解婴幼儿独特的学习方式。在好奇心的驱使下，婴幼儿通过实际操作和亲身体验来感知、探索和积累学习经验，并在生活、游戏中逐步建构知识。

（三）0—3岁婴幼儿教育的概念

0—3岁婴幼儿教育又称为早期教育，包含保育和教育两方面的内容。保育方面，成人应为0—3岁婴幼儿的生存、发展创设有利的环境，提供相应的物质条件，给予婴幼儿照顾和科学的养育，促进其身体、机能和心理的健康发展。教育方面，成人应根据婴幼儿生理和心理的发展特点，对其进行有目的、有计划、科学的引导和培养，促进婴幼儿身心和谐、全面发展。

（四）0—3岁婴幼儿教育的意义

1.0—3岁婴幼儿的科学教育有利于大脑的发育 ●

人的大脑的大多数回路是在0—3岁建立起来的。0—3岁是大脑发育和变化最为迅速的时期。从有关大脑生理解剖的研究结果来看，6月龄婴儿的脑体积相当于成人脑体积的50%，3岁时幼儿大脑的体积相当于成人大脑体积的80%。大脑的这种发育意味着，与学习、记忆、动作控制和其他各项大脑功能相关的脑部结构在幼儿3岁时都已经建立起来了，这些彼此传递信息的结构和神经通路会在婴幼儿的一生中被不断地使用，这些连接叫作突触，是一个人拥有的所有动作、思想、记忆和感觉的基础。因此，0—3岁是婴幼儿生理、心理、社会意识等方面的觉醒期，从混沌走向开明，从无知走向认知，如果婴幼儿能及早得到外界的适当刺激和激励，能最大限度地开发婴幼儿的多元智能。

● 张兰香：《0—3岁婴儿保育与教育》，25—26页，北京，北京师范大学出版社，2017。

2.0—3岁婴幼儿的科学教育有利于潜能的开发

大脑在某个阶段接受某种信息特别容易，这就是我们所说的敏感期。敏感期是指在成长过程中，婴幼儿受内在生命力的驱使，在某个时间段专心吸收环境中某一事物的特质，如对某种知识和事物接受起来非常容易与敏感。顺利通过一个敏感期后，婴幼儿的心智水平便从一个层面上升到另一个层面。

3.0—3岁婴幼儿的科学教育有利于提高素质

众所周知，儿童是人类的未来，是社会可持续发展的重要资源。儿童发展是国家经济社会发展与文明进步的重要组成部分。促进儿童发展，对于全面提高中华民族素质，建设人力资源强国，具有重要的战略意义。0—3岁婴幼儿教育作为学前教育的有机组成部分，必然是提高人口素质、实现富国强民的重要基础。

（五）0—3岁婴幼儿教育的原则

0—3岁婴幼儿教育具有一定的独特性，应遵循以下原则。[1]

1.互动性原则

婴幼儿教育最大的特点是家长要参与到其教育活动中，家长、婴幼儿、教师是婴幼儿教育活动的三大主体。婴幼儿自身发展具有特殊性，家长是参与早期教育的重要主体之一。

在婴幼儿教育活动中，教师、家长及婴幼儿之间更多地强调主体之间的互动和交流。首先，婴幼儿教育活动中的教师不只为家长和婴幼儿示范教育活动中的方法，还会与家长和婴幼儿密切互动，在与婴幼儿的互动中激发婴幼儿对活动的兴趣与热情，引导难以集中注意力的婴幼儿融入活动之中；在与家长的互动中，教师帮助家长理解活动的内容和方法，并对家长存在的个别问题进行指导。其次，家长通过与婴幼儿的互动增进亲子关系，通过与教师的互动提高育儿水平，通过与其他家长的互动沟通育儿经验。最后，婴幼儿也通过教育活动这一特殊的环境，在与教师、其他婴幼儿互动中得到锻炼和成长。

2.个性化原则

家庭教育中对婴幼儿的教育指导，大都能结合孩子自身的特质，充分体

---

[1] 张红：《0—3岁婴幼儿教育活动设计与指导》，10—11页，上海，华东师范大学出版社，2021。

现个性化原则。但是在教育机构中，集体活动需要考虑共性问题，课程也需要同步推进，在面对众多婴幼儿时，教师的个性化指导要特别注意。一般来说，婴幼儿在教育机构的活动大多数是请家长和婴幼儿围坐在软垫上开展的，整个活动会在轻松、自由的氛围下进行，婴幼儿可以自由地爬来爬去，没有约束感，有利于婴幼儿个性的自由发挥。但在活动过程中，教师也应注意到婴幼儿的特点和发展情况，帮助婴幼儿发掘兴趣点和优势，从而在活动内容设计上注重变化和新意，让不同的婴幼儿在不同的活动中找到乐趣，而不是每个婴幼儿不论发展水平如何都从事相同的活动。在活动时，当婴幼儿表现出自己的意愿和兴趣时，教师应特别关注，并及时鼓励婴幼儿和尽量满足婴幼儿的需求，这是婴幼儿个性化发展的萌芽；要给婴幼儿自由发展的环境，鼓励婴幼儿个性的良好发展。注重个性化原则，教师切忌从头至尾按照自己的活动方案组织活动，而应针对婴幼儿的反应及时改变方案并做出适当调整。在婴幼儿能力有明显差异时，教师要及时进行个别指导，满足婴幼儿当前水平的要求。

3.游戏性原则

0—3岁婴幼儿的教育具有特殊性，对这一阶段的婴幼儿教育所开展的活动形式应以游戏性活动为主，一般是婴幼儿与家长共同参与的亲子游戏。在活动中，通过趣味性游戏，家长和孩子能够快速融入课堂氛围之中，在欢乐的氛围中增进亲子感情，在快乐的游戏中使婴幼儿得到锻炼。但是，亲子游戏的主要目的并不是娱乐，而是通过游戏的形式来锻炼不同年龄段婴幼儿的身体和心理，以更好地促进他们的发展。这种寓教于乐的游戏性活动方式让婴幼儿在欢笑中达到教育目标，其效果往往是事半功倍的。

4.适宜性原则

教育活动的适宜性原则主要是指教育活动内容适宜和教育活动量适宜两方面。其中，教育活动内容适宜指的是婴幼儿教育机构设计的教育活动内容要适合婴幼儿的年龄特征和当前的发展水平，同时也能满足家长学习早期教育知识的要求。而教育活动量适宜指的是每次活动的内容应该适量，活动不应该过多或过密，否则易导致婴幼儿因疲惫而注意力不集中，使活动效果受到影响。同时，类似的活动也不要延伸太多，以免婴幼儿失去兴趣。婴幼儿教育的适宜性原则，在活动内容上体现为注重自己的特色，活动内容应该是婴幼儿当前能认知和理解的，当婴幼儿能轻易掌握该内容后，应适当增加内容难度，活动内容应该根据婴幼儿的最近发展区来设定。在活动量上体现为注重动静结合，活动环节之间要有效衔接，根据婴幼儿的实际状态把握节奏，活动之后要让婴幼儿再静下来调整状态。

（六）0—3岁婴幼儿教育的主要内容

0—3岁婴幼儿早期教育的内容主要包括动作教育、认知教育、语言教育、情感与社会性教育等方面。这些方面是相互联系、密不可分的，在具体实施的时候，需要相互渗透，相互支持，这样才能真正达到0—3岁婴幼儿早期教育的预期目标。

1.动作教育

0—3岁婴幼儿的动作教育主要指对身体运动技能方面进行的系统训练活动，具体包括大运动技能的训练和精细动作技能的训练两方面。其中，大运动技能的训练主要指头颈部、躯干和四肢等幅度较大的动作，如抬头、翻身、坐、爬、站、走、跳、单脚站立、上下楼梯、四肢活动和姿势反应、躯干平衡等运动能力的训练。精细动作技能的训练主要指手指的动作，以及随之而来的手眼配合能力，如抓握·摇动、摆弄、拇指与食指对捏、握笔画画、搭积木、穿扣眼、模仿画线、折纸、使用筷子等技能的训练。（见图1-1、图1-2）

图1-1　切面包　　　　　　　　　图1-2　用筷子夹小圆子

动作教育不仅有助于增强0—3岁婴幼儿的体质，保证0—3岁婴幼儿身体的正常发育，而且能够促进其脑部神经组织的发展，是大脑成熟的"催化剂"。更重要的是，对于0—3岁婴幼儿来说，动作技能也是智能的重要内容和主要外在表现形式。动作技能的发展能够增强0—3岁婴幼儿对周围环境的探索能力，并有效扩大其探索范围，从而使其得到更多认知和交往的机会。因而，对0—3岁婴幼儿进行动作教育，能够有效促进其认知能力和情感与社会性的发展。

2.认知教育

认知教育主要是指对0—3岁婴幼儿的认知能力进行训练，以及在此过程中帮助0—3岁婴幼儿积累一定的知识经验。认知能力主要包括感知、记忆、注意、思维和想象等方面的能力。必须注意的是，由于0—3岁婴幼儿的典型思维方式是直觉行动思维，其思维过程以动作为核心，尤其在语言能力形成之前，个体的认知能力主要是通过动作来表现的，因而认知教育与动作教育是分不开的。此外，0—3岁婴幼儿的认知教育还应当以感官教育为基础，注重积累具体直观的认知经验，从而为未来抽象认知经验的获得奠定坚实基础。

3.语言教育

语言教育主要是指以提高婴幼儿语言能力为目的，与婴幼儿进行的一系列语言交流或专门的语言训练等活动。具体包括提高婴幼儿倾听和辨析语音的能力、理解词义的能力、口头表达能力、欣赏和阅读的能力等，其中，核心是培养倾听能力和口语能力。

对0—3岁婴幼儿进行语言教育，有助于充分利用人类语言学习关键期所带来的学习效能放大效应，为个体语言能力的发展奠定良好的基础。此外，遵循语言能力发展的规律，促进婴幼儿语言能力的发展，深化婴幼儿与成人的交往行为，有助于促进其认知、情感与社会性等方面的发展。

4.情感与社会性教育

情感与社会性是指个体在其生物特性的基础上，与社会生活环境相互作用，逐渐掌握社会规范，形成社会技能，学习社会角色，获得情感与社会性需要、态度、价值，发展社会行为，并以独特的个性与人相互交往，相互影响，适应社会环境，在由自然人发展为社会人的社会化过程中所形成的心理特征。一般认为，情感与社会性主要包括社会认知、社会情感、社会行为技能、社会适应、道德品质和自我意识六方面。由于情感与社会性主要涉及个体在与他人交往时表现出来的心理特征，因而0—3岁婴幼儿情感与社会性教育必须通过与其交往、引导其与他人交往来进行培养。

拓展阅读

0—3 岁婴幼儿早期教育操作方法

月龄	内容	方法
0—1 个月	视听定向，追视反应	鲜艳带响声的玩具左右、远近移动
	笑	有意识地逗笑
	被动操	轻握宝宝手脚，做四肢运动
	多与宝宝说话	哭闹时用言语安抚
	排便行为训练	定时、定点、定声音的训练。条件反射：小便"嘘"，大便"嗯"
2个月	俯卧抬头	俯卧，拨浪鼓逗引
	手足运动	轻握宝宝手脚，做四肢被动操
	视觉	有意识地将玩具往后移动，观察其反应
	逗引	做张口、伸舌等有趣动作，宝宝会模仿
	三浴	阳光浴、水浴和空气浴
3个月	抬头、翻身	床单包裹，抓住一头往一边抽，让其被动翻身，后期可辅助翻身
	玩玩具	玩敲打类、发声类、色彩鲜艳的玩具
	触摸玩具	主动伸手碰玩具
	发元音	多发声音，培养语感
	拉坐	拉住双手，从仰卧位到坐位
4个月	咿呀作语	啊、喔、鹅、呜
	嗅觉、味觉	闻闻醋，闻闻酱油等
	藏猫猫	毛巾捂脸，凑到孩子跟前，让孩子把毛巾拉下来，并说喵
	用勺舔食	添加辅食：米糊、蛋黄泥、水果泥等
	准确抓握	准确抓指定物品
5个月	照镜子	照镜子
	应答能力	听到自己的名字循声回头
	语音语义结合	指着物体说，例如，指着灯说灯
	自喂饼干	将软饼干放在手上，鼓励宝宝吃
	换手游戏	玩具倒手
6个月	独立坐	先从青蛙坐学起（两手靠前支撑）
	语言动作联系	摆放一些玩具，并带动宝宝抓玩具
	走出社区	多与陌生人交流
	捉迷藏	躲在其他人身后，并喊宝宝
	练习爬行	放吸引宝宝的玩具，用手抵住足部，让其向前爬
7个月	走向大自然	多看树木，多去动物园
	对击玩具	双手对敲玩具
	听从指令	明确地说"不能碰，有危险"
	无条件入睡	养成良好习惯

续表

月龄	内容	方法
8个月	拇指、食指对捏	花生、糖果等
	爬行	皮球推滚，追逐
	认识五官	鼻子在哪里？眼睛在哪里？等等
	房间里的东西	认识家具等
9个月	练习使用勺子	鼓励宝宝自己拿勺子
	花样爬行	障碍爬，曲线爬
	学习蹲下	双手拉着站立，并慢慢放手让他蹲下
	投篮	将小东西往篮子里扔
	揭开布盖找东西	掀开布找熟悉的玩具
10个月	念儿歌，听故事，识图识字	念诗、唱歌
	学打击乐	木琴、小鼓
	百宝箱里取东西	取各种玩具
	指图答题	利用图画书讲故事，并询问图中事物
	配合大人穿、脱衣服	以语言教会动作，"把手伸出来"等
11个月	扶行	鼓励离开扶靠物，鼓励孩子扶着平行移步
	儿歌接尾	"小白兔，白又白"，故意加重"白"字发音，让孩子模仿等
	爬大山，钻山洞	探索孩子弓身爬行和钻洞的欲望
	识别大小	使用大小明显不同的物体
	培养良好进餐习惯	饭前洗手，围围裙，鼓励孩子多咀嚼
12个月	套筒游戏	打开套筒，识大小，辨别颜色
	辨认颜色	从红色开始，切忌同时教两种颜色或更多
	建立伙伴关系	与其他小伙伴玩同样的游戏
	搭积木	接火车，盖高楼
	会自理的项目	抓帽子戴头上
	骑马游戏	家长趴着，让宝宝骑，锻炼平衡
	倒豆捡豆	抓豆子从一个瓶子向另一个瓶子装
13—14个月	促进语言表达	宝宝有需求时，逼他说话，比如，指着奶瓶问："是不是想喝奶？"让孩子回答是或不是
	形状认知	三角形、圆形、长方形、正方形等
	玩大球	准备能抱住的大球，让其推着行走，或者拿起放下

月龄	内容	方法
15—16个月	扶栏上下楼梯	鼓励孩子扶着栏杆上下楼梯，尽量不拉着宝宝手
	投掷皮球	教宝宝举手过肩抛出皮球，反复练习
	扩大词汇量	遇见物体，让孩子说物体名
	进入涂鸦期	拿纸笔，随便画
	拖拉玩具	拉着玩具走（手推车、拖拉鸭、小马拉车）
	哄娃娃睡觉	培养孩子关心他人
	退步走	倒退锻炼方向感
	投球入杯	锻炼手眼协调能力
17—18个月	说出动物名称	动物图片识别
	过家家	模仿大人扮演服务员、警察、医生等职业，体会不同职业的社会责任感
	学习日常生活的良好行为	自己拿勺吃饭，饭前便后洗手，自己脱袜子等
	倒退、蹲下	倒退拉玩具，蹲下捡东西
	社区交往	与年龄相仿的伙伴交往
19—20个月	穿扣子	穿扣子、珠子等
	训练从"电报句"到"主谓句"	如"宝宝喝水了""你饿了吗？""爸爸上班去了"等
	学会认路	上街告诉孩子路上明显的标志是哪儿，下次遇到再提问
	踢球	助跑的方式踢球
	大小识别	画图，指认大小
21—22个月	1—5数数	扑克牌数数
	喜欢什么声音	录制或下载不同的声音，依次播放，询问哪些好听，哪些不好听
	学会脱上衣和裤子	帮着脱，锻炼自主脱衣意识
	双脚跳	模仿青蛙、兔子跳跃
	玩沙子	准备铲子、桶、喷水壶等
23—24个月	教会使用代词	教会"我饿了"而不是停留在"宝宝饿了"
	辨认颜色	能识别三种颜色（红、黄、蓝）和黑白色
	打招呼	对不同年龄性别的称呼：叔叔、阿姨、爷爷、奶奶、姐姐、弟弟
	模仿秀	模仿动物行走，模仿飞机飞行的样子等
	涂鸦	鼓励多画
25—27个月	儿歌	唱歌，儿歌押韵，朗朗上口
	认识长短、多少、大小、前后	结合生活实际来认识
	学会用筷子	鼓励学习用筷子

续表

月龄	内容	方法
28—30个月	看图答题	看家庭照片，记住有几个人，有哪些东西等
	学会洗漱	准备肥皂、洗脸、洗脚等
	平衡木	地板上画平行线，让宝宝沿直线走，不出线
	接龙游戏	红黄蓝绿卡片一次摆放，多种排列训练
	文明用语	晚安，再见，对不起等
31—33个月	职业识别	典型职业服装（警察、医生、护士、工人）
	时间知觉	让宝宝知道白天、晚上都有哪些特点
	骑"三轮车"	骑童车，学转弯等
	口数一致	用糖果、纽扣、棋子等来数，确保口和数一致
	学会等待	游乐场里排队等（学习忍耐、等待）
34—36个月	自然观察智能训练	选择风和日丽的日子，到郊外观察各种动植物，自己收集信息
	音乐智能训练	培养对音乐、舞蹈的兴趣
	泥捏	捏出不同的物体（勺子、盘子、房子等）
	反义词	大小、高低、胖瘦、多少等
	自我介绍	我叫什么，我是男孩还是女孩，我今年几岁了等

拓展阅读

党的二十大报告：在幼有所育上持续用力

2022年10月16日，中国共产党第二十次全国代表大会隆重开幕，习近平代表第十九届中央委员会向大会作报告。

我们深入贯彻以人民为中心的发展思想，在幼有所育、学有所教、劳有所得、病有所医、老有所养、住有所居、弱有所扶上持续用力，建成世界上规模最大的教育体系、社会保障体系、医疗卫生体系，人民群众获得感、幸福感、安全感更加充实、更有保障、更可持续，共同富裕取得新成效。

我们要实现好、维护好、发展好最广大人民根本利益，紧紧抓住人民最关心最直接最现实的利益问题，坚持尽力而为、量力而行，深入群众、深入基层，采取更多惠民生、暖民心举措，着力解决好人民群众急难愁盼问题，健全基本公共服务体系，提高公共服务水平，增强均衡性和可及性，扎实推进共同富裕。

推进健康中国建设，把保障人民健康放在优先发展的战略位置，建立生育支持政策体系，实施积极应对人口老龄化国家战略，促进中医药传承创新发展，健全公共卫生体系，加强重大疫情防控救治体系和应急能力建设，有效遏制重大传染性疾病传播。

专题二

0—3 岁婴幼儿动作发展教育活动保育

学习目标

🌱 了解婴幼儿动作发展的意义，树立正确的婴幼儿养育观。

🌱 掌握婴幼儿动作发展的相关理论、一般规律，熟悉婴幼儿动作发展的类型与顺序。

🌱 能够灵活根据当时情境，在个别化游戏活动、集体游戏活动、亲子游戏活动时提供辅助。

🌱 能够依据评估工具判断活动的有效性。

学习导航

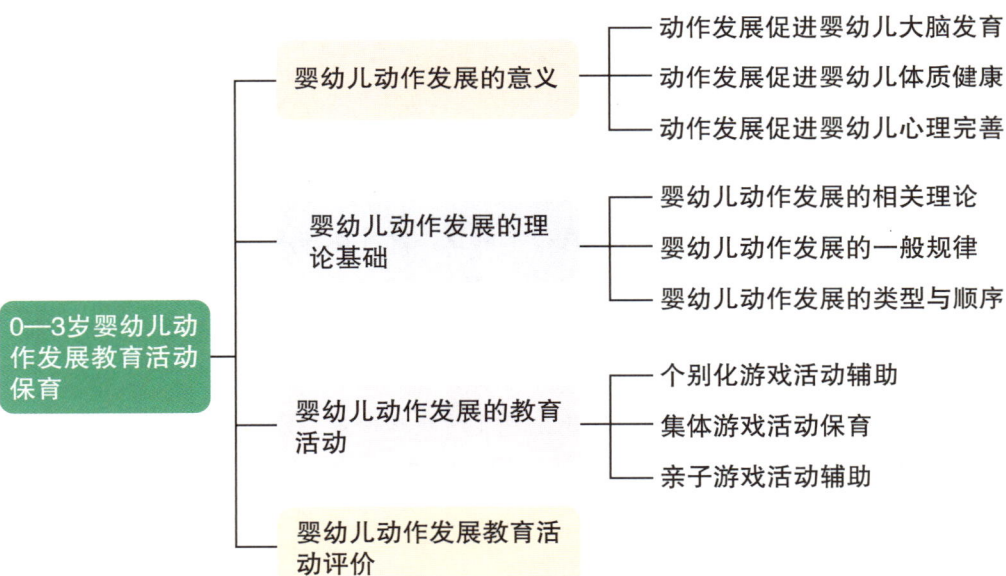

动作本身不是心理活动，但动作和心理发展有着密切的关系。因为人的心理离不开活动，而活动又是通过动作来完成的，心理是活动的要素。动作的发展在一定程度上反映大脑皮层神经活动的发展，因此，心理学家常把动作作为测定婴幼儿心理发展水平的一项指标，动作发展是婴幼儿发展的一个重要方面。

一 婴幼儿动作发展的意义

动作是指在一定时空范围内，肢体、肌肉、骨骼、关节协同活动的模式，是个体与环境互动关系改变的重要途径。动作发展是个体发展的一个重要体现，与人的身体、智力、行为和健康发展息息相关。0—3 岁的婴幼儿通过动作不断探索世界，了解世界，进而促进婴幼儿身体健康，智力发育，个性发展。从个体生命早期开始，动作发展水平就是评价、诊断和监测个体身心发展状况的重要指标，婴幼儿动作发展需要家长、教师及相关工作人员的密切关注。

（一）动作发展促进婴幼儿大脑发育

婴幼儿动作能力的发展与脑的形态及功能有关，因为动作是在大脑皮质直接参与和控制下发展的，在神经系统的控制和调节下，婴幼儿各种动作发展迅速且更加协调。婴幼儿动作发展与大脑发育之间相互影响、相互促进，婴幼儿动作发展是神经系统发育成熟的重要标志，同时又能促进神经系统的发育完善。以"走"为例，"走"是在大脑控制下的一种复杂的随意运动，婴幼儿"走"的出现是神经系统成熟的一个里程碑，婴幼儿会走以后，视野开阔了，生活范围扩大了，能主动通过看、闻、听、触、摆弄等方式使感觉器官接受的刺激增多，婴幼儿脑细胞在数量和功能上得到更充分的发展。

（二）动作发展促进婴幼儿体质健康

婴幼儿经常活动和坚持动作训练有助于保持身体健康。动作训练可加速新陈代谢，促进骨骼生长，增强心脏功能，增加肺活量，提高氧气摄入量，促进消化吸收，对婴幼儿运动系统、心血管系统、呼吸系统、消化系统、免疫系统的发育均有益处。张柳等的研究[1]发现，3—6 岁幼儿身体素质整体发

---

[1] 张柳等：《3—6 岁幼儿基础动作技能和身体素质的关联》，载中国体育科学学会：《第十一届全国体育科学大会论文摘要汇编》，2019-11-01。

展水平与基础动作技能之间存在正相关关系，即幼儿基础动作技能发展水平越高，其身体素质状况越好。因此，我们需要引导婴幼儿经常活动，养成运动的习惯，增强体质，提高身体健康水平。

（三）动作发展促进婴幼儿心理完善

动作发展在婴幼儿心理发展中起着积极作用，对婴幼儿认知、情感与社会性发展均有重要影响。皮亚杰的认知发展理论、布鲁纳的认知表征理论都高度重视和评价动作在婴幼儿心理发展中的重要作用。皮亚杰认为，感知运动阶段是个体智慧发展的最初阶段，心理运算源于内化的运动。可以说，动作是人类个体最基本，也是最重要的一个发展领域，是建构婴幼儿智慧大脑的基础。这一结论得到了众多研究的证实，如任园春等通过实验发现，婴幼儿大肌肉动作发展与其行为及认知发展水平相一致，年龄越大这一特点越显著[1]。此外，婴幼儿动作发展还有助于培养婴幼儿自尊、自信、勇敢、坚毅等心理品质，动作发展为婴幼儿提供了游戏宣泄、情绪表达的机会，有利于婴幼儿与同伴关系的发展。

二 婴幼儿动作发展的理论基础

在了解婴幼儿动作发展的重要意义后，我们不禁想问，婴幼儿的动作究竟是怎样发展的？每个婴幼儿的动作发展都经历同样的顺序吗？婴幼儿动作发展有没有共通的规律？带着这些问题，我们往下看。

（一）婴幼儿动作发展的相关理论

1. 格塞尔的成熟势力说

成熟势力说是基因顺序规定着儿童生理和心理发展的理论。成熟学说的代表人物是美国心理学家和儿科医生阿诺德·格塞尔（Arnold Lucius Gesell）。

格塞尔认为，支配儿童心理发展的是成熟和学习两个因素。学习与生理的"准备状态"有关，在未达到准备状态时，学习不会发生；一旦准备好了，学习就会生效，这就是成熟—学习原则。也就是说，成熟是推动儿童发展的主要动力，没有足够的成熟，就没有真正的变化，脱离了成熟的条件，学习本身并不能自动发展。格塞尔认为，对于儿童的发展来说，学习并不是不重

---

[1] 任园春等：《不同大肌肉动作发展水平儿童体质、行为及认知功能特点》，载《北京体育大学学报》，2013（3）。

要，而是，当个体还没有成熟到一定程度时，学习的效果是很有限的。格塞尔的经典实验"双生子爬楼梯"，就是这一观点的有力佐证。

● 拓展阅读 ●

双生子爬楼梯实验[1]

1929 年，格塞尔对一对双生子进行实验研究（见图 2-1），他首先观察双生子 T 和 C 的行为基线，认为他们的发展水平相当。在双生子出生第 48 周时，对其中一名双生子 T 进行爬楼梯、搭积木、运用词汇和肌肉协调等训练，而对 C 则不进行任何训练。训练持续了 6 周，其间 T 比 C 更早地显示出某些技能。到了第 53 周，当 C 达到能够学习爬楼梯的成熟水平时，格塞尔对他开始集中训练，发现只要少量训练，C 就达到了 T 的熟练水平。进一步观察发现，在第 55 周时，T 和 C 的能力没有差别。因此格塞尔断定，儿童的学习取决于生理的成熟，在儿童生理成熟之前的早期训练对最终的结果并没有显著作用。

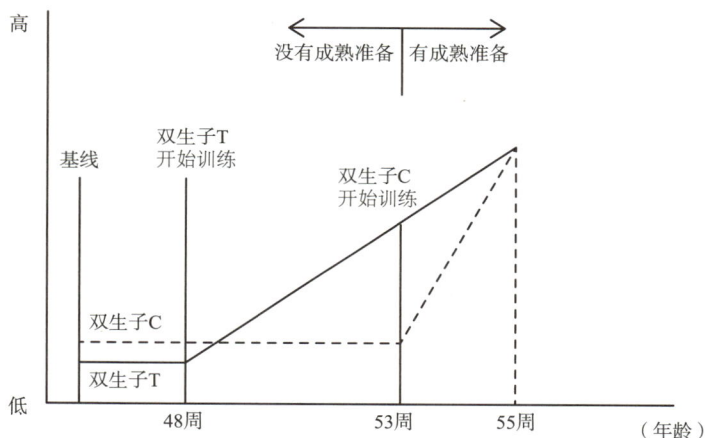

图 2-1 双生子爬楼梯实验图

2.加德纳的多元智能理论

多元智能理论是由美国哈佛大学教育研究院的心理发展学家霍华德·加德纳（Howard Gardner）提出的。

加德纳认为，智力的内涵是多元的，它由八种相对独立的智力成分构成。每种智力都是一个单独的功能系统，这些系统可以相互作用，产生外显的智力行为。他认为我们每个人都拥有八种主要智能：言语—语言智能、逻辑—数理智能、节奏—音乐智能、视觉—空间智能、身体—动觉智能、自知—自我认识智能、交流—人际交往

图 2-2 多元智能理论图

学习笔记

---

[1] 张永红、曹映红：《学前儿童发展心理学》，22 页，北京，高等教育出版社，2019。

往智能、自然观察智能（见图2-2）。其中身体—动觉智能主要是指运用四肢和躯干的能力，表现为能够较好地控制自己的身体，对事件能够做出恰当的身体反应，以及善于利用身体语言来表达自己的思想和情感的能力。这种智力在运动员、舞蹈家、外科医生、赛车手和发明家身上有比较突出的表现。

（二）婴幼儿动作发展的一般规律

婴幼儿动作发展受生物预置程序化的制约，遵循一定的规律性。

1. 从整体动作到分化动作

婴幼儿最初的动作是全身性的、笼统的、弥散性的，之后动作转变为局部化、准确化、专门化。例如，三四个月的婴儿在碰到东西时，一把抓，不会运用手指，到了八九个月，他逐渐学会使用拇指和食指捡拾物品。

2. 从上部动作到下部动作

婴幼儿动作是从上到下发展起来的，即从头部开始，继而躯干动作，最后是下肢动作。因此，抬头是儿童最先发展的动作，其次是翻身、坐、爬、站立和行走，这种规律也被称为"头尾发展律"。

3. 从粗大动作到精细动作

婴幼儿动作是从大到小发展起来的，即粗大动作先发展，精细动作后发展。例如，婴幼儿先学会抬头、翻身等粗大动作，后学会用手捏东西、拿筷子、握笔等精细动作。

4. 从中央部位动作到边缘部位动作

婴幼儿动作是从近到远发展起来的，即靠近身体中心部分的动作先发展，远离身体中心部分的动作后发展。例如，在上肢动作中，肩和上臂动作先发展，其次是肘、腕、手的动作发展起来，手指动作发展最晚。

5. 从无意动作到有意动作

婴幼儿最初的动作是无意识的，手里接触什么就抓什么，没有目的性和方向性，随着年龄的增长，他能够有意识有目的地抓取物体。

赛场演练

婴幼儿生长发育一般遵循（　　）的发展规律。

A. 由上到下、由近到远、由里到外

B. 由下到上、由近到远、由粗到细

C. 由上到下、由远到近、由粗到细

D. 由上到下、由近到远、由粗到细

云测试

（三）婴幼儿动作发展的类型与顺序

动作从不同的维度可以划分为不同的类型。根据动作是否受意识控制，可分为随意动作和不随意动作；根据运动时身体是否移动，可分为移动动作和非移动动作；根据运动时参与肌肉的大小，可分为粗大动作和精细动作。将动作分为粗大动作和精细动作是最常用的一种分类方法，简单实用，已被广泛认可。本章将重点介绍这两种动作。同时，我们需要知道的是，反射动作是人类个体最初的运动形式，是婴幼儿动作发展的重要组成部分，是粗大动作与精细动作发展的基础。

1.先天反射性动作的发展

先天反射性动作是不学就会、遗传来的动作。这是一种比较低级的神经活动，由大脑皮层以下的神经中枢（如脑干、脊髓）参与即可完成，如吸吮反射、眨眼反射、膝跳反射等。这些与生俱来的无条件反射动作对婴儿维持生存很重要，有些反射动作会永久存在，有些会在几个月后消失。常见先天反射性动作的功能与具体表现形式可详见表2-1。

表 2-1　常见先天反射性动作一览表

反射	具体表现	功能	消失时间
抓握反射	物体触及掌心，新生儿立即把它紧紧握住	原始反射，避免摔落	3—4个月
吸吮反射	当奶头、手指或其他物体碰到新生儿嘴唇时，便立即做出吸吮的动作	利于喂食	1岁左右
觅食反射	如果用手指轻触新生儿面颊，他们会把头转向手指并做出张嘴吸吮的动作	利于找到食物	3—4个月
惊跳反射	受到突如其来的噪声刺激，或者被猛烈地放到床上，新生儿会立即伸直双臂，挺直双腿，张开手指，弓起背，头向后仰	尚不清楚	4个月
巴宾斯基反射	当用火柴棍或大头针等物的钝端，由脚跟向前轻划新生儿足底外侧缘时，他的拇趾会缓缓地上跷，其余各趾呈扇形张开，然后再蜷曲起来	尚不清楚	8—12个月
击剑反射	又称强直性颈部反射，当新生儿仰卧时，把他的头转向一侧，他立即伸出该侧的手臂和腿，屈起对侧的手臂和腿，做出击剑的姿势	可能为婴幼儿够物品做好准备	4个月
踏步反射	将婴幼儿夹在手臂下并且让他光脚去触碰平面或平地，他的两脚会做出迈步的动作	为婴幼儿自己行走做好准备	2个月
游泳反射	让婴幼儿俯伏在小床上，托住他的肚子，他会抬头，伸腿，做出游泳姿势	如果落水，有助于婴幼儿存活	4—6个月

✎学习笔记

行动导航

具体实践任务请查阅《行动手册》单元一 0—3 个月婴儿教育活动保育"小小观察员"中的"0—3 个月婴儿的抓握反射"。

2.粗大动作的发展

粗大动作，是指主要由身体的大肌肉或肌肉群参与完成的动作，包括人体的姿势和全身性活动，如俯卧、抬头、翻身、坐、爬、站、走、跑、跳跃等。粗大动作包括头颈部和躯干动作、自主位移动作、技巧性大动作三种表现形式。0—1 岁婴儿动作发展以头颈部动作、躯干动作和自主位移动作为主，主要包括抬头、翻身、坐、爬、站等动作；1—2 岁幼儿的动作从自主位移动作向技巧性大动作过渡，主要包括走、滚、踢、蹲等；2—3 岁幼儿以发展基本运动技能为主，各种动作均衡发展，主要包括上下楼梯、跑、跳等。0—3 岁婴幼儿粗大动作发展的大致顺序如下：

1 个月：俯卧位时能勉强抬头。

2 个月：俯卧抬头 30 度—45 度，直立时头一晃一晃地竖一下。

3 个月：俯卧能持久抬头至 45 度，扶坐时头向前倾，头稍晃，不稳。

4 个月：俯卧抬头 90 度，扶坐时头稳定。

5 个月：能翻身至俯卧位，拉坐时头不后置。

6 个月：拉坐时会自主举头，扶站时能主动跳跃。

7 个月：俯卧时以腹部为中心做旋转运动，可以独坐 1 分钟。

8 个月：独自坐稳，左右转动自如，扶着栏杆能站立。

9 个月：会爬行，并会拉物站起。

10 个月：会扶栏杆横走，扶栏杆自己坐下。

11 个月：拉着一只手能走，会独自站立片刻。

12 个月：能从一个物体到另一个物体走几步，会爬上台阶。

15 个月：独走稳，拉着一只手能走上楼梯。

18 个月：会拉玩具倒退着走，自己扶栏杆走上楼梯。

2 岁：跑得好，会双脚跳，独自上下楼梯，会扔球、踢球。

3 岁：两脚交替上下楼梯，会双脚从末级台阶跳下，能骑小三轮车。

云测试

───── 赛场演练 ─────

（　）是婴幼儿大动作发育的顺序。

A.抬头、坐、立、行、跳、跑等　　　　B.抬头、立、坐、行、跑、跳等

C.抬头、行、立、坐、跳、跑等　　　　D.抬头、坐、立、行、跑、跳等

行动导航

具体实践任务请查阅《行动手册》中：

√ 单元一 0—3个月婴儿教育活动保育"小小观察员"中的"小米椒抬头"；

√ 单元二 4—6个月婴儿教育活动保育"小小观察员"中的"小米椒独坐"；

√ 单元三 7—9个月婴儿教育活动保育"小小观察员"中的"爬行"；

√ 单元五 13—18个月幼儿教育活动保育"小小观察员"中的"观察13—18个月幼儿行走动作"和"观察13—18个月幼儿上下楼梯"；

√ 单元六 19—24个月幼儿教育活动保育"小小观察员"中的"吉力玩滑梯"；

√ 单元八 31—36个月幼儿教育活动保育"小小观察员"的"观察31—36个月幼儿骑脚踏车"。

3.精细动作的发展

精细动作，即手部小肌肉动作，指利用手及手指等部位的小肌肉或小肌肉群进行活动，主要包括抓握、翻揭、搓揉、撕扯、夹取、旋开、捏取、捻压、折叠、捆缚等。精细动作常涉及手和眼，对于人的认识、后期的工具使用和书写等动作发展都非常重要，婴幼儿两手的动作发展顺序，标志着人的大脑神经、骨骼肌肉和感觉组合的成熟程度。0—1岁婴儿主要发展伸够和抓握能力，1—2岁幼儿主要发展手眼协调能力，2—3岁幼儿主要发展手指协调和控制能力。0—3岁婴幼儿精细动作发展的大致顺序如下：

1个月：紧握拳头。

2个月：本能抓握。

3个月：发现自己的手，抓住衣服被角不放。

4个月：双手同时舞动，有意抓握，并注视手中玩具。

5个月：会拿东西送嘴里。

6个月：会摇动带响的玩具，会用全掌准确地抓物。

7个月：会用两手配合抓物，玩具能换手。

8个月：能用拇指和四指抓物，会用两手撕纸。

9个月：能伸出食指，能用拇指、食指抓起细小物品。

10个月：会有意将物品放下。

11个月：弯曲食指抓东西（钳式抓握）。

12个月：指端动作发展，能用三指持物，握笔。

15个月：弯曲手腕握物，握紧和拖拉。

1岁半—2岁：双手上下摆动手腕，会搭积木、涂画、敲打、举起重物。

2岁—2岁半：双手手指、手腕协调活动进一步发展，可以串珠、扣扣子，可以一页页翻书等。

2岁半—3岁：双手手指、手腕灵活配合，可以做许多事情，如剪纸、粘贴、搓泥等。

云测试

—— 考题再现 ——

下列选项中（　　）不是训练婴幼儿精细动作的游戏。

A. 抓握动作训练

B. 拍打动作训练

C. 取物、对击、倒手动作训练

D. 抬头动作训练

云测试

—— 赛场演练 ——

（　　）吃饭动作逐渐协调，可独立吃饭。

A. 1—1.5 岁　　　　　　　　B. 1.5—2 岁

C. 2—2.5 岁　　　　　　　　D. 2.5—3 岁

学习笔记

行动导航

具体实践任务请查阅《行动手册》中：

√ 单元三 7—9 个月婴儿教育活动保育"小小观察员"中的"客体永久性"；

√ 单元四 10—12 个月婴儿教育活动保育"小小观察员"中的"观察 10—12 个月婴儿手指对捏动作的发展"；

√ 单元六 19—24 个月幼儿教育活动保育"小小观察员"中的"吉力喝牛奶"；

√ 单元七 25—30 个月幼儿教育活动保育"小小观察员"中的"皮皮玩拼图""翻书讲故事"和"希希剥糖纸扔垃圾"；

√ 单元八 31—36 个月幼儿教育活动保育"小小观察员"中的"我爱土豆丝"。

三　婴幼儿动作发展的教育活动

　　动作发展贯穿人的发展之始终，在生命之初，婴幼儿主要通过动作和感知觉来认识世界。新生儿依赖反射性动作维持生存，适应生活；婴幼儿通过爬、走、跑、跳等粗大动作不断拓展生活范围，加深对世界的认识，更通过抓、扔、拼、画、撕等精细动作来适应生存，实现自我发展。可以说动作是婴幼儿智力发展的最初体现。婴幼儿动作发展既遵循发展的规律性与顺序性，又具有明显的个体差异性，成人要为他们创设一个安全可信赖的环境，可以通过个别化游戏、集体游戏和亲子游戏等活动为婴幼儿的动作发展提供支持。

（一）个别化游戏活动辅助

作为一种有针对性的活动方式，个别化游戏活动在促进婴幼儿动作发展方面发挥着重要作用。那么个别化游戏活动如何辅助婴幼儿发展走、跑、攀、爬、跳等运动技能，又如何辅助婴幼儿学会抓、扣、扔、拉等操作技能呢？在具体的教育教学活动中，教师应如何发挥辅助作用？

针对0—3岁婴幼儿的身心发展特点和发展需要，教师可以创设相应的活动区域，引导婴幼儿在活动区自由游戏。在游戏过程中，教师需要观察婴幼儿的活动表现，并适时给予支持。例如，教师可创设平衡区，投放平衡木、平衡步道、滚筒、四分之一圆柱、各类小球等材料，引导婴幼儿爬一爬、钻一钻、走一走，在游戏中不断锻炼平衡能力。教师还可创设操作区，投放纸、笔、剪刀、图画、胶水等材料，让幼儿在涂色、剪纸、粘贴的活动中不断发展手眼协调、精细动作等能力。需要注意的是，即使是自由游戏时间，教师也应观察和引导幼儿，适时为幼儿提供帮助，并保障他们的安全。

1.常见活动区域及材料

针对婴幼儿的动作发展，早教机构中个别化游戏活动常见的活动区域和材料如表2-2所示。

表2-2 常见动作活动区及材料汇总表

月龄	区域	材料	个别化活动
1—12个月	翻翻区	柔软的地垫，大毛巾及吸引幼儿注意的各类玩具（摇铃、颜色鲜艳的球）	翻滚吧，小宝贝；卷寿司
	爬爬区	柔软的地垫、枕头、椅垫、门垫、布偶、摇铃和系有绳子的毛绒玩具，如猫、狗等	你追我赶；爬山越岭
	操作区	各种不同质地的纸（如餐巾纸、信纸、皱纹纸、报纸等），各种不同的瓶子及瓶盖	会跳舞的纸；瓶盖回家
13—24个月	走走区	柔软的地垫，墙面安装扶手，吸引幼儿注意的玩具（会走路的小狗、小鸭子等）	跟着老师走
	美工区	纸、笔、儿童剪刀	涂一涂；剪一剪
	操作区	各种类型的积木、小鼓、小棒，不同形状和大小的珠子，各种粗细和材质的绳子	敲敲打打；建房子；串珠
25—36个月	跳跳区	袋鼠、兔子等动物头饰，跳袋，蹦床	袋鼠跳跳；看我跳得高

月龄	区域	材料	个别化活动
25—36个月	平衡区	平衡木、平衡步道、平衡台、滚筒、四分之一圆柱、体能棒、沙包等	飞机走；我是不倒翁
	球球区	球箱、球篮、海洋球池，大皮球、篮球、弹力球等各种球	快乐球；一起来玩球
	表演区	各类手偶、音乐播放器	手偶戏
	操作区	小勺、小碗，各种豆子，各种颜色的大嘴巴"猪宝宝"玩具，各种可切开的木质或塑料水果	贪吃的猪宝宝；我会切水果

行动导航

具体实践任务请查阅《行动手册》以下单元中"小天地，大创作"的部分内容：

√ 单元一 0—3 个月婴儿教育活动保育；

√ 单元二 4—6 个月婴儿教育活动保育；

√ 单元三 7—9 个月婴儿教育活动保育；

√ 单元四 10—12 个月婴儿教育活动保育；

√ 单元五 13—18 个月幼儿教育活动保育；

√ 单元六 19—24 个月幼儿教育活动保育；

√ 单元八 31—36 个月幼儿教育活动保育。

2. 活动案例

（1）8—10 个月婴儿个别化活动"会跳舞的纸"。

区域：操作区

材料：各种不同质地的纸，如餐巾纸、信纸、皱纹纸、塑料纸等。

目的：提高手指力量，促进两手的配合。

活动：①带领宝宝进入有不同质地的纸的活动区域，引起宝宝的好奇心。

②让宝宝随意抓握，摆放；观察宝宝抓纸、玩纸的情况。

③将宝宝已经撕破的纸放在宝宝握着纸的手旁，鼓励宝宝用双手交替取换纸张。

④将撕下的纸片竖立在桌上，随意地摆动、摇晃，像跳舞纸娃娃一样，哼唱乐曲，增强宝宝的视觉能力和听觉能力。

（2）13—24 个月幼儿个别化活动"穿珠链"。

区域：操作区

材料：事先穿好的珠链 1 串；绳线 1 根（软的，一头打结）；小碗 1 个（内放彩色大木珠若干）放在托盘里。

目的：能用左右手配合穿起珠子，训练手眼协调性；能耐心、细致地完成工作,感受串珠的乐趣。

活动:①教师取出绳线,双手将绳横向拉成一条直线。放下绳子,从小碗中取出一颗木珠,强调木珠的颜色,再用食指指着木珠上的孔强调说:"洞洞。"然后将木珠放在眼前,透过孔逐个看宝宝,叫出宝宝的名字,引起宝宝对小孔的注意。

②教师出示事先穿好的珠链,并演示穿珠链的方法。

③教师协助宝宝取托盘,宝宝自主操作,教师在一旁观察,给予宝宝适时的指导。

(3)25—36个月幼儿个别化活动"快乐球"。

区域:球球区

材料:海洋球、浴盆、球箱、球篮

目的:训练幼儿的肢体协调性,感受玩球的快乐。

活动:①引导幼儿进入球球区,请他观看哥哥姐姐们怎样在海洋球中做游戏,激发幼儿对游戏的兴趣。

②将幼儿带进海洋球中,鼓励幼儿大胆地在球池中自由游戏。

③将各种彩色球放置在较大的浴盆中,引导幼儿自由拿球、扔球、捡球,最后将球全部放回盆中。

④场地上放一些球箱、球篮,教师引导幼儿自由取球,在地面上滚球,追球,自由玩球,感受自己玩球的快乐。

行动导航

具体实践任务请查阅《行动手册》:

√ 单元一 0—3个月婴儿教育活动保育"小游戏,大支持"中的"个别化游戏活动'浴巾游戏'";

√ 单元三 7—9个月婴儿教育活动保育"小游戏,大支持"中的"个别化游戏活动'开火车'";

√ 单元四 10—12个月婴儿教育活动保育"小游戏,大支持"中的"个别化游戏活动'好玩的罐子'";

√ 单元五 13—18个月幼儿教育活动保育"小游戏,大支持"中的"个别化游戏活动'搭高楼'";

√ 单元六 19—24个月幼儿教育活动保育"小游戏,大支持"中的"个别化游戏活动'图形宝宝找家'";

√ 单元七 25—30个月幼儿教育活动保育"小游戏,大支持"中的"个别化游戏活动'花儿开'"。

（二）集体游戏活动保育

早教机构的集体游戏活动是指机构根据婴幼儿的年龄分班而进行的日常集体游戏活动。在集体活动中，教师会引导婴幼儿共同完成某项体育活动或操作活动，在不知不觉中提高婴幼儿的动作水平，发展婴幼儿的合作能力。

1. 19—24个月幼儿集体游戏活动"火车过山洞"

活动目标	活动准备	观察要点	指导要点
培养钻、爬的能力，勇敢地参与游戏	①明亮的教室内，在地板上铺泡沫垫；②小呼啦圈、小山洞、彩虹隧道；③关于火车的背景音乐	①宝宝能否紧跟在妈妈身后；②宝宝能否钻、爬隧道；③宝宝是否与别的小朋友合作	引导多个家庭排排队，组成长火车

活动过程：

①教师："今天宝宝和妈妈一起来开火车，妈妈作火车头，宝宝作车厢。呜呜——开火车。"

②妈妈手拿小呼啦圈做车头，宝宝跟在妈妈身后，拉着妈妈的衣服，作车厢。妈妈带宝宝学开火车，钻过山洞，爬过彩虹隧道，练习钻爬的动作。妈妈带宝宝钻山洞时，教师在彩虹隧道的另一头鼓励宝宝跟着妈妈往前爬。如果已经有宝宝在使用道具练习，妈妈可以带宝宝在空地逛一逛，问宝宝火车开到哪里去。带宝宝进入情境中玩耍，这是等待其他宝宝练习的一个好方法，也能增加游戏的趣味性。

③根据宝宝活动情绪，及时给予适当的活动调整，例如，让宝宝作火车头，和其他家庭组成更长的火车。

2. 25—30个月幼儿集体游戏活动"七彩的天空"

活动目标	活动准备	观察要点	指导要点
在家长帮助下练习搅拌的技能，促进手腕动作的协调性	每个家庭有1份操作材料：面粉烧制的糨糊、透明杯子、搅棒、小勺；创设一个颜料区（红、黄、蓝、绿等），用彩色糨糊制作的彩虹背景图、大泡沫板若干块，小刷子等，宝宝穿上小围兜	①宝宝能否顺着一个方向搅拌；②宝宝能否将颜色搅拌均匀；③家长和宝宝是否共同参与	教师可以边唱儿歌边搅拌，帮助宝宝记住搅拌要点

活动过程：

①出示彩虹背景图，引导家长和宝宝说一说有哪些漂亮的颜色。

②教师搅糨糊，并用小勺舀颜料加入糨糊搅拌，"一、二、三，转转转"，糨糊颜色变化后用刷子刷在白色泡沫板上，变成彩色的天空。家长和宝宝一起观察教师是怎样搅糨糊的。

③每个家庭领一份操作材料，家长和宝宝一起操作。提示家长，在游戏开始时，家长带着宝宝到颜料区，选择自己喜欢的颜色加入糨糊。刚开始时，家长可握着宝宝的手顺着一个方向进行搅拌，慢慢地让宝宝独立完成，家长帮助宝宝扶好杯子，宝宝尝试搅糨糊，直到颜色变均匀为止。

④家长带着宝宝寻找与自己糨糊颜色不同的家庭，三个家庭一组，一起去刷彩色的天空。提示家长，宝宝用刷子或小手把调制好的糨糊抹在泡沫板上，感知色彩的美，家长要提醒宝宝在刷的时候把糨糊抹均匀，尽量不掉在地上，边抹边说是什么颜色的。

⑤欣赏作品，体会创作的乐趣。

3. 31—36个月幼儿集体游戏活动 "喂小兔"

活动意图：小兔乖巧、可爱的形象常常出现在歌曲、童话故事、动画中，是幼儿喜欢扮演的角色。橡皮筋是我们生活中随手可得的生活用品，更是一种安全、多变的运动材料。于是我们利用"喂小兔"的游戏情景，利用教室里的桌椅，拉上颜色不同的皮筋，并安装好听的铃铛，可以让幼儿用各种方式体验穿越的乐趣。在"采摘蔬菜"游戏中，发展幼儿身体动作的协调性和平衡能力。

材料及制作方法：

①游戏布置场景：相对开阔的室内场地，安装好挂有各色铃铛的宽皮筋，将无纺布做的小菜撒在地上。

②小兔：在废旧纸盒上贴小兔的五官，小兔嘴部镂空。

③小菜篮每人一个。

可能出现的玩法：

①爬山过小河：教师可以将桌椅摆成直线、三角形等，系上橡皮筋，设置攀爬和穿越的动作游戏，告诉幼儿不能碰响铃铛，否则会被大灰狼发现。

②喂小兔：孩子单脚跨越皮筋，或者以手臂的力量拉起橡皮筋钻过去，

也可以从橡皮筋底下用四肢爬过去"采摘"青菜。激发幼儿游戏的兴趣，请幼儿将青菜喂给小兔吃。

③铃铛会唱歌：幼儿脚踩在橡皮筋上进行跳跃，使橡皮筋上的铃铛发出声音。

观察要点：

①幼儿大肢体动作的发展情况；

②幼儿游戏中的语言表达情况；

③幼儿是否愿意与同伴、教师一同游戏。

行动导航

具体实践任务请查阅《行动手册》：

√ 单元六 19—24 个月幼儿教育活动保育"火眼金晴，穿针引线"中的"集体游戏活动'宝宝喂小猪'"；

√ 单元七 25—30 个月幼儿教育活动保育"火眼金晴，穿针引线"中的"集体游戏活动'分饼干'"。

（三）亲子游戏活动辅助

父母是孩子的重要亲人，父母参与游戏，可有效促进婴幼儿各项能力的提高。父母带领婴幼儿一起走，跑，攀，爬，跳，不断发展婴幼儿的粗大动作；与婴幼儿一起捏，切，抓，撕，敲，不断发展婴幼儿的精细动作。在亲子互动过程中，婴幼儿情绪高涨，更乐于参与各类动作活动，从而不断提高身体的协调能力。

在亲子游戏过程中，父母特别需要关注氛围的营造，要在轻松、愉悦的氛围中，带领幼儿参与各类动作活动，在不知不觉中发展其能力。

1.3—4 个月婴儿亲子活动"小青蛙"

活动目标：发展婴儿的平衡能力和节奏感。

活动准备：椅子，宝宝清醒时且情绪愉悦时，妈妈参与。

活动过程：

①妈妈坐在椅子上，双腿交叉，脚底着地，让宝宝分开腿面对面坐在妈妈的腿上，妈妈抱住宝宝胳膊。

②随着节奏，妈妈边念儿歌《小青蛙》边上下抖动双腿，让宝宝感受震

颤，这样的运动有助于宝宝平衡能力的发展。

③当说到儿歌的最后一句结尾，妈妈将宝宝抱起拥在怀里，妈妈和宝宝的身体充分接触。

温馨提示：可以将宝宝喜欢的东西编在儿歌里，儿歌只要按妈妈喜欢的语气或词语说就可以了。

2. 8—10 个月婴儿亲子活动 "管子里的玩具"

活动目标：练习将小物品放进小孔，锻炼宝宝的手眼协调能力。

活动准备：一辆小的玩具车，一个卷筒纸芯（将一头封住），一个盘子。

活动过程：

①将玩具小汽车和卷筒纸芯（管子）一起放在一个盘子里。

②在宝宝的注视下，斜斜地拿起管子，将一辆小汽车从顶端放进去，观察它如何滑到底部。

③和宝宝谈论刚才看到了什么："看，它正一路往下滑，你能再把小车放进来吗？"

④爸爸或妈妈拿着管子，让宝宝重复几次此活动，然后鼓励宝宝以自己的方式玩。

3. 25—30 个月幼儿亲子活动 "小刺猬背果果"

活动目标：尝试制作 "小刺猬背果果" 的造型，发展手部的精细动作技能。

活动准备：牙膏盒若干，剪刀，粗细不同的吸管，橡皮泥，蜡笔。

活动过程：

①用剪刀在宝宝用过的牙膏盒上轻轻地钻出若干小孔，请宝宝观察。

②家长取出橡皮泥搓成小圆子，轻轻插到吸管上，然后插入牙膏盒的小孔中，请宝宝观察。

③宝宝尝试自己动手制作 "小刺猬背果果"，鼓励宝宝努力把橡皮泥搓成圆圆的大大的 "果果"，并把吸管插满小孔。

④家长用彩色笔画出小刺猬的头，与宝宝一起欣赏 "小刺猬背果果"。

行动导航

具体实践任务请查阅《行动手册》：

√ 单元二 4—6 个月婴儿教育活动保育"协助教师，推进活动"中的"亲子游戏活动'会滚的球'"；

√ 单元二 4—6 个月婴儿教育活动保育"助力家长，引导有方"中的"亲子游戏活动'漂亮围巾来跳舞'"；

√ 单元三 7—9 个月婴儿教育活动保育"协助教师，推进活动"中的"亲子游戏活动'大脚踩小脚'"；

√ 单元四 10—12 个月婴儿教育活动保育"助力家长，引导有方"中的"亲子游戏活动'小手小手拍拍'"；

√ 单元五 13—18 个月幼儿教育活动保育"助力家长，引导有方"中的"亲子游戏活动'拷贝不走样'"；

√ 单元七 25—30 个月幼儿教育活动保育"协助教师，推进活动"中的"亲子游戏活动'玩纸球'"；

√ 单元七 25—30 个月幼儿教育活动保育"助力家长，引导有方"中的"亲子游戏活动'小动物回家'"；

√ 单元八 31—36 个月幼儿教育活动保育"协助教师，推进活动"中的"亲子游戏活动'虫虫爬爬'"。

四　婴幼儿动作发展教育活动评价

婴幼儿发展观察评估表可以帮助我们反思活动的有效性。目前一些国家和地区开发设计了一些测评婴幼儿动作发展的量表。在实际操作过程中，我们应根据实际情况，灵活选择适当的评估工具，以有效评判教育教学活动的有效性。表 2-3 是测评婴幼儿动作发展情况的一个例子。

表 2-3　0—3 岁儿童动作发展观察评估表[1]

婴幼儿姓名＿＿＿＿＿＿　　出生日期＿＿＿年＿月＿日　　性　别＿＿＿＿

陪同测试人＿＿＿＿＿＿　　测试日期＿＿＿年＿月＿日　　测试者＿＿＿＿

---

[1] 周念丽：《0—3 岁儿童观察与评估》，上海，华东师范大学出版社，2013。

月龄		观察与评估细目	是	否
0—3个月	粗大动作发展	1个月左右，将婴儿垂直抱（坐）起时，其头部自行竖立2—3秒		
		2—3个月，在俯卧时自主地向左右转头		
		3个月，将婴儿放于直立位置，其头部自行竖立10秒以上		
		3个月左右，从俯卧位可以变到侧卧位		
		踢腿时很有力		
	精细动作发展	1个月左右，触碰婴儿手掌时，他自动将手握紧		
		2个月，能抓住玩具棒2—3秒		
		3个月，能抓住玩具棒30秒		
		3个月，仰卧时能将双手握在一起		
		3个月，放开手指摸东西		
4—6个月	粗大动作发展	能将头抬起90度		
		能翻身		
		依靠大人的帮助，自己稳坐5秒以上		
		家长双手扶住婴儿的腋下，婴儿能站2秒以上		
		家长双手扶住婴儿的腋下，婴儿配合大人做双腿支撑跳跃运动		
		张开双臂以被人抱起		
		能握住拨浪鼓并摇晃		
	精细动作发展	主动够取桌面上的玩具		
		将玩具放入口中		
		先后抓住2块积木		
7—9个月	粗大动作发展	独坐自如，不用手支撑能独坐10分钟左右		
		扶住双臂能站立片刻		
		会自己往前爬行		
		自己会转换体位		
	精细动作发展	能用手全掌摆弄桌上的小东西并抓住		
		能将小积木从一只手换到另一只手中		
		会将两块方积木对击		
		能用拇指和其他手指抓住小物体		
10—12个月	粗大动作发展	能独站5秒以上		
		扶着栏杆能迈3步以上		
		抓住大人的手，能跟着大人走		
		能扶着栏杆蹲下捡东西		
		自己变换体位		
	精细动作发展	用拇指和食指的指端捏起小物体		
		将小物品往杯子内投放		
		模仿将手插入孔中		

月龄		观察与评估细目	是	否
13—18个月	粗大动作发展	行走自如		
		绕过障碍物		
		手足并用爬上楼梯 1—2 级		
		过肩扔球		
		踢球时不摔倒		
		搭高积木		
	精细动作发展	握笔涂鸦		
		将小物体投放到小瓶子里		
		用勺子取米饭		
		拿着杯子喝水		
19—24个月	粗大动作发展	能用脚后跟走路		
		能倒退走		
		可以扶物一级一级上楼梯		
		双脚同时离地跳起两次以上		
		向不同方向抛球		
		垒高积木五六块		
	精细动作发展	用大拇指、食指和中指握笔		
		连续翻书 3 页以上		
		会穿袜子和鞋		
		会关门和开门		
25—30个月	粗大动作发展	可单脚站 2 秒以上		
		能自己走过平衡木，能双脚跳下		
		熟练地接住并抱起离他 2 米远滚来的球		
		能用双手接住大人抛出的球		
		能双脚并拢连续向前跳一二米后站稳		
		能垒高七八块积木		
	精细动作发展	能画封闭圆形或平行线		
		能来回倒物体		
		可用筷子夹起小物品放入盘中		
		能解开并扣上衣服或鞋子的按扣		
31—36个月	粗大动作发展	听信号向指定方向跑		
		能投沙包（或球）2 米远		
		双脚交替跳		
		双足向前跳三四米远		
		能骑脚踏车		
		能垒高 10 块积木		
	精细动作发展	拇指分别与其他四指对碰		
		能折长方形、正方形和三角形		
		脱下和拉起裤子		
		抓住和使用剪刀（剪圆）		

备注：0—3 月龄、4—6 月龄、13—18 月龄、19—24 月龄、25—30 月龄、31—36 月龄段婴幼儿的动作观察评估表的项目均有 10 项，如全部通过则表示该婴幼儿的动作发展很好，如通过的总项目数低于 4 项，则需要特别注意发展婴幼儿的动作水平。7—9 月龄、10—12 月龄婴儿的动作观察评估项目均有 8 项，如全部通过则表示该婴儿的动作发展很好。如通过的总项目数低于 3 项，则需要特别注意发展婴儿的动作水平。

行动导航

具体实践任务请查阅《行动手册》各单元中的观察评估表，综合评估婴幼儿的发展水平部分关于认知发展评估的内容。

链接 "1+x" ▶▶▶▶▶

《幼儿照护职业技能等级标准》（中级）节选

（2020 年 1.0 版，湖南金职伟业母婴护理有限公司制定）

工作领域	工作任务	职业技能要求
4. 早期发展指导	4.1 动作发展与指导	4.1.1 能叙述幼儿动作发展顺序，粗大动作和精细动作发展的具体内容、目标和培养方法 4.1.2 能设计指导并独立组织不同年龄段幼儿粗大动作和精细动作发展的活动 4.1.3 能创编适合不同年龄段幼儿粗大动作和精细动作发展的游戏 4.1.4 能熟练选用、操作幼儿粗大动作和精细动作训练的教（玩）具并自制教（玩）具 4.1.5 能正确评价幼儿动作发展的水平

《国家职业技能标准 婴幼儿发展引导员》（四级 / 中级工）节选

（2021年版，中华人民共和国人力资源和社会保障部制定）

职业功能	工作内容	技能要求	相关知识要求
3. 发展引导	3.1 动作发展	3.1.1 能指导看护人为婴幼儿创设有利于身体活动的环境 3.1.2 能指导看护人与婴幼儿进行被动操、主被动操等活动 3.1.3 能指导看护人发展婴幼儿抬头、翻身、坐、爬、站立、走、跑、钻、踢、跳等粗大动作 3.1.4 能指导看护人促进婴幼儿抓、捏、握等精细动作发展 3.1.5 能指导看护人与婴幼儿开展适宜的舞蹈与律动活动 3.1.6 能指导看护人与婴幼儿开展涂鸦、绘画和简单手工等活动	3.1.1 创设适宜婴幼儿动作发展环境的策略 3.1.2 婴儿先天性反射的相关知识 3.1.3 婴幼儿粗大动作发展的基本规律 3.1.4 婴幼儿精细动作发展的基本规律 3.1.5 婴幼儿艺术教育的方法

《国家职业技能标准 保育师》（四级 / 中级工）节选

（2021年版，中华人民共和国人力资源和社会保障部制定）

职业功能	工作内容	技能要求	相关知识要求
4. 早期学习支持	4.1 促进动作发展	4.1.1 能为婴幼儿提供机会促进大肌肉动作发展 4.1.2 能为婴幼儿提供机会促进精细动作发展	4.1.1 促进婴幼儿大肌肉动作发展的游戏活动 4.1.2 促进婴幼儿精细动作发展的游戏活动

专题三

0—3岁婴幼儿认知发展教育活动保育

学习目标

- 了解婴幼儿认知发展的意义，掌握婴幼儿认知发展的相关理论、一般规律和特点。
- 学会观察与分析婴幼儿认知发展的特点，能够在促进婴幼儿认知发展的活动中提供适宜、有效的辅助。
- 树立正确的婴幼儿认知发展观和照护观。
- 掌握通过个别化游戏、集体游戏和亲子游戏促进婴幼儿的认知发展的方法与策略。
- 了解0—3岁婴幼儿认知发展观察评估表内容，尝试运用认知发展观察评估表评估婴幼儿认知发展水平。

学习导航

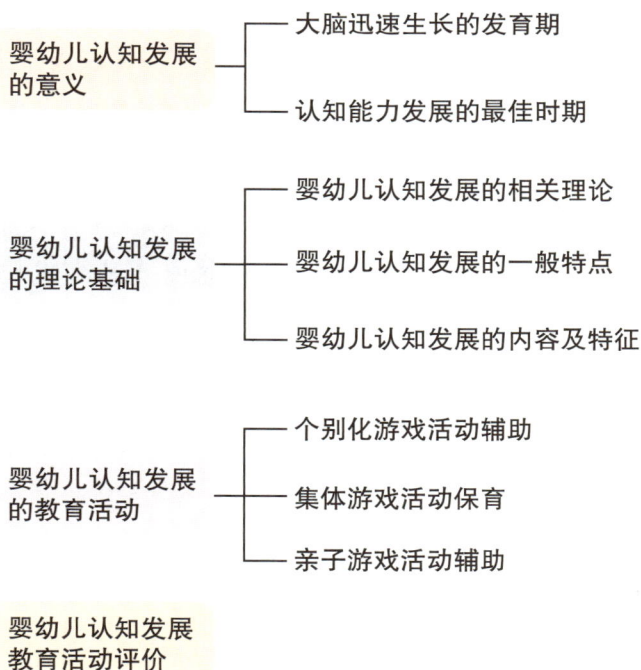

0—3岁婴幼儿认知发展教育活动保育
- 婴幼儿认知发展的意义
  - 大脑迅速生长的发育期
  - 认知能力发展的最佳时期
- 婴幼儿认知发展的理论基础
  - 婴幼儿认知发展的相关理论
  - 婴幼儿认知发展的一般特点
  - 婴幼儿认知发展的内容及特征
- 婴幼儿认知发展的教育活动
  - 个别化游戏活动辅助
  - 集体游戏活动保育
  - 亲子游戏活动辅助
- 婴幼儿认知发展教育活动评价

一　婴幼儿认知发展的意义

0—3 岁处于人脑迅速生长的发育期，是人认知能力发展的最佳时期。3 岁前婴幼儿的认知能力是其技能、情感、行为习惯等发展的基础，是今后学习求知的基础。

（一）大脑迅速生长的发育期

1. 脑重量发展最迅速

婴儿出生时的脑重量约为 370 克，此后第一年内脑重增长速度最快，6 个月时为出生时的 2 倍，占成人脑重的 50%，而儿童体重要到 10 岁才达到成人的 50%。可见，婴幼儿大脑发育大大超过了身体发育的速度。第一年年末时，婴儿脑重接近成人脑重的 60%，到第二年年末时，幼儿脑重约为出生时的 3 倍，约占成人脑重的 75%；到 3 周岁时，幼儿脑重已接近成人的脑重范围，之后的发育速度变慢。❶

2. 神经元连接数量增长最迅速

人的大脑由大约 1000 亿个神经元组成。脑的神经元看起来像一棵小树。树突、轴突如同树枝和树根，如图 3-1 所示。

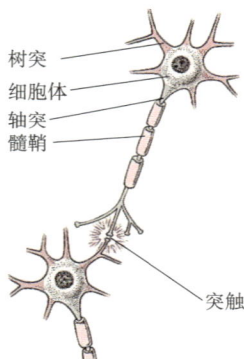

树突
细胞体
轴突
髓鞘
突触

图 3-1　神经元结构图

在这些神经元之间，相互接触的部位，称为突触。大脑的智力更多地来源于这些突触，而不是神经元本身。人类的神经系统从母亲怀孕的第 4 个月开始发育，等到出生的时候，大脑的神经元数量已经和成人相差无几了。此时的婴儿，基本上什么都不会，为什么呢？此时的大脑中，已经建立的神经元连接数量为 50 万亿个，也就是平均每个神经元连接 500 个其他神经元。这些连接主要是用于控制人类基本生存系统的，如呼吸、心跳、简单听觉、简单运动等。此时的婴儿，几乎没有视觉，听觉辨析度很差。在出生后两年内，神经元之间的连接迅速生长，最终成长为 1000 万亿个，平均一个神经元连接 1 万个。从 3 岁开始到成人，神经元数量又逐渐减少为 500 万亿个。可见，从出生到 2 岁的时间里，我们大脑神经元的连接主要以生长为主，连接作用远远高于裁剪作用。这段时间里我们大脑的神经元连接数量迅速地由50 万亿增长到 1000 万亿，增长为原来的 20 倍。❷

---

❶　《关键期早教是人生成功的第一站》，https://wenku.baidu.com/view/a14f27f9770bf78a65295468?aggId=a14f27f9770bf78a65295468&fr=catalogMain&_wkts_=1672652796024，2021-02-09。

❷　[美] 杰西·勒罗伊·科内拉：《新生儿大脑皮层的发育》，127—128 页，剑桥，哈佛大学出版社，1939—1975 年重印本。

大脑神经元之间的联系，在很大程度上是由婴幼儿生活中的经历决定的。脑的发育和外界环境、教育密切相关。人在出生后2—3年，良好的教育刺激婴幼儿大脑，对大脑的发育有重要影响。

（二）认知能力发展的最佳时期

婴幼儿时期是心理发展最迅速的时期，年龄越小，心理发展越快。在3周岁以下，特别是在0—1岁，婴幼儿的智力发展变化很大。另外，婴幼儿学习能力的发展是有关键期的。关键期是指某种知识或行为经验最易获得和最易形成的特定时期或阶段，错过这个时期或阶段就不能获得或达不到最好的效果。

> ● 拓展阅读 ●
>
> 【劳伦兹动物"印刻现象"】
>
> 20世纪50—60年代，奥地利动物行为学家、诺贝尔奖获得者劳伦兹首次从动物实验中提出了关键期这个概念。一只母鹅伏在一堆鹅蛋上，正在专心致志地孵小鹅。当鹅蛋快要破壳时，人们将母鹅强行抱走，小鹅们一个个地破壳而出了，它们睁大好奇的眼睛，看着这个新奇的世界。这时，一位动物学家走来，向小鹅们招了招手，小鹅们就像见到了母亲一样，立即追随动物学家而去。几天后，人们将那只母鹅送回来，母鹅看到孩子们正在高兴地玩，"咯咯"地欢叫着奔了过去。没想到，小鹅们一见母鹅，竟吓得四散奔逃，直到那位动物学家出现，它们才像受了天大的委屈，终于得到母亲保护的孩子那样安静了下来。劳伦兹发现，鹅在出生后1—2天有追随活动着的东西的行为，过了这个时刻，就很难再形成这种追随行为了。劳伦兹把这种行为称为"印刻现象"，即出生后12天是小鹅形成追随活动的关键期。同样，人也有学习的关键期或敏感期。
>
> 【休贝尔"盲猫实验"】
>
> 美国哈佛大学医学院神经生理学教授戴维·休贝尔，与托森·威塞尔进行了一项关于"盲猫"实验的关键期研究。他们把出生4周的猫的眼睛缝合起来，一周后拆线。结果发现，猫的视力全部丧失。通过电子显微镜观察，猫的视神经萎缩，而对于四五周以外的猫进行同样的实验，却不会造成猫的视力丧失的结果。实验表明，5周以内是猫的视觉神经发育的关键期，在视觉关键期内没有给它光的刺激，导致其大脑在相应的发育期没有得到训练，而没有发展出其应有的能力。等过了这个阶段后，就没有办法弥补了。休贝尔的实验为劳伦兹的"印刻现象"提供了有力的佐证。●

---

❶ 《儿童学习的关键时期》，http://www.doc88.com/p-667158974325.html，2021-02-12。

人一生下来就有很多潜能，如果不给予丰富的学习环境的刺激，使这些能力发挥出来，这些能力就有可能永远发挥不出来了。所以，人学习的黄金时期是 3 岁以前，最好从新生儿开始接受教育。从新生儿开始的早期教育的效果，已通过种种实验研究得到了证实。

云测试

考题再现

（　　）是婴幼儿教育的心理基础。

A. 人脑的发展　　　　　　B. 个体发展的关键期

C. 人的感知觉的发展　　　D. 人的思维的发展

学习笔记

拓展阅读

【布鲁姆智力年龄曲线】

布鲁姆经过对 1000 多名学生的长期跟踪研究，在 1964 年发表了相应的智力发展的理论。其研究表明，对于儿童智力水平的发展，在 4 周岁时，已经到了 50%，8 岁时达到 80%。❶（见图 3-2）

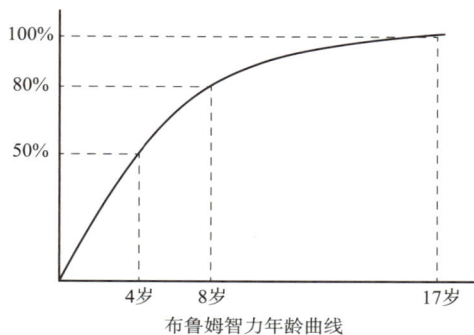

图 3-2　布鲁姆智力年龄曲线图

【"狼孩"事件】

人类历史上，有记载的"狼孩""熊孩"事件，大概有 20 例。这些事件中，有一些最后被人类解救出来，并进行抚养。其中记载比较全面的有两个案例：印度狼孩和德国狼孩。这里简说印度狼孩。1920 年，印度发现了两个狼孩，其中一个约 8 岁，经过 9 年的艰苦训练，到 17 岁时，其智力相当于三四岁孩子的水平。在大脑结构上，这个狼孩和同龄人没有多大差别。只是婴幼儿最初几年接收的外界信息和刺激将给大脑打下终生的烙印，此时是人的智力发展的关键时期，影响人一生的行为和生活方式。一旦错过这个关键阶段，以后将难以弥补。

儿童在 8 岁之前，几乎经历了人类所有重要的基础能力的敏感期。人一旦错过了这些敏感期，以后无论花多大精力，都很难将其能力提升到应有水平。所以我们看到的是，8 岁之前狼孩在狼窝里长大，他们在经历各种敏感期时只是按照狼的习性进行学习，因而其最终能力也被限定在狼的智力范围内。

---
❶《布鲁姆智力年龄曲线》，https://wenku.baidu.com/view/9b9c4817852458fb770b56a7.html?_wkts_=1672654836063，2021-02-12。

——— 考题再现 ———

人类智力发展的奠基时期是（　　）。

A. 5—6岁　　　　B.4—5岁　　　　C.0—3岁　　　　D.0—1岁

云测试

二 婴幼儿认知发展的理论基础

认知发展是指主体获得知识和解决问题的能力随时间的推移而发生变化的过程和现象。人在呱呱落地以后，开始与客观环境接触，与人类社会交往，在这种接触和交往中，随着身体的成长逐步发展认知能力。婴幼儿阶段是认知成长的重要时期，在此期间，婴幼儿在认知领域获得显著发展。

（一）婴幼儿认知发展的相关理论

认知一词的含义较多，理解上也有广义和狭义之分。广义上的认知和认识是同一概念，指的是人脑反映客观事物的特性和联系，并揭示事物对于人的意义与作用的心理活动。狭义的认知定义不一，一般包括感觉、知觉、记忆、判断、思维等一系列与认知密切相关的心理活动。

1.皮亚杰认知发展阶段理论

皮亚杰是20世纪著名的儿童心理学家，他强调儿童的思考并不是成人思考的初级形式，而是和成人不同类型的思考。随着不断成长，儿童的思考会依照一定的序列发展和变化。皮亚杰主张发生认识论，其特点是用发生学的观点和方法来研究人类认知（从婴儿期到青春期）的发展顺序与阶段，探讨认知形成和发展的动因、过程、内在结构和机制等。

（1）儿童认知发展的四个阶段

皮亚杰通过大量的观察和实验，将儿童的认知发展分为四个阶段：感知运算阶段（0—2岁）、前运算阶段（2—7岁）、具体运算阶段（7—11岁）和形式运算阶段（11岁以后）。通过这四个阶段，儿童的试探性行动就转化为青少年和成年人具体的、符合逻辑的智力行为。这些认知发展阶段代表了不同的认知功能和形式，以及不同质的认知水平。皮亚杰认为这代表了恒常性的发展顺序。也就是说，所有儿童都可能按照同样的顺序发展认知能力。每一阶段都建立在前一阶段发展完成的基础之上，所以这些阶段是不可能跳过的。尽管皮亚杰认为认知阶段的发展顺序是不变的，但他也承认，儿童进入某一特定的认知发展阶段的具体年龄存在很大的个体差异。文化及其他环境因素的影响，可能促进或延缓儿童智力发展的速度，各个认知阶段的年龄标

学习笔记

准只是一个粗略的估计。

①感知运动阶段（0—2岁）

在感知运动阶段，婴幼儿能协调感觉输入与运动能力，形成行为图式，以此作用并理解周围环境。婴幼儿在出生后的头两年里，认知发展非常迅速，所以皮亚杰又把感知运动阶段划分为六个子阶段。他详细地阐述了婴幼儿由反射性机体到反应性机体的转化过程。

子阶段1：反射性反应阶段（从出生到1个月）

皮亚杰把婴儿出生后1个月内定为反射性反应阶段。在此期间，新生儿在很大程度上仅局限在练习先天反射活动上，他们将新刺激同化到已有的反射性图式上，顺应新异刺激。尽管这不是高度发展的智力，但这种早期适应代表着认知发展的开始。

子阶段2：初级循环反应阶段（1—4个月）

婴儿最早出现非反射图式是在出生后的两个月。婴儿偶然发现，自己能做出和控制各种反应，如吮吸手指，发出喔、啊声等。他们对此感到很满意，因此会重复这一行为。这些简单的重复行为被称为初级循环反应，它总是以婴儿自身为中心。之所以称为"初级"，是因为这是婴儿最早出现的运动习惯；称为"循环"，是因为这些反应是重复的。

子阶段3：二级循环反应阶段（4—8个月）

4—8个月的婴儿偶然发现，除了自己的身体外，还能使物体变得有趣，如挤压一只橡胶的小鸭子，让它发出嘎嘎声。这些新的图式被称为二级循环反应。由于这些动作能够带给婴儿乐趣，所以被不断重复。根据皮亚杰的观点，4—8个月的婴儿对外界物体突然产生兴趣，这可以表明他们开始把自己和周围环境中的可控物体区分开来了。

子阶段4：二级循环反应协调阶段（8—12个月）

真正有计划的反应出现在8—12个月的二级循环反应协调阶段。这时婴儿为了达到简单的目的，能协调两种以上的动作。例如，把一个有趣的玩具放到坐垫下面，9个月大的儿童会用一只手提起坐垫，再用另一只手抓取玩具。在这个例子中，拿起坐垫这个动作本身既不是愉快反应，也不是偶然出现的，而是一个更大的有目的的图式的组成部分，其中"提起"和"抓取"这两个最初毫不相关的反应协调统一为达到某一目的的手段。皮亚杰认为，这些二级图式间的简单协调，代表了早期形式的目的指向行为和真正的问题解决行为。这也能说明儿童获得了"客体永久性"认识，即当知觉对象从视野中消失时，儿童仍然知道它的存在。

皮亚杰的客体
永久性实验

子阶段5：三级循环反应阶段（12—18个月）

这一阶段的儿童开始积极地作用于客体，并试图创造出新的问题解决办法，或再现有趣的结果。例如，把玩具鸭子捏得嘎嘎叫的幼儿，可能还会用扔、踩、枕头压等不同方法去挤鸭子。通过这些行为，他会观察对该玩具产生什么结果，或者通过探索，他发现使劲"扔"比"吐"这个动作能更有效地把食物粘在墙上。虽然父母对儿童取得的这种认知发展上的进步无法感到欣喜，但这些被称为三级循环反应的试误探索模式，反映出儿童有了解事物动作方式的强烈动机。

子阶段6：心理表征阶段（18—24个月）

子阶段5是真正意义上的最后的感觉运动阶段，而子阶段6形成了对外部世界的心理表征能力，即形成对不在眼前的物体和过去事件的内部印象。其结果是，儿童能通过抽象方法而不是试错法来解决问题。这一新的认知能力说明，儿童能在自己的头脑中进行某些行为的试验。比如，当皮亚杰的女儿吕西尼（Lusienne）看到她的洋娃娃车被墙挡住时，她停了一下，仿佛是在"思考"，然后立即跑到另一边将车推向相反的方向。如果认知水平仍停留在子阶段5，那么她的行为只会导致车与墙不断的碰撞，随机地推拉，直到小车又能运动。❶

赛场演练

皮亚杰认知发展阶段理论中，感知运动阶段是（　）。

A. 0—6岁　　　　B. 0—2岁　　　　C. 7—11岁　　　　D. 2—7岁

---

②前运算阶段（2—7岁）

这个时期的儿童认知特征是"以自我为中心"去认识和感知世界的。所谓"以自我为中心"，是指儿童总是从自己的视角看待客观事物而不能从别人的角度来观察问题。皮亚杰主要采用了"三山实验"去研究儿童的"以自我为中心"的思维。其主要方法是象征和直觉思考方法。皮亚杰把这一时期再细分为象征性思考阶段和直觉性思考阶段。

a. 象征性思考阶段（2—4岁）

这一阶段的儿童已能运用象征符号进行思维，其标志就是象征性游戏的出现。在象征性游戏中，婴幼儿通过替代物，如把矿泉水瓶当作汽车司机手

云测试

三山实验

---
❶ 伍新春：《教育基础知识·幼儿园》，117页，北京，首都师范大学出版社，2014。

里的离合器拉杆，或者扮演角色，如扮成医生等，以自己的想象来象征现实生活中的人和事物。这时的思维已超越了实际情况的制约，凭借的是象征手段。象征性思考阶段被称为前概念阶段，因为这时儿童所运用的概念并不与一般成人运用的概念相符。儿童的概念是具体的、动作性的。这种概念很少有个别与一般之分，如儿童把"妈妈"的概念和自己的母亲等同起来，一听到别人喊妈妈，他会马上跑去找自己的妈妈。

b. 直觉性思考阶段（4—7 岁）

这个阶段的儿童主要是通过对事物的直接感受和知觉来思考的。虽然对个别事物的大小、轻重、形状等有具体认知，但他们还不能抽取事物的特征进行抽象思考。比如，将同是 50 毫升的水放在两个杯子里，一个杯子细而长，一个杯子大而短，儿童会认为放在细长杯子里的水多。这表明儿童尚没有"守恒"的概念，也就是不知道即使形状改变，物体的量是不会改变的。❶

③具体运算阶段（7—11 岁）

儿童在 7—11 岁开始进入具体运算阶段，这一阶段发展最典型的标志就是儿童能够运用符号进行有逻辑的思考活动。前运算阶段的儿童虽然可以形成对事物的初步符号表征，但他们的认知活动还与身体经验密切相关。而具体运算阶段的儿童则在分类、数字处理、时间和空间概念上有了很大的进步。此时，儿童"以自我为中心"的程度下降，他们开始克服片面性而注意到事物的各个方面，发展了解他人观点的能力，从而增进自己与他人沟通的能力。

④形式运算阶段（11 岁以后）

形式运算阶段的典型特征是抽象思维的发展和完善。这时儿童不再将思维局限于具体的事物上，他们开始运用抽象的概念，能提出合理可行的假设并进行验证，知道事情的发生有多种可能性，从而使他们的思维有更大的弹性和复杂性。❷

（2）皮亚杰认知发展阶段的特征❸

阶段的获得次序是连续的、恒定的。这里所说的连续和恒定不是指时间（年龄），而是指相继的次序。年龄只是一个表示阶段的形式化指标，在某一特定的领域中，研究者可以利用年龄线索来表示这些阶段的特征，但年龄线索是极容易变化的，表现在不同的领域间具有时间的差异。即使在

❶ 周念丽：《学前儿童发展心理学》，78 页，上海，华东师范大学出版社，2014。
❷ 左志宏：《0—3 岁婴幼儿认知发展与教育》，153 页，上海，华东师范大学出版社，2020。
❸ 王振宇：《学前儿童发展心理学》，北京，人民教育出版社，2015。

同一领域，个体的发展也有赖于他的经验，特别有赖于社会环境。因为社会环境能够加速或延缓一个阶段的出现，或阻止其到来。我们在这里面临一个相当复杂的问题，不能根据研究得到的阶段的平均年龄值去对个体的发展领域做出判断。皮亚杰以十分客观的态度向我们说明阶段的连续性体现在阶段的相继次序上，而不能拘泥在年龄上。这是一个十分重要的方法论观点，对于把握发展理论的实质具有规范性。阶段的连续性除了表现为次序的恒定外，还是稳定的，即一个特征不可能在某些被试中出现在另一特征之前，而在另一组被试中却出现在另一特征之后。换句话说，行为的连续顺序应具有普遍性，否则，就不能确定阶段。

阶段具有整合性。整合性指阶段之间的内在关系，某一年龄段的结构将成为下一年龄结构的整合部分。例如，客体永久性是在感知运动水平上构造起来的，它的形成为今后形成守恒观念打好了基础，并成为守恒的一个整合部分。同样，具体运算也是形式运算的一个整合部分。一个新的阶段总是在以前阶段的基础之上形成的，而新阶段形成之后，先前各阶段就成为新阶段的内涵，被整合在其中。

阶段具有双重性。每一个阶段，一方面包括一个准备水平，另一方面包括一个完成水平。这是因为每个阶段的形成是一个动态发展过程，它需要不断地同化和顺应，需要连续地平衡，最后形成一个稳定的整体结构。所以，每个阶段都包含着形成的过程和最后平衡的形式。最后平衡的形式，意味着整体结构的形成。

阶段有滞差。尽管皮亚杰十分强调认识论意义上的发展过程的稳定性和一致性，但他仍然注意到了发展之间的滞差（严格地说，这一点与一般的发展心理学家关于个别差异的概念不是一回事）。滞差体现着同样的形成过程在不同年龄段儿童中的重复或再现的特点。这一概念实际上表明皮亚杰承认了发展的不均衡性。它在一定程度上回答了同一儿童在不同认知领域中的发展差异问题。皮亚杰认为阶段具有两种滞差：一种是水平滞差，另一种为垂直滞差。水平滞差表现为当同一运算被应用于不同内容时表现出来的重复。例如，在具体运算领域中，七八岁的儿童能对数量、长度等内容加以分类，计算，测量，并获得守恒的观念。但他们还不能对重量领域进行任何运算。只有到两年以后，他们才能对重量问题进行运算，并获得重量守恒。再往后，他们才获得体积的守恒。虽然，这里所使用的运算形式是相同的，但在不同的内容领域，运算形式在运用的水平上表现出明显的差异。这种差异，就是水平滞差的表现。所谓垂直滞差指的是处于不同阶段的儿童，对同一动作从不同水平上进行的改造。例如，处于前运算阶段的儿童从表象水平上对感知运动阶段要形成的平移动作加以重现，把外显的动作改造为内化的表象动作。这就形成了两种水平之间的垂直滞差。也许这一概念与我们常讲的"螺旋式上升"和"更高水平的重复"这一类术语相通，皮亚杰本人也确实讲过类似的话，他在分析认知结构的发展和知识的形成时说，与其设想人类知识如同金字塔或某种建筑物一样，不如把它看成一个螺旋体，随着知识的不断上升，它的旋转半径也在不断增大。

2. 维果茨基的社会文化理论 [1]

维果茨基是苏联卓越的心理学家，他主要研究儿童发展与教育心理，着重探讨思维与语言、教学与发展的关系问题。由于维果茨基在心理学领域作出的重要贡献，他被誉为"心理学界的莫扎特"，其所创立的文化历史理论不仅在苏联，而且在世界范围内产生了广泛的影响。

（1）社会文化是影响认知发展的要素

按照维果茨基的看法，人自出生，就生长在一个属人的社会里。人随着年龄的增长，经过儿童时期、青少年时期，发展到成人，一刻也离不开人类社会。社会中的一切，如风俗习惯、宗教信仰、衣食住行、历史文化、社会制度、行为规范等，构成人类生活的文化世界。此文化世界既影响成人的行为，也影响正在成长中的儿童。在任何社会里，成人对新生的下一代，无不扮演着社会文化传人的角色，希望下一代接受社会文化的熏陶。在认知发展上，儿童由外化逐渐转为内化，由初生时的自然人，逐渐变成社会人，成为一个符合当地社会文化要求的成员。如此看来，儿童的认知发展，是在社会学习的历程中进行的。因此，改善儿童所处的社会环境，有助于促进儿童的认知发展。故一般认为，从改善儿童成长的环境，适时施以教育，从而促进其智力发展的观点来说，维果茨基的认知发展理论，远较皮亚杰的理论乐观。

（2）认知思维与语言发展有密切关系

维果茨基的认知发展理论有别于皮亚杰的理论，最重要的是前者特别强调语言发展与认知发展的关系，而且在解释语言发展与儿童认知思维之间的密切关系时，维果茨基特别强调儿童自我中心语言的重要性。根据维果茨基的观察研究，幼儿期（皮亚杰所指的前运算期）的思维方式是带有自我中心倾向的，此时儿童的谈话，也是以自我为中心的。不过，维果茨

---

[1]　左志宏：《0—3 岁婴幼儿认知发展与教育》，上海，华东师范大学出版社，2020。

基对儿童自我中心语言的解释不同于皮亚杰的论点。皮亚杰认为，自我中心语言只是儿童的一种认知思维方式的表达，在发展到具体运算期之后，它就会自动消失。维果茨基将儿童的自我中心语言视为调和其思维与行动，从而助益其认知发展的重要因素。维果茨基曾设计实验情境，使儿童在有目的的活动中遭遇困难，借以观察挫折情境对儿童自我中心语言的影响。根据维果茨基的观察，当儿童面对类似的困难情境时，他的自我中心语言就会加倍增多。这一现象显示，儿童借自我中心语言帮助其思维。因此，维果茨基指出，自我中心语言有促进儿童心理发展的功能：儿童不仅可以借此纾解其情绪，还能助益其心智发展。

根据维果茨基的观察研究，在认知发展过程中，婴幼儿的思想与语言是各自平行发展的，甚至从语言表达思想的方式来看，两者发展的顺序是相反的。在《思维与语言》一书中，维果茨基对此现象有说明。婴幼儿在开始学习说话时，都是用单个字来表达他的思想的，继而扩大为两三个字的简单句，而后再增加为包括多个单字的复杂句子。因此，从单语言表现的形式看，儿童的语言学习是遵循先部分后整体的顺序发展的。然而，从语言所代表的思想来看，其顺序则恰恰相反，即最早用单字句表达他的整个思想，以后才逐渐按句中不同单字的语意，分化为多个不同的思想单元。所以，如果从语言表达的思想来看，儿童的思想发展是遵循先整体后部分的顺序发展的。

按照维果茨基的解释，儿童语言与思想二者平行发展的现象只是短暂的。在儿童能够支配语言之后，语言与思想就合二为一了，而且语言与思想的交互作用成为促进儿童认知发展的主要内在动力。

（3）从实际发展水平延伸至最近发展区

在维果茨基的认知发展理论中，最受重视的是他倡议的最近发展区的理念。所谓最近发展区，按照维果茨基的说法，是介于儿童自己实力所能达到的水平（如学业成就）与经别人给予协助后可能达到的水平之间的一段差距，即为该儿童的最近发展区。而在此种情形下，别人所给予儿童的协助，称为支架作用。换言之，某一儿童在认知能力上的最近发展区，是根据他在认知性作业上的实际表现预估的，而预估其表现所依据的标准是成人所给予的协助；给予协助才可完成这一段作业，只凭他自己是无法独立完成的。

维果茨基之所以特别强调最近发展区的重要性，是因为他对既有的智力测验的性质与学校教育中的学业成就评价方法不满意。以传统智力测验为例，在测验标准化时建立年龄常模。对某一儿童施测时，按该儿童答对的题目计分，从而评定其心理发展水平或心理年龄。此类智力测验最多能测量儿童智力的实际发展，而不能测量其智力的可能发展。原因是，这种测试只根据儿童答对的题目计分，而不考虑其答错题目的心理过程。在数人答对同一试题时，固然可以推论他们确实知道如何解答；但在数人答错同一试题时，他们就存在认知程度上的差异：有的儿童可能一知半解，有的儿童可能一无所知。如果将两种情形概不予计分，这是不公平的。

维果茨基最近发展区的构想，正是针对传统心理测验的缺点提出的改进建议。在了解儿童的实际发展水平之后，根据其可能的发展水平，找出最近发展区，儿童就可以得到成人协助，这有助于促进儿童认知能力的发展。

—— 赛场演练 ——

维果茨基提出的观点不包括（　　　）。

A. 儿童的认知发展是在社会学习的历程中进行的

B. 语言和思想是互相分开的

C. 自我中心语言能促进儿童思维发展

D. 儿童发展具有最近发展区

云测试

（二）婴幼儿认知发展的一般特点[1]

婴幼儿认知能力的发展经历渐进的过程，呈现出以下基本特点或者趋向。

1.认知处于形成过程中

新生儿并不具备各种认知过程。一般来说，婴幼儿到了 2 周岁才有完整的认知过程。婴幼儿最初只有感知觉和原始的记忆与注意。婴幼儿到 1 岁半左右，才出现想象和最初的思维。各种认识过程是在婴幼儿 3 周岁前逐渐形成的。

婴幼儿对世界的认识是从感知觉开始的。他有视觉、听觉、味觉、嗅觉等。新生儿会看，会听，会尝出味道，还会嗅出气味。他爱看颜色鲜艳的东西，爱看人脸。他爱听柔和的声音，爱听提高语调的说话声，

---

[1] 王明晖、左志宏：《0—3 岁婴幼儿认知发展与教育》，16—21 页，上海，复旦大学出版社，2011。

特别爱听妈妈的声音。他爱吃甜食，不喜苦味。他出生后几天吃了某种奶粉，就拒绝别的奶水。吃母乳的新生儿夜里醒来，闭着眼睛用鼻子去找妈妈的乳房。

注意一般认为是在婴儿出生2—3周后发生的，即在感知觉发展的基础上，在视觉和听觉集中时发生的。婴儿会盯着眼前的人脸注视片刻，也会停止一切活动倾听某种声音。

记忆最初表现为婴幼儿能够区别熟悉的声音和不熟悉的声音。如果连续在他耳边发出某种声音（如蜂鸣声），几次以后，他不再有反应，这时向他发出另一种声音（如沙沙声），他又重新有反应。这表明他能够记住先前听过的声音。

想象在婴幼儿1岁半到2周岁出现。这时婴幼儿开始玩游戏。比如，幼儿会抱着玩具娃娃拍拍。

与此同时，思维开始出现。这时婴幼儿有了最简单的概括和推理。比如，会区别阿姨和姐姐，见到幼儿园里的年轻阿姨，叫他喊阿姨，他不作声；原来他认为那是姐姐，不是阿姨。两岁的幼儿，成人对他说："天黑了，该睡觉了！"他会说："月亮为什么不去睡觉？"

2.认知与动作不可分离

人的基本活动可以分为认知活动和操作活动。婴儿的各种活动并没有完全分化，不能明显地分开，婴幼儿的认知活动和操作活动（日常所谓"动作"）也紧密相连。

一方面，婴幼儿的认知活动必须依靠外在的操作活动。比如，研究发现，婴幼儿最早的学习是依靠嘴的活动进行的。嘴的吸奶动作比双眼集中注视出现得早，如果在婴幼儿用力快速吸奶时，给以鼓励，那么，他就会用力吃奶。婴幼儿起先不能抓住眼前挂着的球，他的手往往在球的四周打转，当婴幼儿眼手协调一起动作，即能够用手抓到眼睛看到的东西时，他对世界的认知就跨了一大步。半岁左右的婴幼儿，开始会"五指分工"，不再用5个手指大把抓，而是用大拇指和其他四指配合起来拿东西。这些动作的发展，使婴儿认识到，拿球的动作与拿小勺的动作不同，由此婴幼儿能够逐渐准确地认识物体的形状、大小与特点。婴幼儿的坐、爬、站、走等身体动作每进入一个新阶段，就促进他的认知发展得到新的提升。3岁前婴幼儿认识某种事物，靠的是用手摸，用口尝，或用其他感觉器官去直接接触。

另一方面，婴幼儿的认知活动通过动作来表现。人掌握了语言，就可以用语言来表现自己的认知活动。但是，婴幼儿的语言还没有发展起来，需要借助动作来和别人沟通信息。婴幼儿用哭声、表情、手足动作等表示自己的需求。

—————— 赛场演练 ——————

婴幼儿认知游戏的方法应采取（   ）为主。

A. 视觉　　　　B. 语言　　　　C. 动作　　　　D. 听觉

3. 以无意性认知发展为主

婴幼儿出生后 3 年，其认知的发展主要在无意性方面，有意性的认知活动几乎没有发展。

婴幼儿的注意，一般是无意性的注意。他的注意是被动地受外界事物吸引，而不是主动去注意某种事物。比如，婴幼儿的注意往往指向颜色鲜艳的东西。这是因为鲜艳的颜色有较强的刺激，容易吸引婴幼儿的注意。在看电视时，要求婴幼儿不去注意树上的小鸟而去注意画面人物的讲话，是很困难的，因为小鸟对他的吸引力大得多。

婴幼儿记忆的发展，主要在无意记忆方面。对于鲜明的、具体形象的东西，婴幼儿能够记得住。若要他背诵古诗，婴幼儿常常记住的只是音调、韵律。

婴幼儿的想象也是无意地发生的。比如，看见屋顶上烟囱冒烟，2 岁的孩子会想到"爸爸在抽烟"。如果缺乏相应的情景，婴幼儿的想象就不会发生。没有玩具，孩子就玩不起来。

婴幼儿的思维，主要是自由联想式的。他还不会有目的地解决问题。例如，一名 34 个月的女孩，想要吃橘子，妈妈告诉她："橘子还是绿的，不能吃，它还没有变黄。"过了一会儿，她看见了菊花茶，可能会说："菊花茶不是绿的，它已经变黄了，橘子也变黄了。"

婴幼儿认知的无意性还表现在，其认知基本上是受情绪控制的。在愉快时，婴幼儿的认知活动效果更好；在痛苦时，婴幼儿认知活动的效果较差。

4. 婴幼儿自我认知能力开始发展

1 岁前的婴儿是比较顺从的。1 岁以后，幼儿开始有了自己的想法。2 岁左右，大人要抱他，他可能会挺着身体，挣扎着自己下地走路。这是独立性发展的表现，表明此时他已经有了自我意识。他常常会说"我自己（来）"，他抢着做事，甚至是一些力所不能及的事情。

自我意识的发展，使婴幼儿的认知过程逐渐复杂化，认知能力进一步提高。高级认知发展的过程，如自信、自卑、内疚、自我占有等，都与自我意识的发展有关。婴幼儿的自我认知发展体现出以下特点：

①婴幼儿自我认知水平随着年龄增长而提高。年龄越大，婴幼儿自我认知的水平越高，自我认知的复杂性越高级。

②婴幼儿自我认知的发展速度存在显著的个体差异。有的婴幼儿发展快；有的婴幼儿发展慢。

③婴幼儿自我认知发展在性别差异上随着年龄的增长而逐渐变化，而后趋于稳定。在18个月时，女孩的自我认知水平显著高于男孩；但到21—24个月，男孩女孩的自我认知水平不存在显著的差异。

（三）婴幼儿认知发展的内容及特征

0—3岁婴幼儿的认知是一种复杂的心理活动或者心理过程，包括感知觉、注意、记忆、思维、想象等，具体表现为以下方面。

感知觉：感觉是对事物个别属性的反映，知觉是对事物整体属性的反映。

注意：对一定对象的指向和集中的心理活动。

记忆：过去经验在人脑中的反映。

思维：人脑对客观事物进行的间接的、概括的反映。

想象：人脑对已有表象进行加工改造而创造出新形象的过程。

1.感知觉的发展

感知觉是人最早出现的认知过程，也是3岁前婴幼儿认识世界的最主要方式。根据感觉和知觉的分类，以下将重点介绍0—3岁婴幼儿视觉、听觉、触觉、味觉、嗅觉、空间知觉、时间知觉等的发展特点。

（1）0—3岁婴幼儿感觉的发展

①0—3岁婴幼儿视觉的发展

新生儿有一定的视力，但其眼睛的晶状体不能调节，视系统发育尚不成熟，所以视力只有成人的1/30，他们的最佳注视距离是15—20厘米，并对强烈的对比色敏感（如黑白色）。婴幼儿1个月后视力调节能力迅速发展，2个月以后开始辨别较复杂的图形，4个月的时候开始具备视觉的恒常性，6个月的时候可以准确集中视觉，12个月时其视力和成人一样，2岁左右能认识一些颜色，3岁左右可以将颜色和名称联系起来。2—3岁婴幼儿对颜色偏爱的一般顺序为红、黄、绿、橙、蓝、白、黑、紫。

行动导航

具体实践任务请查阅《行动手册》中：

√ 单元一 0—3 个月婴儿教育活动保育"小小观察员"中的"观察 0—3 个月婴儿视觉追踪能力"；

√ 单元八 31—36 个月幼儿教育活动保育"小小观察员"中的"希希和妈妈玩指认颜色的游戏"。

② 0—3 岁婴幼儿听觉的发展

20 周的胎儿就有听觉，新生儿出生后几天就能辨别不同人的声音，尤其表现出对母亲声音的偏好；出生一周内能区分元音 a 和 i，1 个月的婴儿已能辨别纯音之间的差异；2—3 个月的婴儿已经能够分辨非常相似的发音（如 ba 和 pa），并能安静躺着听音乐（比如，摇篮曲）；4 个多月时，婴儿能够分辨经常听到的词语，如听到自己的名字会将头转向声音传来的方向；5 个月的婴儿已能感知音乐旋律的变化；18 个月的幼儿已能协调身体运动和音乐节奏之间的关系（类似"舞蹈"）。儿童的听觉能力在十二三岁以前一直在发展，成年后逐渐下降。

③ 0—3 岁婴幼儿触觉的发展

触觉在所有感觉中是最早发生的。49 天的胎儿就已经具有了初步的触觉反应。触觉是婴幼儿认识世界的重要手段，喜欢把物品放进嘴里或用手去触摸，即用嘴和手"认识"世界。婴幼儿天生有一种"皮肤饥饿"，需要与父母（尤其是母亲）进行皮肤接触，如搂抱、亲吻等。如果婴幼儿的"皮肤饥饿"得不到满足，就直接影响到健康的亲子依恋关系和婴幼儿安全感的形成，进而影响到孩子将来行为和个性的发展，容易形成一些行为和个性缺陷，如情绪不稳，自控力差，不自信，退缩，敏感，多疑等。

行动导航

具体实践任务请查阅《行动手册》中：

√ 单元二 4—6 个月婴儿教育活动保育"小小观察员"中的"观察 4—6 个月婴儿触摸物品情况"。

④ 0—3 岁婴幼儿味觉的发展

3 个月的胎儿味觉系统已开始发育，出生前味觉系统已发育成熟，新生儿一生下来就有味觉，并且相当敏锐，能分辨甜、咸、酸、苦的味道，并表现出对甜味的明显偏爱。0—3 岁婴幼儿会逐渐形成味觉偏好，喜欢吃某一种食物而拒绝另一种食物。

⑤ 0—3岁婴幼儿嗅觉的发展

人的嗅觉是一种凭直觉反应的感觉，胎儿末期已有了初步的嗅觉反应能力。新生儿已能对各种气味做出不同的反应，母乳喂养的1—2周的婴儿能根据母亲身上特有的气味将母亲与其他女性分开。新生儿已具有初步的嗅觉空间定位能力，比如，凭嗅觉找到妈妈乳头的位置。

（2）0—3岁婴幼儿知觉的发展

① 0—3岁婴幼儿空间知觉的发展

在方位知觉方面，婴幼儿的发展顺序是上下—前后—左右。一般认为，儿童3岁能辨别上下方位，4岁能辨别前后方位，5岁开始能以自身为中心辨别左右方位，适当的早期教育可以使婴幼儿提前掌握方位。在距离知觉方面，4—6个月婴儿已有距离知觉，6个月甚至更早的婴儿已有深度知觉；在形状知觉方面，婴儿在3个月时已有分辨简单形状的能力，8—9个月之前的婴儿获得形状恒常性，3岁前的婴幼儿能掌握简单的几何图形，如圆形、三角形、方形等；在大小知觉方面，6个月前的婴儿能分辨大小，新生儿只表现出有限的大小恒常性知觉能力，在出生的第一年稳步发展，直到10—11岁才完全发展成熟。

> **行动导航**
>
> 具体实践任务请查阅《行动手册》中：
> √ 单元七 25—30个月幼儿教育活动保育"小小观察员"中的"皮皮玩拼图"；
> √ 单元八 31—36个月幼儿教育活动保育"火眼金睛，穿针引线"中的"集体游戏活动'三只熊'"，"助力家长，引导有方"中的"亲子游戏活动'大象的鼻子'"。

② 0—3岁婴幼儿时间知觉的发展

前期，婴幼儿主要以其内部的生理状态来反映时间，比如，要睡觉了，就会哭闹。中期，婴幼儿对时间概念的理解比较含糊，有较大局限性，他们会模仿一些表示时间的词，但不太能理解其含义，也不能准确适用。后期，婴幼儿能逐渐以外界事物作为时间标尺，往往和自己的具体生活事件相联系，比如，对"早晨"的理解就是起床的时候。

2. 注意的发展

注意是婴幼儿心理发展中的一个重要内容，是婴幼儿探究外在事物及其内心世界的"窗口"。注意分为有意注意和无意注意，有意注意是指有目的的、需要意志控制的注意；无意注意是指没有预定目的，也不需要意志努力的注意。3岁前的婴幼儿主要以无意注意为主，凡是新颖的、变化的、有趣的事物都能吸引和集中婴幼儿的注意，这是婴幼儿大脑发育不完善，神经系统的兴奋和抑制过程发展不平衡所致。虽然0—3岁婴幼儿的无意注意占优势，有意注意发展较差，但这也是婴幼儿无意注意向有意注意发展的关键时期。

0—3岁婴幼儿定向性注意的发生先于选择性注意的发生。研究发现，婴幼儿一出生就具备了一定的注意能力，在觉醒状态时，会因环境中的巨响、强光等刺激产生无条件的定向反射；2—3个月时，出现条件反射，能比较集中地注意人的脸和声音，在看到鲜艳的图像时，也能比较安静地注视片刻；5—6个月时能比较持久地注意一个物体；1岁左右时能凝视成人手中的表超过15秒；2岁时能精准地、主动地听故事，并出现有意注意的萌芽，逐渐按照成人的指示和要求完成一些简单的任务；3岁后对周围新鲜事物表现出更多兴趣，如能集中5分钟注意力看绘本故事等。

行动导航

具体实践任务请查阅《行动手册》中：

√　单元三7—9个月婴儿教育活动保育"小小观察员"中"观察7—9个月婴儿听声音找声源的能力"和"7—9个月婴儿的注意偏好的表现"。

——————　赛场演练　——————

婴幼儿（　）时，能比较集中地注意人的脸和声音。

A. 刚出生　　　B. 1—2个月　　　C. 2—3个月　　　D. 3—4个月

3.记忆的发展

记忆是过去经验在人脑中的反映，包括识记、保持、再认或回忆三个基本环节。记忆的发展与言语的发展密切联系，与婴幼儿的理解力、联想力等发展相关。按照记忆的内容，可以把记忆分为运动记忆、情绪记忆、形象记忆和语词记忆。其中，运动记忆出现最早，一般在婴幼儿出生后第一个月内即出现。然后情绪记忆出现，开始于婴幼儿头6个月或更早些，表现为一种情绪反应，当刺激直接出现并发生作用时，情绪记忆就会显现出来；形象记忆与语言记忆出现的时间相近，在1—2岁。对于0—3岁婴幼儿来说，形象记忆是儿童早期记忆的主导类型。

婴幼儿记忆的时长随年龄的增长不断延长，2个月时记忆能延续24小时；3 个月时记忆可以保持 7 天；6 个月时记忆能保持 15 天；18 个月时记忆能保持 13 周。此后随着年龄的增长，幼儿记忆保持时间继续延长。但总体来说，0—3 岁的婴幼儿记忆保持的时间短暂，遗忘较快。同时，此阶段婴幼儿的记忆以无意识记忆占优势地位，婴幼儿对周围环境中鲜明的、能引起关注的事物的记忆效果优于对成人教授内容的记忆。

行动导航

具体实践任务请查阅《行动手册》中：

√ 单元六 19—24 个月幼儿教育活动保育 "小小观察员" 中的 "吉力和妈妈聊天"。

4.思维的发展

思维是大脑对客观事物进行的间接的和概括的反应，是一种高级认识过程。皮亚杰认为儿童的思维发生在感知、记忆等过程之后，与言语真正发生的时间相同，即 2 周岁左右。从思维方式发展的角度来看，0—3 岁婴幼儿主要以直觉行动思维为主，也称为直观行动思维。直觉行动思维是在婴幼儿感知觉和有意动作的基础上，特别是一些概括化的动作基础上产生的。婴幼儿摆弄一种东西的同一动作会产生同一结果，这在头脑中形成了固定的联系，之后再次遇到类似情境时，就会自然而然地使用该动作，这样的动作就是具有概括化的有意动作。例如，婴幼儿经过多次尝试，通过拉桌布取得放在桌布中央的玩具，之后再次看到床单上的皮球，就会通过拉床单来拿皮球。这样的概括性动作就成为婴幼儿解决同类问题的手段，也就是直觉行动思维的手段。婴幼儿在 2 岁半之后开始萌芽具体形象思维，即依赖事物的直观形象或表象进行思维。

行动导航

具体实践任务请查阅《行动手册》中：

√ 单元二 4—6 个月婴儿教育活动保育 "小小观察员" 中的 "玩具鹅游戏"；

√ 单元三 7—9 个月婴儿教育活动保育 "小小观察员" 中的 "找小球"；

√ 单元四 10—12 个月婴儿教育活动保育 "小小观察员" 中的 "鸭子在哪里"；

√ 单元七 25—30 个月幼儿教育活动保育 "小小观察员" 中的 "希希数数"；

√ 单元八 31—36 个月幼儿教育活动保育 "小小观察员" 中的 "数数" 和 "观察 31—36 个月幼儿分类行为表现"。

从思维工具发展的角度来看，0—3 岁婴幼儿主要借助于感知、动作进行

学习笔记

思维。从6—8个月开始，婴幼儿在与物体反复接触中，兴趣中心逐渐从自身的动作转移到动作的对象上。例如，7个月的婴儿把小盒的盖子拿下来，盖上去，再拿下来，再盖上去，一直不断重复该动作。这说明该婴儿已经可以通过他的手的动作开始探究事物之间的因果关系。另外，1—3岁是幼儿言语真正形成的时期，随着幼儿言语的获得，其思维也飞速发展，开始以语言为中介，对客观事物进行间接的和概括的反应。

————— 考题再现 —————

思维是指（　　）。

A. 婴儿感知外界事物的方法

B. 大脑对客观事物进行的间接的和概括的反应，是一种高级认识过程

C. 一种低级认识过程

D. 对别人的行为进行反应

---

5. 想象的发展

想象是人脑对已有表象进行加工改造而创造出新形象的过程。幼儿在1.5—2岁时，开始出现想象的萌芽，能把生活中的行为举止迁移到自己的想象中。例如，幼儿在拿到布娃娃的时候，就给布娃娃"穿"衣服，"喂"东西。这一时期的想象活动只是把婴幼儿在生活中所见到的、感知过的形象再造出来，想象内容贫乏，有意性差，创造性成分很少，往往受客观环境的影响，看完什么玩什么，如学开汽车，手扶椅背嘴里叫着"嘀嘀"就已经满足，其他不再去想，这属于再造想象。

到2周岁时，幼儿想象进入了一个新阶段，即表象替代阶段。这一阶段主要表现为把没有的东西想象成有，如幼儿会攥着手给成人："请你吃糖。"其实手里并没有任何东西。同时在这一阶段，婴幼儿将同样的东西在不同的场合赋予不同的功能，特别是将没有生命的东西赋予生命。例如，幼儿会将一个圆形积木当成是生日蛋糕，下一次会将同一个积木当成花洒来玩洗澡的游戏。幼儿进入2—3岁，想象逐渐向有意想象和创造性想象发展，具体表现在幼儿的想象不再局限于具体事物的形象，而带有一定的情节，具有情景性。幼儿可以运用自己的想象和成人、同伴一起玩象征性游戏。同时，在想象游戏中，幼儿的创造性想象开始出现，可以对幼儿头脑中的表现进行加工改造，或产生一个新的表象，或演绎一个新的情景。如幼儿用积木搭建房子，这个房子不是其在生活中看到的某一个具体房子，而是综合其所看到的房子的景象，他借助自己的想象，创造了一个生活中并不存在的"新房子"。

—— 赛场演练 ——

　　婴幼儿在（　　）时，开始出现想象的萌芽，能把生活中的行为举止迁移到自己的生活中去。

　　A.1—1.5岁　　　　B.1.5—2岁　　　　C.2—2.5岁　　　　D.2.5—3岁

三 婴幼儿认知发展的教育活动

学习笔记

　　科学的教育能有效促进婴幼儿的认知发展，教育的作用主要表现在它可以决定婴幼儿认知发展的内容、水平、速度等，同时也创造最近发展区。成人应积极为婴幼儿创造可探索的丰富环境，通过个别化游戏、集体游戏和亲子游戏等活动为婴幼儿的认知发展提供支持。

（一）个别化游戏活动辅助

　　个别化游戏活动能满足婴幼儿的个性化发展特点，有针对性地进行教育促进活动。因此，个别化游戏活动在促进婴幼儿认知发展方面发挥着重要作用。针对0—3岁婴幼儿的认知发展特点和发展需要，教师可以创设操作区、自然区等，引导婴幼儿在各区域自由探索，促进认知发展。如教师可以在区域中投放常见的动物图片及相应动物的食物，同时制作常见的动物教具，创设"给动物喂食"的游戏情境，让幼儿在游戏过程中感知动物的不同之处，了解各类动物的生活习性。

1.常见活动区域及材料

　　针对婴幼儿的认知发展，早教机构中个别化游戏活动常见的活动区域和材料如表3-1所示。

表3-1　常见活动区及材料汇总表

月龄	区域	材料	个别化活动
1—12个月	平躺区	柔软的毯子，简单玩具（小汽车、大铃铛、松紧带），纸巾，吸引幼儿注意的各类吊饰玩具，如镜子、塑料环、柔软动物、摇铃等	铃儿响叮当；汽车动了
	餐椅区	发声玩具、手帕、人的不同表情	啪嗒；宝宝模仿
	爬垫区	各类音乐（长片段）、盒子、婴幼儿喜欢的玩具、礼品袋、枕头套	在哪里；音乐摆摆腿

月龄	区域	材料	个别化活动
13—24个月	操作区	不同颜色的盘子，不同颜色的物品（小汽车、水果玩具），嵌板；农场背景，各类动物玩偶，以及豆子、碗、塑料瓶、各类勺子	配对嵌板；农场动物多；取豆子
	涂鸦区	面粉、水、量杯、反穿衣、可食性颜料，以及纸箱、陶罐、瓦楞纸	玩面粉；涂涂抹抹
	光影区	帷幕帐篷、电源开关（电灯）、手电筒、摸摸袋、各类水果、毛绒玩具、小汽车、石头、贝壳	打开关上；追光游戏；惊喜袋子
25—36个月	自然区	冰块，托盘；不同出水方式的花洒（倾倒、挤压、喷壶），小花园	玩冰块；浇花
	数学区	各色积木（5—10块）、量杯（可用大小不一的杯子替代）、大毛绒兔子、小毛绒兔子、大中小椅子、餐具和茶具	积木游戏；比大小
	表演区	丝巾、铃鼓、手铃、非洲鼓、小钢琴、装扮服装、音乐	拍拍墙
	生活区	不同开口方式的瓶子或盒子	打开打开
	阅读区	自制布书（动物尾巴、不同条纹），自制发声书（生活中的声音、乐器、交通工具等）	各种各样的尾巴；音乐交响曲

行动导航

具体实践任务请查阅《行动手册》单元一 0—3个月婴幼儿教育活动保育中的"小天地，大创造"的部分内容。

2.活动案例

（1）1—12个月婴儿个别化活动"铃儿响叮当"。

区域：平躺区

材料：柔软的毯子，简单玩具（大铃铛、松紧带）

目的：知道在手臂动时摇铃，会摇动发声，初步感知因果关系。

活动：

①将宝宝面朝上放在毯子上，注意不要用毯子蒙住宝宝口鼻。

②将系着铃铛的松紧带套在宝宝的胳膊上。

③轻轻摇动宝宝胳膊，使神情、语言与动作反复互动，观察宝宝是否会自己重复动作。感知动作引发声音的因果关系。

（2）13—24个月幼儿个别化活动"玩面粉"。

区域：涂鸦区

材料：面粉、水、量杯、反穿衣

目的：通过触觉来探索游戏材料，增加不同触感的感知体验。

活动：

①把面粉堆在桌面，在最顶端抠一个碗底大小的洞，倒入水，用手搅拌后，在手上捏握成形即可。

②当宝宝兴趣起来时，给他穿上反穿衣。

③与宝宝讨论材料的触感，边讨论边示范面团的把玩方式。

④宝宝自主操作，教师在一旁观察，给予宝宝适时的指导。

⑤材料可延伸为沙子等。

（3）25—36个月幼儿个别化活动"玩冰块"。

区域：自然区

材料：冰块（冰块中可藏小玩具）、托盘、杯子

目的：感知媒介物的触感，体验持续探索中的变化；有初步的对物品的所有权意识。

活动：

①鼓励两个幼儿分享区域。

②规定玩具每个幼儿一件。

③鼓励幼儿去摸冰并讨论冰的触感，会用形容词"冷""滑""硬邦邦"。

④描述幼儿使用工具的举动。

⑤在手握冰后，观察发生的变化——里面的玩具出来了。游戏可反复探索。

行动导航

具体实践任务请查阅《行动手册》：

√ 单元二 4—6个月婴儿教育活动保育"小游戏，大支持"中的"个别化游戏活动'手偶游戏'"；

√ 单元四 10—12个月婴儿教育活动保育"小游戏，大支持"中的"个别化游戏活动'好玩的罐子'"；

√ 单元六 19—24个月幼儿教育活动保育"小游戏，大支持"中的"个别化游戏活动'图形宝宝找家'"；

√ 单元七 25—30个月幼儿教育活动保育"小游戏，大支持"中的"个别化游戏活动'花儿开'"。

（二）集体游戏活动保育

集体游戏活动是早期教育机构有目的、有计划的教育活动形式，其主要特点是目的性与计划性。在集体游戏活动中，教师有意识地将婴幼儿认知发展的目标渗透在活动中，明确的游戏目标、有计划的游戏环节及适宜的材料与教师的引导，能有效地促进婴幼儿认知方面的均衡发展。以下列举的是婴幼儿认知发展方面的集体游戏活动案例。

1. 集体游戏活动：摸一摸（20个月）●

活动目标：

①能清楚地表达自己的感受，感受"摸一摸""猜一猜"的乐趣。

②认识生活中常见的物体，如小球、玩具汽车等，能通过触觉感知出该物体的特征。

活动准备：

①幼儿每人一个小布袋，布袋里装着各种形状的物品（小球、汽车、书、积木、小碗、小勺、油画棒等）。

②幼儿愿意大胆用小手触摸感受不同质地的物体。

活动过程：

（1）示范互动：猜猜是什么？

①教师摇摇布袋："里面藏着什么呢？老师先来摸一摸，猜一猜。"

②教师示范摸一摸的动作，并用语言描述物品，请宝宝猜猜。例如，这个东西是圆的，可以用手拍一拍，也可以用脚踢一踢。

③幼儿猜好后，教师拿出来看看，比比谁猜得对，并和幼儿一起说出物品的名称。

（2）说一说：这个是什么？

①教师将布袋中的物品拿出，让幼儿通过触觉、视觉感知这些物品的特征。

②教师让幼儿一起说一说这些物品的特征，并说出物品的名称。

（3）摸一摸：神秘袋里有什么？

①每个幼儿一个"神秘袋"，袋中放的是同样的物品，如小汽车。教师组织幼儿一起玩"摸一摸"的游戏：教师先请幼儿把手伸入袋子摸一摸，并请幼儿告诉教师摸到的是什么，最后让幼儿将物品取出，和宝宝一起说说物品的名称。

---

❶ 尹坚勤、张元：《0—3岁婴幼儿教养手册》，283页，南京，南京师范大学出版社，2008。

②"神秘袋"中逐渐增加物品,"摸一摸"的游戏重复进行。

活动提示:

①袋中准备的物品应该是幼儿生活中常见的物品。

②袋中的物品应尽可能是不同质地的,让幼儿在游戏中感受硬、软、粗、细等不同特征。

2.集体游戏活动:海底总动员(31—36个月)●

活动目标:

①能模仿海底生物的游泳动作,如海龟、螃蟹等。

②能随着音乐做后退、侧着走、奔跑等动作,提高动作的灵活性。

活动准备:

小鱼、海龟、螃蟹头饰和图片若干,音乐《小鱼游》,渔网。

活动过程:

(1)示范互动:海洋里的小动物。

①"海洋里有什么?"

②出示小鱼、海龟、螃蟹图片供幼儿欣赏。

③教师扮演小鱼(海龟、螃蟹)游过来:"小鱼(海龟、螃蟹)是怎么样游泳的?"

④幼儿模仿小鱼(海龟、螃蟹)的动作,正着游,倒退着游,侧着身体游。

(2)互动游戏:游游乐。

①让幼儿听快慢不同的音乐,感受节奏的变化。

②教师鼓励幼儿按图示模仿小鱼(海龟、螃蟹)的游泳动作,随着音乐的快慢交替走和跑。

(3)集体游戏:捕鱼达人。

教师拿渔网去捕鱼,幼儿在配班教师的带领下四散躲避渔网(可以蹲下来躲避渔网),被捕到的小鱼停一次。

活动提示:

①如果幼儿手脚协调有困难,教师与幼儿一起游戏,做好引领作用。

②教师同幼儿一起游戏,并用自己的情绪感染幼儿,当渔网来了时,提示幼儿蹲下来躲避。

---

❶ 张红:《0—3岁婴幼儿教育活动设计与指导》,167—168页,上海,华东师范大学出版社,2021。

③游戏中要注意互不碰撞。

行动导航

具体实践任务请查阅《行动手册》：

√ 单元七 25—30个月幼儿教育活动保育"火眼金睛，穿针引线"中的"集体游戏活动'分饼干'"。

（三）亲子游戏活动辅助

亲子游戏是在家长与幼儿共同游戏的过程中，自然而然地促进幼儿各方面的发展。在亲子游戏中，家长可以将幼儿认知发展的目标渗透其中，通过与幼儿快乐游戏，提升幼儿感知觉、注意、记忆、思维与想象的能力。因此，在早教机构进行教育活动时，教师应注重提升家长的教育质量，帮助家长学会利用生活中的材料与情景，通过游戏的方式促进幼儿认知的发展。相关游戏可参照如下案例。

亲子游戏活动：盖盖，配盖（15个月）[1]

活动目标：

①发展幼儿的手眼协调能力。

②学会区分大小、形状不同的物体。

活动准备：

①在明亮的教室内，在地板上铺泡沫垫。

②盒子、瓶子、杯子等。

活动过程：

①先由爸爸妈妈做示范，打开一个瓶盖，盖上，然后让宝宝模仿。宝宝打开一个，然后盖上。

②爸爸妈妈再给他另一个不同的瓶盖，引导宝宝打开，然后盖上。

③待宝宝熟练后，再练习给大小、形状不同的瓶子配盖。

注意事项：

①注意引导宝宝不要吞食小体积的物品或玩具。

②游戏时注意难易程度要循序渐进。

③让宝宝自信自然地进入游戏状态，不要太过频繁地变换道具。

---

[1] 尹坚勤、张元：《0—3岁婴幼儿教养手册》，203页，南京，南京师范大学出版社，2008。

行动导航

具体实践任务请查阅《行动手册》：

√ 单元二 4—6 个月婴儿教育活动保育"助力家长，引导有方"中的"亲子游戏活动'漂亮围巾来跳舞'"；

√ 单元四 10—12 个月婴儿教育活动保育"助力家长，引导有方"中的"亲子游戏活动'小手小手拍拍'"；

√ 单元五 13—18 个月幼儿教育活动保育"助力家长，引导有方"中的"亲子游戏活动'拷贝不走样'"；

√ 单元七 25—30 个月幼儿教育活动保育"助力家长，引导有方"中的"亲子游戏活动'小动物回家'"。

四 婴幼儿认知发展教育活动评价

婴幼儿评价量表可以帮助我们反思活动的有效性。目前许多国家和地区都开发设计了一些测评婴幼儿认知发展的量表。在实际操作过程中我们应根据实际情况，灵活选择适当的评估工具，以有效评判教育教学活动的有效性。表 3-2 是测评婴幼儿认知发展情况的一个例子。

表 3-2　0—3 岁认知发展观察评估表 ❶

婴幼儿姓名＿＿＿＿＿＿　　出生日期＿＿＿年＿月＿日　　性　别＿＿＿＿

陪同测试人＿＿＿＿＿＿　　测试日期＿＿＿年＿月＿日　　测试者＿＿＿＿

月龄		观察与评估细目	是	否
0—3 个月	注意发展	当有发亮的东西或色彩鲜艳的东西出现在视野内时，他就会发出喜悦的声音或睁眼注视		
		偏好对称的物体超过不对称的物体		
		在清醒状态时对周围环境中的巨响、强光等刺激有反应		
		出生后 1—3 周，出现铃声会把头转向铃声		
		2—3 周，会盯着眼前的人脸注视片刻		
		2—3 周，会停止一切活动倾听某种声音		
		可以对外界进行扫视		

---

❶ 周念丽：《0—3 岁儿童观察与评估》，上海，华东师范大学出版社，2013。

续表

月龄		观察与评估细目	是	否
0—3个月	记忆发展	吮吸母乳的婴儿，只要抱成他固定的姿势，就会自己寻找乳头		
		当婴儿注意的物体从视野中消失时，他能用眼睛去寻找		
	思维发展	可以建立简单的动作与结果之间的联系		
4—6个月	注意发展	比较集中地注意人的脸和声音		
		看到色彩鲜艳的图像时，能比较安静地注视片刻，但时间很短		
		能直接满足婴儿需要的或与满足需要相关的人、物都能引起他们的注意，如奶瓶、妈妈等		
		视觉注意更加发展，更加偏爱有意义的物象，如喜欢注视母亲及喜欢的食物或玩具等		
		较多注视数量多而小的物体，对更复杂更细致的物象保持更长的注意时间		
		可看见和可操作的物体更能引起他们持久的注意和兴趣		
4—6个月	记忆发展	开始认生，只愿意亲近与自己经常接触的人		
		能记住经常抚爱自己的人，能把这些人与陌生人区别开		
		对妈妈高兴时的脸和不高兴时的脸有不同的反应		
	思维发展	可以区别不同性别的脸		
7—9个月	注意发展	开始对周围色彩鲜明、发声、能活动的东西产生较稳定的注意		
		注意不再像以前那样只表现在视觉等方面，而以更广泛和更复杂的形式表现在吸吮、抓握、够物、操作和运动等日常感知活动中		
		选择性注意越来越受知识和经验的支配		
		对新异事物的兴趣增加，产生探索性行为和注意		
		能记住妈妈的模样，见到妈妈时，很快乐，四肢舞动，面带笑容，甚至发出笑声		
	记忆发展	能记忆离开一星期左右的熟人		
		出现模仿动作		
		搜物能力明显增强		
	思维发展	会犯 AB 错误		
		当东西被挡住时就不再看		

续表

月龄		观察与评估细目	是	否
10—12个月	注意发展	能注视某一东西超过10秒		
		较前一个月龄段，探索行为更加明显		
	记忆发展	知道常用物品摆放的地方		
		能找到藏在自己身边的东西		
		会指认熟悉人的五官		
		有丰富的表情模仿行为		
		客体永久性已经建立		
	思维发展	解决问题的行为受材料变化的影响		
		通过有意识地使用图式来解决感觉运动的问题，如把容器里的东西晃动出来		
		可以通过拉动被单得到玩具		
13—18个月	注意发展	当大人边说边指某实物时会注意地看		
		对图书、图片、儿歌、电视画面更感兴趣		
		1岁以后，对有兴趣的书、画报能独自翻阅5分钟左右，对有兴趣的电视内容也能连续观看8分钟左右		
	记忆发展	能记住自己用的东西		
		在听到某小朋友（在场）名字时会转向该小朋友		
		在照片中能辨认家庭成员		
		模仿不在当时场景中看到的行为		
		开始对数字感兴趣		
	思维发展	会给洋娃娃喂饭		
		探究因果关系，如按动按钮打开电视，敲动鼓面引起响声等		
19—24个月	注意发展	能安静地听成人讲5—8分钟简短的故事		
		对三角形、圆形等简单的图片感兴趣		
		能逐渐按照成人提出的要求完成一些简单的任务		
		能模仿成人的声音		
	记忆发展	容易记住那些使他们愉快、悲伤及其他引起他们情绪反应的事物		
		认识太阳和月亮		
		知道大小		
	思维发展	认识三种以上的颜色		
		会玩过家家装扮游戏		
		知道三种以上常用物品的名称和用途		

续表

月龄	观察与评估细目		是	否
25—30个月	注意发展	开始对周围更多的事物感兴趣		
		能逐渐按照成人提出的要求完成一些简单的任务		
	记忆发展	能记住简单的儿歌		
		父母离开几个月后再回来时,能够再认		
	思维发展	开始能用词对同一类物体的比较稳定的主要特征进行概括		
		以游戏的方式来模仿成年人的活动,假想自己是某一社会角色		
		了解昨天、今天和明天的概念		
		在成人的帮助下,可以将常见的两类物品进行分类		
		会简单的平面拼图		
		和其他孩子玩装扮游戏		
31—36个月	注意发展	能集中15—20分钟的时间来做一件自己感兴趣的事		
		当成人要求他去做一件事情时,他可以保持几分钟的注意,但一会儿就会转移注意		
	记忆发展	能认出1个月前见过的小朋友		
		能认出几天前看过的图片		
		可以简单哼唱几天前教过的歌曲		
	思维发展	对周围事物好奇;好动,好问;好奇心、探索欲望强烈		
		知道天冷、天热的时候应穿什么衣服		
		会区分三角形、圆形和正方形等图形		
		懂得日用品的用途,能将吃的、穿的、用的东西区分开		
		对数数感兴趣		

备注:每个月龄段的认知观察评估表的项目均有10项,如全部通过则表示该婴幼儿的知觉发展很好。如通过的总项目数低于4项,则需要好好注意发展婴幼儿的各种认知能力了。

行动导航

具体实践任务请查阅《行动手册》各单元利用评估表,综合评估婴幼儿的发展水平部分关于认知发展评估的内容。

拓展阅读

[1] 王兴华、王智莹：《基于游戏的2—3岁婴幼儿认知发展评价》，载《学前教育研究》，2019（7）。

[2] 伍叶琴：《游戏：婴幼儿思维发展的主要媒介》，载《西南师范大学学报（哲学社会科学版）》，1998（3）。

[3] 荆伟等：《婴幼儿面孔注意偏向：先天倾向与发展轨迹——来自正常和孤独症婴幼儿的证据》，载《心理科学进展》，2021（7）。

[4] 卢乐珍：《儿童成长的三大关键期（二）——别错过幼儿感知觉发展关键期》，载《家庭教育》，2004（2）。

[5] 李卉等：《媒体与婴儿的认知发展》，载《心理科学》，2012（5）。

链接 "1+x" ▶▶▶▶

《幼儿照护职业技能等级标准》（中级）节选
（2020年1.0版，湖南金职伟业母婴护理有限公司制定）

工作领域	工作任务	职业技能要求
4. 早期发展指导	4.3 认知发展与指导	4.3.1 能叙述幼儿视觉、听觉、空间、手口敏感期等认知发展中的具体内容、目标和培养方法 4.3.2 能设计并指导幼儿认知发展活动 4.3.3 能创编幼儿认知发展的游戏 4.3.4 能熟练选用、操作幼儿认知能力的教玩具并自制教（玩）具 4.3.5 能正确评价幼儿认知发展的水平

《国家职业技能标准 婴幼儿发展引导员》（四级／中级工）节选
（2021年版，中华人民共和国人力资源和社会保障部制定）

职业功能	工作内容	技能要求	相关知识要求
3. 发展引导	3.3 认知发展	3.3.1 能指导看护人为婴幼儿提供有利于视、听、触等感知觉发展的材料 3.3.2 能指导看护人鼓励婴幼儿认识与辨别物体的明显特征 3.3.3 能指导看护人启发婴幼儿进行简单的分类、配对和排序等游戏活动	3.3.1 婴幼儿感知觉发展的基本规律与特点 3.3.2 婴幼儿注意、记忆发展的基本规律及特点 3.3.3 婴幼儿思维、想象发展的基本规律和特点

《国家职业技能标准 保育师》（四级／中级工）节选

（2021 年版，中华人民共和国人力资源和社会保障部制定）

职业功能	工作内容	技能要求	相关知识要求
4. 早期学习支持	4.3　促进认知发展	4.3.1　能给婴幼儿运用各种感官探索周围环境的机会 4.3.2　能鼓励和支持婴幼儿的主动探索	4.3.1　婴幼儿的学习动机 4.3.2　促进婴幼儿认知发展的游戏活动

学习目标

- 了解 0—3 岁婴幼儿语言发展的意义，掌握婴幼儿语言发展的相关理论。
- 掌握 0—3 岁婴幼儿语言发展的特点，树立正确的婴幼儿语言发展观。
- 知道 0—3 岁婴幼儿语言教育活动类型，能辅助 0—3 岁婴幼儿语言教育活动。
- 了解 0—3 岁婴幼儿语言发展观察评估表内容，能尝试运用语言发展观察评估表评估婴幼儿语言发展水平。

学习导航

- **0—3岁婴幼儿语言发展教育活动保育**
  - 婴幼儿语言发展的意义
    - 语言促进婴幼儿认知的发展
    - 语言促进婴幼儿社会性和个性的发展
    - 语言是情绪、情感发展的良好动力
  - 婴幼儿语言发展的理论基础
    - 语言发展的相关理论
    - 婴幼儿语言发展的一般特点
    - 婴幼儿语言发展的内容及特征
    - 婴幼儿语言交流行为的习得
    - 婴幼儿会话技能的发展
    - 婴幼儿话语策略的掌握
  - 婴幼儿语言发展的教育活动
    - 个别化游戏活动辅助
    - 集体游戏活动保育
    - 亲子游戏活动辅助
  - 婴幼儿语言发展教育活动评价

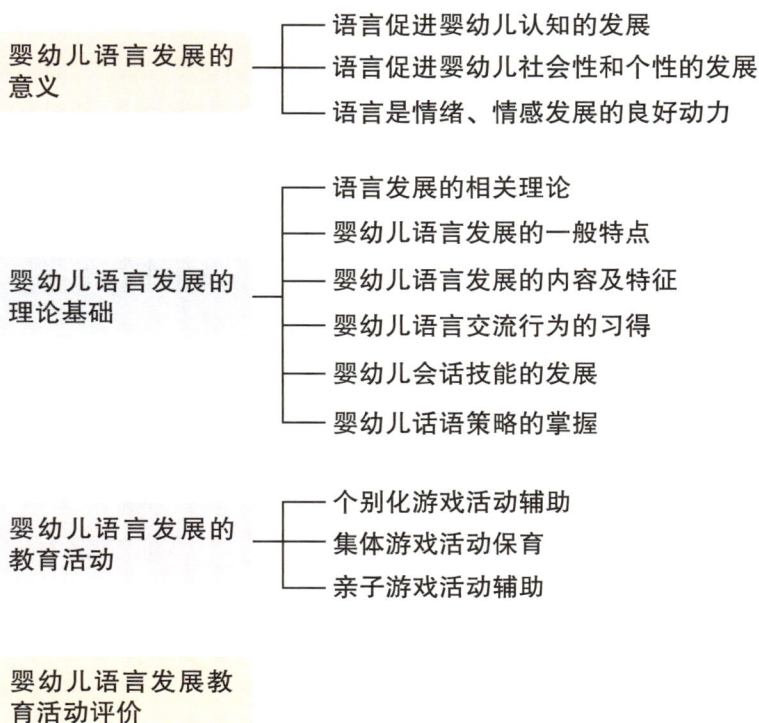

一 婴幼儿语言发展的意义

婴幼儿语言的发展，主要指婴幼儿对母语的理解和表达能力的发展。个体言语的获得是在婴幼儿出生后2—3年内实现的。3岁前是人的一生中语言发展最迅速、最关键的时期。语言在认知、情感与社会性的发生、发展过程中起着重要作用，对其以后的心理发展有着深远的影响。

（一）语言促进婴幼儿认知的发展

语言在人的认识过程中起着非常重要的作用。在掌握语言之前，婴幼儿基本上是通过直接的感知觉来了解世界、探索世界的。他们用眼睛看，用鼻子闻，用小手摸，用身体触碰等对客体进行详细的感知，以判断知觉对象的颜色、形状、声音、质地、结构和功能等。当他们掌握了语言以后，情况就不同了，语言知觉能力的发展为他们进一步认识世界、探索世界开辟了一条新道路。成人在带领婴幼儿观察周围世界，向他们传授知识技能和解释行为规则时，都用到语言。语言的参与，使婴幼儿的认知过程发生质的变化。

1.扩大认知空间

在婴幼儿理解并掌握了语言之后，他们的认知空间就发生了很大变化，认识事物的机会也增多了。例如，他们在给客体命名的过程中促进认知的发展，即把所认识事物的名称、形态、习性等用词语描述出来。如在认识小白兔时，他们不仅能叫出小白兔（名称），而且还能说出小白兔的毛是白白的、软软的，眼睛红红的，耳朵长长的，尾巴短短的，有四条腿（外部特征），跑得非常快等特征。婴幼儿还处于感知运动阶段，形象思维比较发达，在认识事物时，有了词的解释，对事物及属性的感知，才成为能被理解的知识，并且得到巩固。此外，还可以通过给他们讲述客体特征的异同来促进婴幼儿认知能力的发展，比如，描述小鸡和小鸭的异同，从而促进他们比较、判断等思维的发展。

2.促进思维发展

皮亚杰在很早的时候就指出了语言和思维的关系：思维是语言发展的基础，语言发展又可以进一步促进思维的发展。他指出，语言是在个体中产生的，它在广度上和速度上增强了思维的能力。语言行为只要通过回忆和叙述就可以很迅速地描述一连串的动作，而不必借助直接的动作经验。此外，语言具有跨时空性，可以方便地传播信息，在一定程度上会刺激婴幼儿想象力和创造性思维的发展。

语言作为认识世界的重要工具，不仅可以使婴幼儿直接地认识事物，而且还能使其间接地、概括地认识事物。如婴幼儿已知山楂是酸的，下次再认识柠檬时，只要告诉他们"柠檬很酸"，他们可以不尝味道就能了解其中的味道了。语言是思维的工具，没有语言就不可能进行抽象的思维，在由直接的感知、表象进入分析、综合、判断、推理、概括等抽象思维的过程中，语言起着特别重要的作用。反过来，婴幼儿认识范围的扩大，认识内容的加深，丰富了他们的语言。语言发展的过程，往往也是认识丰富和深化的过程。这说明语言与认识的相互联系与相互制约的关系，只有很好地掌握了语言，智力才能得到充分的发展。

3.促进脑神经发展

从脑神经科学的角度看，语言的产生和发展是脑神经等生理条件成熟的结果。随着语言的发展，婴幼儿接触到的外界言语刺激迅速增加，从而进一步促进婴幼儿脑神经的发展。

（二）语言促进婴幼儿社会性和个性的发展

语言是人类在实践活动中形成的由语音、词汇、语法规则构成的符号系统，语言是社会交往的工具。个体在刚出生时只能运用表情和动作引起周围人的关注，用哭喊来满足生理上的需要和心理上的依恋需要。随着个体的发展，婴幼儿学会了运用语言这一工具，能更加准确也表达自我，与周围人进行交际。婴幼儿获得语言是婴幼儿社会化进程中的一个里程碑，婴幼儿接触社会、融入社会、与社会相互作用的主要方式就是语言交流。一定的语言理解和表达能力，能促进婴幼儿与成人及同伴的交往，促进婴幼儿掌握社会交往规则，增强社会适应能力。

语言能力强的孩子经常受到成人的表扬鼓励，他的自信心会增强；善于表达的孩子会和成人"讨论"，陈述自己的观点和想法，从而得到较多机会可以脱离成人的约束，发展独立性、自主性；口齿伶俐的孩子往往成为游戏活动的领导者，反之，语言能力差的孩子更多地表现出自卑、退缩、依赖、孤立的性格。

（三）语言是情绪、情感发展的良好动力

情绪的良好发展是婴幼儿健康成长的重要标志之一。婴幼儿情绪多变，在他们的语言能力不够完善时，更多地依靠身体动作来表达积极或消极的情绪情感。但是，他们一旦拥有了语言这一武器，就会无时无刻不运用它。语言使婴幼儿与他人积极交流互动，表达对客观世界的感受，及时倾诉内心想法，宣泄消极情绪，悦纳自我，理解他人。语言的发展能提升表达情绪和控制情绪的能力，从而培养健康而积极的情感。

二 婴幼儿语言发展的理论基础

婴幼儿的语言发展指的是婴幼儿对母语的理解和表达能力的获得，是一个连续的、有次序的、有规律的过程，是不断由量变到质变的过程，是遗传、成熟、环境和教育、营养和健康等多种因素相互作用的结果。

（一）语言发展的相关理论

1. 后天环境决定论

在对待婴幼儿成长的影响问题上，一直存在着先天（遗传、生理）与后天（环境、教育）的争论，这种争论也影响到对婴幼儿语言发展的看法。以巴甫洛夫的条件反射和两种信号系统的学说、华生的行为主义学说为理论基础的学者，在婴幼儿语言发展的问题上比较强调后天环境的因素。这些学者关于婴幼儿语言发展的理论，可以称为后天环境论。对语言发生发展具有一定解释力的有"模仿说"与"强化说"。

模仿说认为，婴幼儿是通过对成人语言的模仿而学会语言的。成人的语言是刺激（S），婴幼儿的模仿是反应（R）。

强化说是行为主义最有影响的解释婴幼儿语言发展的理论，在20世纪40年代和50年代初非常盛行。强化说以刺激—反应论和模仿说为基础，特别强调"强化"在婴幼儿语言学习中的作用，认为婴幼儿是通过不断地强化学会语言的。

2. 规则学习说

规则学习说是在乔姆斯基和行为主义的双重影响下形成的一种婴幼儿语言发展理论。这一理论的提出者和赞同者主要有布朗、弗拉瑟、伯科等学者。

规则学习说认为，婴幼儿具有一种理解母语的先天处理机制，但是，这种机制主要是一种学习和评价的能力，而不具有如乔姆斯基所说的语言的普遍特征。婴幼儿学习母语是一个归纳的过程，而不是一个演绎的过程。婴幼儿用先天的语言处理机制，通过对语言输入的处理，归纳出母语的普遍特征和个别特点。

婴幼儿的语言学习主要是对规则的学习，因此在婴幼儿语言发展的早期，还有许多过分概括的表现。对规则的归纳，凭借的是工具性的条件反射，是刺激—概括的学习过程，是先天因素同后天因素的相互补充和相互影响的结果。

规则学习说与行为主义的最大不同之处在于，它强调婴幼儿的语言学习有先天能力的存在。它与乔姆斯基学说的最大不同，是认为婴幼儿学习语言的先天能力中，不包括语言的普遍特征。语言学习是一种在先天能力参与下的条件反射，对语言的学习是归纳的而不是演绎的。

3. 社会交往说

社会交往说是布鲁纳、贝茨等学者的理论主张。他们认为语言的获得不仅需要先天的语言能力，而且需要一定的生理成熟和认知的发展，更需要在交往中发挥语言的实际交际功能。因此，他们特别重视婴幼儿与成人语言交往的实践，认为婴幼儿和成人语言交际的互动实践活动，对婴幼儿语言的发展起着决定性的作用。

社会交往说还认为，社会交往几乎可以看作婴幼儿的一种天性。婴幼儿在会说话之前，就已经能用体态与成人交际，并能听懂一些成人的话语；在单词句和双词句阶段，婴幼儿以语言、体态或者体态与语言相结合的方式作为交际手段，最后过渡到可以完全用语言进行交际。

规则学习说和社会交往说是比较有前途的理论。但是，由于这两方面的研究工作还没有全面展开，所积累的材料有限，所以其学说的系统性还不够，还需要进一步完善和发展。

语言的基本职能是交际。交际是一种社会活动，因此，语言从一开始就与社会有密不可分的关系。语言是一种社会现象，它是随着人类社会的产生而产生，随着人类社会的发展而发展的，也将随着人类社会的消亡而消亡。

（二）婴幼儿语言发展的一般特点

有的家长发现，自己的宝宝 1 岁之前能说一些词语，但 1 岁以后却突然沉默不语了，到 1 岁半左右又突然开口，似乎变得特别爱说话了，这是为什么呢？有一个 27 个月的宝宝，词汇量很大，很会说，但是说话的时候总是口吃，喜欢把某个字拖音，而且后鼻音说不清楚，总是把"汤"说成"胎"，把"糖"说成"台"，家长非常着急，担心孩子语言发展出现了问题。

其实，这些都是婴幼儿语言发展中的正常现象。婴幼儿的语言能力究竟是如何发展起来的？婴幼儿的语言发展水平和特点是什么？我们将一起来探讨婴幼儿语言发展的过程及特点。

每个婴幼儿语言发展各有其特点，世界各国婴幼儿虽然语言不同，每个婴幼儿开始学讲话的时间略有先后，但语言发展的顺序和发展阶段有着共同的特点，3 岁前婴幼儿的语言发展主要表现在口语的发展上。

1. 婴幼儿语言理解能力发展先于语言表达能力的发展

语言是双向的活动过程，语言活动过程主要包括对语言的接受（语言感知、语言理解）和发出（语言表达）。但在婴幼儿语言活动发生发展的过程中，两种过程并不完全是同步的，语言感知和语言理解先于语言表达的发生发展。构成语言的三个基本要素的发展，都呈现出这个趋势：语音知觉发生、发展在先，正确发出语音在后；语词理解在先，讲出语词在后；对语句意义的理解在先，运用某种语句进行言语表达在后。

🔗 **相关链接** ▶▶▶▶▶

婴幼儿对语句意义的理解早于语言的准确运用❶

一个冬天的早晨，我们正在吃早饭，汤米开始说："脚趾！脚趾！脚趾！"我们面露想要帮助他的表情，说："脚趾？"很显然，我们不知道他的意思。他又说："脚趾！脚趾！脚趾！"并且生气地看着我们。我们知道他曾用这个词指过脚趾、外套、冷和马桶。于是我们指着他的脚趾说："你的脚趾疼吗？"错了。"你想要你的外套？蓝色外套？"又错了。"你想去尿尿？"还是不对。"你冷吗？"这一次我们终于猜对了。我们又问了一些问题，最终发现有人打开了外面的门，没有关，有风进来，汤米想要我们把门关上，于是我们关上了门。

2.婴幼儿语言的发展经历了"非言语交际—口语交际—书面语言"相互交叉的三个阶段

语言是人际交流的重要手段，在语言产生以前，0—1岁婴儿主要利用声音、表情、身体姿势及动作来进行交流，属于非言语交流阶段（如点头表示"要"，摇头表示"不"）；1—3岁幼儿主要以口语表达为主（听、说），3岁以后幼儿逐渐掌握书面语言（读、写）。认字是书面语言产生的标志，一般2—3岁的幼儿就会认字了，4岁是掌握书面语言的关键期。

🔗 **相关链接** ▶▶▶▶▶

教你认识婴儿的体态语言

婴儿在学会说话以前，有着丰富多彩的体态语言，包括面部表情和身体姿势的变化。科学家们曾饶有兴致地研究过数千名婴儿，发现这些变化并非出于偶然，而具有心理活动上的意义。

美国加利福尼亚州研究婴儿心理学的斯克佛教授所著的《婴儿面部表情与心理活动》一书中，分析了婴儿的面部表情语言，大致归纳为以下几种：

6个月时，婴儿会张开双臂，身体扑向亲人，要求搂抱，亲热；若陌生人想要抱他，则转头将脸避开，表示不愿与陌生人交往。

---

❶ [美]约翰·霍特：《孩子是如何学习的》，张雪兰译，60页，北京，京华出版社，2010。

7—8个月时，婴儿会以"拍手"和笑脸表示高兴，在父母教导下会以"点头"表示谢谢，对不爱吃的食物避开，并以"摇头"表示拒绝。

10个月时，婴儿会用小手指向要去哪里，或用小手拍拍头，表示要戴帽子并带他出去。

11—12个月时，婴儿除了以面部表情和动作来表示体态语言外，还伴有各种声音，比如，嘟嘟声（表示汽车），嘎嘎声（表示小鸭），以及用简单的单词音来表示自己的意愿。

总之，在孩子1周岁之内，有成千上万的信息是通过婴儿的体态语言向父母传递的，而每个婴儿的传递方法也各有不同，父母应细心观察婴儿的体态语言，了解其心理需要，才能促进彼此之间的交流。

3. 婴幼儿语言的发展经历了从情境性语言到连贯性语言的发展过程

情境性语言是指，在对话中婴幼儿常用不连贯的短句，辅以手势、动作和表情进行表达，听者必须结合具体情境才能理解说话者的意思。连贯性语言主要是在独白中使用的语言，其主要特点是句子完整，前后连贯，听者仅仅从语言本身就能理解说话者的意思。情境性语言和连贯性语言的主要区别在于，是否直接依靠具体事物做支柱。3岁前婴幼儿只能进行对话不会独白，所以他们的语言主要是情境性语言，因为单词句和双词句都不能离开具体情境。六七岁以后的儿童能完整、连贯地讲话，能进行独白。连贯语言的发展既依赖于婴幼儿逻辑思维的发展，又能促进婴幼儿逻辑思维和语言表达能力的发展。

相关链接 ▶▶▶▶

幼儿的情境性语言[1]

15个月的妞妞发音还不清楚，但会说一些单个的词。妞妞说"歪"，别人不知道她想要什么，只有妈妈知道她要"喝爽歪歪"。可是，有时妞妞说的词，妈妈也需要根据当时的情境猜测她想要表达什么意思。比如，妞妞说"水"，在不同的语境中可能表达不同的意思。午觉起来时，妞妞表达的是"想喝水"；如果几个人都在喝水，唯有一个人没有拿杯子，妞妞说"水"，是"要别人喝水"；在水池边，妞妞说"水"，是表达"看见水""要玩水"的意思。

---

[1] 袁萍、朱泽丹：《0—3岁婴幼儿语言发展与教育》，57页，上海，复旦大学出版社，2011。

4.婴幼儿言语形式发展过程经历了从"有声言语"到"自言自语"再到"内部言语"的发展过程

有声言语是指外部言语中的口头言语，即通过发音器官发出语音的言语，包括对话和独白两种形式。3岁前婴幼儿的语言主要是有声言语中的对话。自言自语是由外部言语向内部言语转化的一种过渡形态，自言自语出现在婴幼儿4岁左右。内部言语是一种无声的、对自己讲的语言，它与抽象思维和有计划的行为有密切联系。内部言语是4岁以后开始产生的，3岁以前的婴幼儿还没有内部言语。

5.婴幼儿语言的发展经历了从方言到普通话口语再到书面语言的发展过程

在婴幼儿语言发展的过程中，由于语言环境的影响，婴幼儿往往先学会使用照顾者的语言，照顾者若用方言，则婴幼儿也用方言，然后学会使用普通话口语词汇，最后才学会使用书面语或接近于书面语的词汇。

（三）婴幼儿语言发展的内容及特征

按照语言结构或基本成分来看，语言可以分为语音、词汇、语法（句子）三个基本部分。同时，语言作为一种交际工具，要有效地发挥作用，交谈双方必须掌握一系列技能和规则，即语用技能。婴幼儿必须掌握语音、词汇、句子和语用技能四方面的基本规则，才能获得输出和理解母语的能力。下面，我们将分别从语音、词汇、句子和语用技能四方面来阐述婴幼儿语言的发展过程。

1.婴幼儿语音的发展

语音发展是语言发展的前提。严格地讲，语音应是语言的声音，和杂乱的声音不同之处在于，前者和意义紧密结合，而杂乱的声音毫无符号意义。这里我们取其广义，即婴儿发出的声音。婴幼儿的语音发展包括语音知觉能力的发展和发音能力的发展两方面。

（1）语音知觉能力的发展

语音知觉是指对语言中语音的识别和辨别。感知语音的能力是婴幼儿获得语言的基础。从对人类语音的知觉来看，正常婴幼儿从出生起不仅能听到声音，还能把语音和其他声音区分开来，并能对其做出不同反应。近几年的一些研究，将出生后大约一年半时间内婴幼儿的语音感知能力分成3个水平层次：辨音—辨调—辨义。（见表4-1）

表4-1　语音知觉能力的发展特征

月龄	发展水平	发展特征
0—4个月	辨音水平	①首先学会分辨言语声音和其他声音的区别； ②有辨别不同话语声音的能力； ③能分辨不同的语音
4—10个月	辨调水平	语音感知能力发展很快，开始注意一句或一段话的语调，从整体语音的不同音高、音长变化中体会所感知的话语声音的社会性意义，并且能够给予相应的具有社会性交往作用的反馈
10—18个月	辨义水平	从人们说话中感知、分辨语义的能力迅速发展，婴幼儿很快便积累起大量的理解性语言。这段时间内婴幼儿说得少，不清楚，不准确，但"懂"得很多，已经为正式使用语言与人交往做好了"理解在先"的准备

（2）发音能力的发展

婴幼儿从出生开始就具有发音能力，在0—1岁时，其发音能力的发展经历了单音节、多音节和说话萌芽三个阶段。（见表4-2）

表4-2　发音能力的发展特征

月龄	发展阶段	发展特征
0—3个月	单音节阶段	这一阶段婴儿的声音主要有两种：哭叫和单音节 ①婴儿最初发出的声音是哭叫，婴儿的哭声可以分为两种：未分化的和分化的。1个月内新生儿的哭声是未分化的出声；1个月后，婴儿的哭声开始分化； ②出生第2个月开始，婴儿能发出没有任何符号意义的反射性发音，主要是一些单音节；最初发出类似元音的"ao""ue"。随后出现辅音"h""k""p"等
4—8个月	多音节阶段	大约4个月起，婴儿发音出现明显变化，能发出更多的元音和辅音，并能将元音和辅音结合起来，发出第一批重复性连续音节
9—12个月	说话萌芽阶段	9个月以后的婴儿出现了不同音节的连续发音，并有了音调变化，能模仿和重复成人的发音，这标志着婴儿说话能力进一步提高

—— 赛场演练 ——

婴幼儿从出生开始就具有发音能力，在（　　）时，其发音能力的发展经历了三个阶段。

A.0—1岁　　　　B.1—2岁　　　　C.2—3岁　　　　D.3—4岁

云测试

学习笔记

2. 婴幼儿词汇的发展

词汇是语言中词的集合。词是语言中的音义结合体，是语言中表义系统的基本单元。婴幼儿最初的词来自具体的动作和形象。婴幼儿词汇的发展趋势主要表现在词汇量的增加、词类的扩展、词义的理解三方面。

（1）词汇量的增加

词是语言的基本单位，词汇量的多少直接影响到婴幼儿语言表达能力的发展。因此，词汇量是婴幼儿语言发展的标志之一，也是其智力发展的表现，一般来说，婴幼儿词汇量随着年龄的增长而增加，其中3—5岁是词汇量增长的高峰期，9—10个月可以说出第一个词，10—15个月以平均每月掌握1—3个新词的速度发展。到15个月时，幼儿一般能说出10个以上词语了。随后，幼儿掌握新词的速度显著加快，到19个月时已能说出约50个词。19个月后幼儿掌握新词的速度又突然加快，平均每个月竟能学会25个新词。这种掌握新词的速度猛然加快的现象，称为"词汇激增"或"词语爆炸"现象。到24个月时已掌握300多个词，3岁幼儿的词汇量可达1000个词，6岁时达到2500—3000个词。

（2）词类的扩展

词汇量只能笼统地从数量方面说明婴幼儿词汇的水平，词类范围则可以说明婴幼儿词汇的质量，因为词汇中不同的词类抽象概括程度是不同的，实词代表比较具体的事物，虚词的意义比较抽象。从婴幼儿词汇量来看，实词远远多于虚词；从婴幼儿词汇的质量来看，虚词的掌握说明婴幼儿智力发展达到较高水平。

一般来说，2岁以前的婴幼儿主要掌握的是名词和动词，2岁以后开始掌握形容词、代词和副词，2岁半以后逐渐掌握介词、量词、连词、叹词、助词等词类。3岁前婴幼儿的词汇中各种词都已出现，但主要是实词，尤其是以名词、动词、形容词为主，虚词较少。

云测试

赛场演练

2岁以前的婴幼儿主要掌握的是（　　）

A. 名词和动词　　　B. 形容词　　　C. 介词　　　D. 连词

（3）词义的理解

词是语言中能独立应用的最小意义单位，对词义的理解是婴幼儿正确使用语言和理解语言的基础，是语言发展中极为重要的方面。婴幼儿获得词义的过程比获得语音、句法的过程缓慢。严格地说，词义的发展将贯穿人的终身。婴幼儿对语言的理解有三种水平：对单词的理解是初级水平，对短语和句子的理解是中级水平，对说话人意图或动机的理解是高级水平。

婴幼儿对词义的理解经历了语音理解、情境性理解、具体理解、概括性理解四个阶段。（见表4-3）

表4-3　词义理解的发展特征

月龄	发展阶段	发展特征
0—6个月	语音理解阶段	依靠敏锐的听觉对人类的语音进行感知和辨别，如能区分语音和其他声音，能分辨母亲和其他妇女的声音，能辨别成人语言中的语调、语气和音色的变化，但还不能对语词的意义进行理解
6—8个月	情境性理解阶段	借助成人的手势听懂一些话语，并对之做出恰当的动作反应（如成人一边说"再见"，一边对婴儿挥手，婴儿就会做出挥手的动作）。这种以动作来表示回答的反应最初并不是对语词本身的确切反应，而是对包括语词在内的整个情境的反应。此时婴儿还不能把词从复杂情境中区分开来
9—18个月	具体理解阶段	①能按成人的要求做出相应的动作（如对"摸摸小熊""亲亲娃娃"等指令都能正确执行）；②能准确地把词与物体、动作联系起来，说明婴幼儿进入了真正理解词语的阶段；③对语词的理解还不具有概括性，对词义的理解非常具体，具有专指性，必须与具体情境或具体事物联系起来。词义存在着泛化、窄化和特化等现象，如"狗狗"仅指自己的玩具狗
19—24个月	概括性理解阶段	词的概括程度进一步提高，但对某些词汇在理解上还具有直接性和表面性，只能理解一些词汇的常用义项，而不能理解其全部义项或派生义项，如"狡猾"只与狐狸联系，"老"只与年龄大联系

婴幼儿对词义的理解有赖概念的形成与发展，受认知水平所限，词义的具体性是婴幼儿词义理解初始阶段的主要特征，同时，词义泛化、词义窄化、词义特化、生造词等也是婴幼儿词义中的常见现象。

"词义泛化"是指婴幼儿对词义的理解是笼统的，其使用范围超出了目标语言（成人语言）的范围，常用一个词代表多种事物（外延扩大）。如"猫"指所有带毛的东西，把牛、羊、狗等所有具有四条腿、会行走的动物都叫作"猫"；"鸭子"不仅指图片上、真实的或玩具鸭子，还指代天鹅、鹌鹑等。

"词义窄化"是指婴幼儿对词义的理解非常具体，具有专指性，必须与具体情境或具体事物联系起来（外延缩小）。如"车车"仅指自己的婴儿车，

"狗狗"仅指自己的玩具狗。

"词义特化"是指婴幼儿的词语指称对象完全与目标语言不同（匹配错误）。如用"抓住"一词指代扔东西的动作。

使用生造词。在婴幼儿词义习得过程中，始终存在着词汇量的有限性与交际需求日益增长之间的矛盾，为了弥补词汇量的不足，除了对词义进行扩展（如把"棉"扩展为表示"温暖"或"热"）外，3—5岁幼儿还会用生造词来进行语义补偿。如31个月的幼儿看到一只狗冬天不在阳光下"晒暖儿"，却躺在屋后的背阴处，便说："瞧那大狼狗在'晒冷儿'！"一个3岁半的幼儿说："电话这里有条子（指电线）。"一个4岁的幼儿早上睡懒觉，别人说他是"懒虫"，他就说先起床的人是"起虫"。这是婴幼儿词汇贫乏、词义掌握不确切时出现的一种现象，也是婴幼儿语言创造性的体现。

总的来说，婴幼儿的词义理解是一个从具体到概括、从不断变异（词义泛化或窄化）到稳定、从部分义项到全部义项、从常用义项到派生义项的过程，从而逐渐靠近目标语言（成人语言）。

3. 婴幼儿句子的发展

句子是由词或词组按一定规则构成的、能表达一个完整意思的最基本的语言单位，婴幼儿句子的发展具有以下特点。

（1）从不完整句到完整句

婴幼儿从1岁左右开口说话开始，最初使用的句子是单词句和双词句，其结构是不完整的。2岁幼儿的话语大部分是完整句。到6岁左右，幼儿98%以上使用的是完整句。

（2）从简单句到复合句

如前所述，幼儿在1.5—2岁开始能说出结构完整的简单句，2岁以后能说出的简单句所占比例最大。复合句话语一般在2岁以后开始出现，但数量少，所占比例不大。4—5岁时幼儿语言发展较快。

（3）从无修饰句到修饰句

幼儿最初的句子（单词句、双词句）是没有修饰语的，如"宝宝画画""汽车走了"。2岁半的幼儿开始出现有简单修饰语的句子，如"大灰狼""小白兔"，但实际上他们是把修饰语作为一个词组来使用的，即"大灰狼"就是"狼"。3岁以后的幼儿开始使用复杂修饰语，如名词性结构的"的"字句（我玩的积木）、介词结构的"把"字句（小朋友把帽子给妈妈）。4岁以后，幼儿使用修饰的语句开始占优势。幼儿主要使用定语、状语和补语作修饰语，如"猴子有两只明亮的眼睛"（定语），"它们蹦蹦跳跳地玩"（状语），"它们吃得饱饱的"（补语）。

（4）从陈述句到非陈述句（疑问句、祈使句、感叹句）

从句子功能来看，幼儿常用的句型有陈述句、疑问句、祈使句、感叹句等。幼儿最初掌握的是陈述句。此外，疑问句的产生也较早，2岁左右是幼儿疑问句的主要产生期。2—3岁幼儿开始进入"好问期"（如"干什么？""这是什么呀？"），随着年龄的增长，幼儿使用的疑问句逐渐增加，他们不断向成人提问，总是要求告知各种事物的有关信息，如名称、特征、用途、构造等。提问是幼儿与社会进行信息交换的主要途径，疑问句在幼儿社会化发展过程中具有重要意义。从某种意义上说，幼儿能够提出什么样的问题和用什么样的方式提出问题，能够理解什么样的问题和理解提出问题的方式，显示着幼儿的认知和语言发展水平。如表4-4所示。

表4-4　幼儿句子发展阶段与具体表现

月龄	发展阶段	具体表现
12—24个月	不完整句	**单词句（1—1.5岁）** ①和动作紧密结合。在用单词句表达某个意思时，常伴随着动作和表情（如要妈妈抱时，在说出"抱抱"的同时，会向妈妈的方向伸出双臂，身体前倾。因此有人称单词句为"言语动作句"）。 ②意义不明确，语音不清晰。最初的单词句并非指某一特定物体，而是与特定情境相联系，成人必须根据非语言情境和语调的线索才能推断出意思（幼儿说的"球球"，根据不同的情境可能表示不同的意思。如"这是球球""我要球球"或"球球滚开了"等）。 ③词性不确定。虽然幼儿最先学到名词，但使用时不一定当名词用。如"嘟嘟"既可做名词来称呼汽车，又可做动词表示开车。 ④多用叠音词。如"妈妈""饼饼""娃娃""抱抱"等 **双词句（1.5—2岁）** 双词句是由两个单词句组成的不完整句子，一般出现在1.5—2岁，如"妈妈抱""爸爸班班""饼饼没"等。双词句表达的意思比单词句明确些，已具备句子的主要成分（如谓语、主语或宾语），但其表现形式是断续的、简略的，结构不完整的，好像成人打电报时所用的语言，故又称为"电报句"。这时幼儿主要使用名词、动词、形容词等实词，而具有语法功能的虚词（如连词、介词等）很少使用

续表

月龄	发展阶段		具体表现
25—30 个月	完整句	简单句	①简单句是指句法结构完整的单句，包括无修饰语句和有修饰语句两种。 ②在说出电报句的同时，开始能说出结构完整而无修饰语的简单句，如主谓句（她觉觉了）、主谓宾句（宝宝看书）、主谓双宾句（阿姨给妹妹糖糖）。2岁半幼儿开始出现有简单修饰语的句子，如"两个娃娃玩积木""我玩的积木""我家住在很远很远的地方"
		复杂句	复杂句是指由几个结构相互连接或相互包含的词所组成的单句。幼儿语言中出现的复杂句主要有三类：一是连动句（几个动词性结构连用的句子，这几个动词表示的动作由同一主语发出，如"我吃完饭就看电视"），2岁幼儿开始能说出连动句；二是递系句（一个动宾结构和一个主谓结构套在一起，动宾结构中的宾语充当主谓结构中的主语，如"老师教我们做游戏"），2岁半幼儿开始能说出递系句；三是句子中的主语或宾语中又包含主谓结构的句子，如"两个小朋友在一起玩就好了"
31—36 个月	完整句	复合句	复合句是指由两个或两个以上意思关联密切的单句组成的句子。复合句一般在2岁以后开始出现，但数量少，所占比例不大。幼儿使用复合句的显著特点是结构松散，缺乏连词，多由几个单句并列组成，如"阿姨不要唱歌，宝宝睡觉了"。三四岁幼儿掌握的复合句以联合复句为主，尤其是并列复句较多（常用"还、也、又"等连词）

云测试

——— 赛场演练 ———

婴幼儿用言语来调节自己的行为，"我要"干什么，"我不要"干什么，这种具有明显独立性的行为更多的是在（　　）阶段发生的。

A.0—1岁　　　B.1—2岁　　　C.2—3岁　　　D.3—4岁

4.婴幼儿语用技能的发展

语用是指在一定语言环境中对语言的运用。语言是交流的工具，语言的生命和价值在于运用。在婴幼儿语言发展过程中，会讲语音准确、语法形式正确、语义明了的句子，这只是语言能力的一个方面，更重要的方面是婴幼儿能根据所处的情境运用适当的语言形式表达自己的想法，以实现预期的交流目的。

婴幼儿的语用技能是婴幼儿在交际环境中按照语用规则，得体、有效地使用语言的知识和能力。说话者应根据交际目的、对象、场合及听者的反馈及时调整自己的语言，听话者应根据情境推断说话者意图并做出及时反馈。

语用技能是婴幼儿语言能力不可或缺的组成部分，是语言发展的高级层面。婴幼儿的语用技能的发展主要表现在三方面：语言交流行为的习得、会话技能的发展和话语策略的掌握。

（四）婴幼儿语言交流行为的习得

婴幼儿语言交流行为是最早出现的语用行为，也是最基本的语用现象。研究发现，婴幼儿是具有较高社会互动倾向的群体，他们从一出生就具有交际的倾向和表现，能够对社会性或者非社会性刺激做出不同的反应。在语言产生之前，婴幼儿最初借助手势与表情及声音来表达自己的愿望；随着语言的出现，婴幼儿逐渐学习使用语言来表达。因此，婴幼儿语言交际能力的发展过程实际上是从前语言交流（0—1岁）向语言交流（1—3岁）转换的过程。具体分为早期互动阶段、初步社会交往阶段、前语言交流向语言交流的过渡阶段、语言交流阶段四个阶段。

1.早期互动阶段（0—3个月）

这一时期的婴儿除了能够用不同哭声表达他们的需要和吸引成人的注意外，还会在吃饱睡足之后对成人的逗弄报以微笑，或用手舞足蹈的身体动作予以应答，好似在和成人"交谈"，这一阶段婴儿的哭叫、身体动作反应作为最初的交际手段，往往是对基本生存需要获得满足的一种自然反应，并不是婴儿主动进行的有目的的交流。

2.初步社会交往阶段（4—8个月）

4个月之后，婴儿的前语言交际已有明显的社会性成分。从婴儿前语言表达能力来看，这一阶段的婴儿随着发音能力的提高，不仅出现各种连续音节，而且逐渐开始出现近似词的发音（如"ma ma""da da"），而且婴儿在与成人的交往中开始用语音、语调进行交流，并出现学习语言交际规则的雏形。如能用语音与成人进行"轮流对话"，即成人说一句，婴儿发几个音，待成人再说一句后，婴儿再发几个音，出现了语言交往对话中的轮流规则的雏形（话轮转换）；而且在婴儿和成人的一轮"对话"结束后，婴儿能用发一个或几个音来主动引起成人的注意，使这种交流延续下去（话题维持）。4—10个月的婴儿还会用不同语调（伴随一定动作和表情）来表达自己的态度，如用尖叫并伴以蹬腿、伸手的动作表明不愿躺着，当目的达到或要求得到满足后，用平静温和的语调及表情表示自己的愉悦。这一阶段的婴儿还会用一种成人难以听懂的"小儿语"咿咿呀呀地与同龄婴儿进行交流。这时婴儿的发音已经不纯粹是无意识的练习，在某种程度上开始带有社会交往的性质。

3.前语言交流向语言交流的过渡阶段（9—12个月）

9个月左右是婴儿模仿能力发展的关键期，此时随着对语言、动作、姿态的模仿能力的提高，婴儿逐渐说出最初的一批词汇。八九个月的婴儿已经能够产生言语行为。随着婴儿语言理解和表达的产生，婴儿开始进入真正通过语言进行交流的时期。不过，由于婴儿掌握的词汇量太少，语言表达能力非常有限，他们还不会用说话的方式清楚地表达自己的意见，只能通过一定语音和动作表情的组合来达到交流的目的。如嘴里发出"wuwu"声，手指着玩具汽车，这是告诉别人"这是汽车"。此时，他们的语音和动作表情实际上已经产生了陈述、否定、疑问、感叹、祈使等各种句式意义。所以，这个阶段是从前语言交流向语言交流的过渡时期。

手势语对于这个阶段的婴儿具有特别重要的意义。其实，4—6个月的婴儿会伸手要抱，9个月左右能以点头表示"要"，以摇头或推开表示"不要"，10个月的婴儿会用手指感兴趣的东西，用手势对成人提出自己的要求。贝茨等人认为，9个月时的"呈示"和"给予"这两种原始陈述行为的出现与随后语言能力的发展有密切关系。因此，在婴幼儿语言发展过程中，成人应注意婴儿非言语表达能力的培养。

4.语言交流阶段（13—36个月）

到1岁左右，随着幼儿语言的正式产生，他们逐步学会使用越来越多的含有一定意义的语言形式来传递他们不同的交往倾向。最初，幼儿往往用一个单词表示一个句子，在单词句阶段使用的词不仅语音不清晰，所表达的意思也是不精确的，一个词往往可以用来表达多种功能意义，如命名、指明、请求、描述、所属、肯定、否定等，如当宝宝叫"妈妈"时，他可能是要妈妈抱，要吃东西，要玩具等，成人必须根据他说话时的手势、表情等具体情境才能推断出具体意思。2岁前后，幼儿进入双词句阶段，双词句所表达的意思比单词句更明确些。到3岁左右，幼儿的语音逐渐清晰，语言使用越来越丰富、准确。当然，即使在语言产生以后的漫长时间里，手势、动作、表情等作为语言的辅助系统仍然在人际交流过程中发挥着举足轻重的作用。在语言交流行为发展过程中，幼儿一方面逐渐学会以被他人理解的方式表达他们的愿望和要求；另一方面学会去理解父母和他人在说什么，以实现交流的目的。

（五）婴幼儿会话技能的发展

会话是人们传达信息、交流思想的主要方式。婴幼儿会话技能是其话语能力的核心。婴幼儿会话能力主要包括话轮能力、话题选择与维持能力、话语修正能力、对会话含义的理解能力等。

1. 话轮

话轮（谈话双方轮换充当说话者和倾听者）是最重要的对话规则之一，也是婴幼儿最先习得的对话规则之一。有研究认为，母亲在宝宝出生3个月时就开始在跟他玩耍或哺乳时将其作为会话伙伴；8—9个月的婴儿已经比较熟悉话轮系统，尤其在与另一成人相处的双人状况下更是如此；等到能开口说话的时候，他能较长时间地与母亲轮流说话。但在他与同龄伙伴的交际中，其话轮掌握水平则要推迟到3岁左右。❶ 到4岁时，幼儿开始懂得使用一些基本的话轮保持技巧。幼儿话轮失败的原因有很多，可能是由于没听懂对方的话，或没有想出与话题相关的话语，或缺乏足够的认知能力来控制会话含义等。

2. 话题选择与维持

话题选择是婴幼儿会话能力的一个重要方面。婴儿从11个月开始就可能在与成人的交往中控制成人刚触摸过的物体，重复成人的行动；或在发声时保持与成人的目光接触。这可能是婴儿最早提出的主题，它们是前语言的、以物体为中介的，但这反映了婴儿已具备利用共同注意和共同行动来发起会话的能力。话题维持是婴幼儿必须发展的又一重要语用能力。为了维持谈话的进行，会话双方必须使自己的话语与当前的话题相关。直到5岁，重复和模仿都是幼儿维持会话相关的主要手段。❷ 婴幼儿话题维持能力发展的一般趋势是：从不相关到形式相关（重复或模仿），再到事实相关，最后是观点相关。

3. 话语修正

防止会话失败的最常用的修正机制是澄清性提问，如"你说什么？他送给你什么？"等。幼儿在2岁左右才掌握这种提问方法。修正不仅对话语的维持、话题的扩展起着十分重要的作用，而且最终使婴幼儿学会在说话时考虑听者的心理状态和价值观念。

4. 对会话含义的理解

会话含义是指话语深处的用意（言外之意）。言语交际的核心和基础就是话语意义的传递、认知和理解。目前，关于婴幼儿会话含义理解的研究主要考察婴幼儿对隐喻、反话和讽刺等间接用语形式的理解。婴幼儿对会话

---

❶ 丁建新：《发展语用学关于儿童话语能力的研究》，载《集美航海学院学报》，1998（2）。
❷ 盖笑松等：《儿童语用技能发展研究的进展》，载《心理科学》，2003（2）。

学习笔记

含义的理解发展得比较缓慢。学龄前婴幼儿还不能理解隐喻、反话和讽刺话。如，一个幼儿把爸爸的书乱扔，爸爸说："好啊，你把我的书搞得乱七八糟！"孩子听后就扔得更起劲了。

（六）婴幼儿话语策略的掌握

婴幼儿话语策略是指在言语交际过程中，婴幼儿根据具体的语言环境来组织自己话语的能力。夏兹和格尔曼研究发现，4 岁的幼儿能适应听者的能力而调整其谈话内容。[1]

当 4 岁幼儿分别向 2 岁幼儿和成人介绍一种新玩具时，其语句的长度、结构和语态都不相同。对于 2 岁幼儿来说，其话语简短，多用引起和维持对方注意的语词，如"注意""看着"，谈话时表现出自信、大胆、直率，其内容是关于怎样玩玩具方面的。他对成人的话语较长，结构较复杂，显得较有礼貌和谨慎，在内容方面讲的往往是自己的想法，其目的是想从成人那里得到信息或帮助。婴幼儿在交往过程中发展起来的语用能力，不仅是语言应用问题，更是婴幼儿社会化行为发展的问题。如婴幼儿的语言运用情况可以反映其个性特点。一个婴幼儿过多地使用命令、威胁、告状、批评等形式，说明这个孩子争强好胜；一个婴幼儿能恰当地使用礼貌用语，表明这个孩子热情，友好，有教养；一个婴幼儿过多地使用请求语句，表明他可能比较胆小，独立性、自信心欠佳。

由此可见，婴幼儿的语言、社会和认知这三个方面的成长与发展是相互促进、密不可分的。随着认知和语言能力的发展，婴幼儿在社会交往中获得了大量的语用技能：婴幼儿既学会了如何说话，也学会了如何交谈；认识到一句话的实际含义常常超出甚至有别于其字面的意思；学会语言的产生和理解应考虑到说话者、倾听者和社会情境等各种因素。

云测试

┌─────────────── 考题再现 ───────────────┐

语言开展早期阶段的两个时期是（　　）。

A.0—2 岁语言的发生期和 2—3 岁语言的初步开展期

B.0—3 岁语言的发生期和 3—6 岁语言的初步开展期

C.1—2 岁语言的发生期和 2—3 岁语言的初步开展期

D.0—1 岁语言的发生期和 1—3 岁语言的初步开展期

└──┘

---

[1] 刘金花：《儿童发展心理学（修订版）》，127 页，上海，华东师范大学出版社，2013。

行动导航

具体实践任务请查阅《行动手册》中：

√ 单元三 7—9个月婴儿教育活动保育"小小观察员"中的"牙牙学语"；

√ 单元四 10—12个月婴儿教育活动保育"小小观察员"中的"拍小手，打电话"，"家长热线"中的"要不要给宝宝买图画书"；

√ 单元五 13—18个月幼儿教育活动保育"小小观察员"中的"安安听指令"；

√ 单元六 19—24个月幼儿教育活动保育"小小观察员"中的"吉力看书""吉力和妈妈聊天"；

√ 单元七 25—30个月幼儿教育活动保育"小小观察员"中的"翻书讲故事""希希唱歌""希希剥糖纸扔垃圾"，"家长热线"中的"孩子总是'言不由衷'"；

√ 单元八 31—36个月幼儿教育活动保育"小小观察员"中的"我爱土豆丝"。

三 婴幼儿语言发展的教育活动

婴幼儿的语言发展是一个长期的过程，语言与婴幼儿的生活息息相关。0—3岁婴幼儿正处于语言发展的关键期，因此，在关键期内需要关注0—3岁婴幼儿的语言获得和学习现象、规律等。0—3岁婴幼儿应加强听、说、读、写的训练，成人应为婴幼儿语言发展创设适宜的条件和环境，通过个别化游戏、集体游戏和亲子游戏等为婴幼儿的语言发展提供支持。

（一）个别化游戏活动辅助

作为一种有针对性的活动方式，个别化游戏活动在促进婴幼儿语言发展方面发挥着重要作用。那么，个别化游戏活动如何辅助婴幼儿进行倾听、语言表达、语言理解的学习呢？教师应如何做以发挥这种辅助作用呢？

根据婴幼儿的身心发展特点和语言发展需要，教师可以创设相应的能促进婴幼儿语言发展的活动区域，引导婴幼儿在活动区自由游戏。常见的区域有听音区、口语表达区、早期阅读区、涂写区等，在婴幼儿进行活动区域游戏的过程中，教师需要观察婴幼儿的活动表现，并适时给予支持。例如，教师可以创设听音区，提供舒适的听音环境，可以放置豆袋椅或枕头供婴幼儿依靠，准备简短但富有节奏的儿歌，选择合适的、色彩鲜艳的玩教具进行听力游戏，如塑料摇铃、玩具电话等相应材料，在听音区可以帮助婴幼儿建立语音和动作之间的联系，建立词语和实物之间的联系。教师也可以创设口语表达区，在口语表达区投放照片卡，简短的、节奏欢快的儿歌等。此外，最重要的材料是成人与婴幼儿的口语交流，这不仅能够激发婴幼儿用自己的方式与成人进行口语交流，也可以引发婴幼儿良好的情绪体验。教师在引导之余，还可以观察婴幼儿在进行活动时的情绪状态是积极的还是消极的，观察婴幼儿在活动中是主动的还是被动的等，为创设进一步促进婴幼儿语言发展的区域提供依据。

1.常见活动区域及材料

早教机构中个别化游戏活动常见的区域和材料情况，见表4-5所示。

表4-5　早教机构中个别化游戏活动常见的活动区域和材料表

月龄	区域	材料	个别化活动
0—12个月	听音区	塑料摇铃、布质摇铃、风铃悬挂玩具、玩具电话	小摇铃
	口语表达区	①将婴幼儿熟悉的人或物品制成照片卡； ②简短的、节奏欢快的儿歌	自问自答； 念儿歌
	早期阅读区	①《抱抱》《太阳公公笑哈哈》《妈妈》《谁哭了》《你好点点》《快乐宝宝洗澡书》等图书； ②与图书内容有关的物品；图书篮	抱抱
13—24个月	听音区	①音视频的播放设备； ②故事视频或音频	
	口语表达区	手偶道具、盒子	在哪里呢
	早期阅读区	①《谁的家到了》《消防车快快》《拔萝卜》《小熊宝宝》系列、《爸爸和我》等图书； ②与图书内容有关的物品；书架	爸爸和我
25—36个月	听音区	儿歌、故事的录音	
	口语表达区	手偶道具、盒子等操作材料	打招呼
	早期阅读区	①《大卫，不可以》《花儿开呀开》《小兔子乖乖》《好饿的小蛇》《变色龙捉迷藏》等图书； ②与图书内容有关的物品；书架	大卫，不可以
	涂写区	涂鸦墙、纸张、各种颜色的笔	

2.活动案例

（1）1—12个月婴儿个别化活动"听，什么声音"。

区域：阅读区

材料：绘本发声书《听，什么声音》系列

目的：激发宝宝阅读的兴趣，鼓励宝宝自己翻阅绘本，模仿书里发出的声音。

活动：

①在阅读区出示绘本，教师按下声音按钮吸引宝宝的注意力。

②宝宝听辨书里发出的不同声音，并鼓励宝宝模仿。

③通过对声音的模仿，教师可以一一对应说出画面中事物的名称。例如，喵喵喵，是小猫；嘀嘀嘀，是汽车……鼓励宝宝学说话。

（2）13—24个月幼儿个别化活动"贝贝出去玩"。

区域：阅读区

材料：自制图书《贝贝出去玩》

目的：能耐心、安静地阅读一本书，尝试回答简单的问题，并模仿各种汽车的声音。

活动：

①教师出示图书《贝贝出去玩》，告诉宝宝故事的名称，用简单的语言引发宝宝的兴趣：贝贝到哪里？看到了什么？

②教师讲述故事，问问宝宝，鼓励他们用动作或简单的语言回应。在过程中观察宝宝倾听故事时的专注力和对图片的观察力。

③教师边讲边互动，鼓励宝宝重复和模仿，马路上有什么？用点读笔先让宝宝听一听猜一猜，简单模仿象声词。

④在室内区域设置有趣的汽车角落和各种汽车的相关图片，给予宝宝更多的探索机会，激发其兴趣。

（3）25—36个月幼儿个别化活动"水果花花衣"。

区域：益智区

材料：彩色方格地垫，以软玻璃切割成与地垫小方格大小相同的方块，并用黑色油性笔勾画出水果的轮廓。

目的：在游戏中认识不同的水果和颜色，并愿意用语言来表达。

活动：

①引导宝宝认认说说彩色地垫上的颜色。

②听从教师的指令，宝宝能用手或脚快速地找到颜色方块。

说说软玻璃上水果的名称，并将其放在与水果相对应的颜色地垫上，试着说出"红红的苹果""紫紫的葡萄"等。

行动导航

具体实践任务请查阅《行动手册》：

√ 单元五13—18个月幼儿教育活动保育"小游戏，大支持"中的"个别化游戏活动'搭高楼'"；

√ 单元八31—36个月幼儿教育活动保育"小游戏，大支持"中的"个别化游戏活动'小金鱼'"。

（二）集体游戏活动保育

集体活动是早期教育机构常见的一种活动形式。在集体活动中，教师会引导婴幼儿进行有目的、有计划的语言教育活动，常见的语言集体教育活动类型有谈话活动、讲述活动、早期阅读活动、文学活动。婴幼儿天生爱游戏，教师在组织集体活动时要注意游戏性，要善于借助游戏的方式来促进婴幼儿语音、词汇、句子和语用等方面的发展。

在集体语言游戏活动中，教师需要制定集体游戏活动的目标，选择适宜的内容，按照一定的程序保证集体游戏活动的有序开展。在集体游戏中，适宜的材料起着重要作用。

1.活动案例：散步

活动价值：

学习模仿故事中各种小动物的叫声，愿意倾听教师讲故事。

活动准备：

自制大图书1本，鸭子、狗、青蛙、熊的小图片若干（4种动物妈妈形象各1个，4种动物宝宝形象各1—2个）

活动流程：

（1）出示大书，和宝宝一起看看说说。

（2）教师边讲故事，边贴上相应的动物图片。

①教师发出"呱"的声音，同时贴上青蛙妈妈的图片，问："谁来了？"教师发出"呱"的声音，同时贴上小青蛙的图片，说："小青蛙跟着妈妈在散步。"

②同上方法，逐一出示鸭子、狗的形象，讲述故事。

③最后贴上小熊和熊妈妈的图片："小熊也要去散步，和妈妈一起去散步。"

（3）教师再次讲述故事，带领宝宝学故事中小动物的各种叫声，并做一些简单的模仿动作。

活动延伸：

可以带宝宝到户外，模仿小动物跟着"妈妈"散步。熟悉故事内容后，引导宝宝模仿，如"喵！小花猫跟着妈妈在散步"；"咩！小山羊跟着妈妈在散步"。

2.活动案例：个子长得快

活动价值：

愿意和教师一起边念儿歌边做简单的动作；知道样样菜都吃才长得快。

活动准备：

图片1套（小狗、小兔、宝宝、肉、菜各一张）

活动流程：

（1）创设情境导入活动，帮助宝宝理解儿歌内容。

教师："今天，有几位小客人要到宝宝家玩，他们是谁呢？"

①出示小狗图片："看！谁来了？你们知道它喜欢吃什么吗？"教师拿出肉的图片放在小狗的嘴边，说："小狗爱吃肉。"

②出示小兔图片："又有谁来了？它喜欢吃什么？"教师拿出菜的图片放在小兔的嘴边，说："小兔爱吃菜。"

③出示宝宝图片："这是宝宝，宝宝喜欢吃什么呀？"出示菜和肉的图片，说："宝宝吃肉又吃菜。""宝宝吃肉又吃菜会长得怎么样？"教师边做动作边念"个子长得快"。

（2）教师完整地指图片念儿歌，鼓励宝宝一起念。

（3）教师带宝宝一起边做简单的模仿动作边念儿歌。

活动提示：

每天餐前和宝宝一起念儿歌，鼓励宝宝每样菜都要吃。请家长在家经常给宝宝讲讲每样菜都吃的好处，鼓励宝宝不挑食。

（三）亲子游戏活动辅助

在促进婴幼儿语言发展方面，最主要的还是靠家长平时的有意引导和环境刺激，家长可以在日常生活中通过向宝宝传达大量的语言信息和进行频繁的语言互动，促进婴幼儿语言的发展，从而达到语言教育目的。因此，在早教机构进行教育活动过程中，要渗透语言亲子游戏活动，教师在亲子活动中，可以运用示范模仿法、多种感官参与法、游戏情景法、亲子阅读法、随机渗透法、日常教育法等，向家长和婴幼儿进行示范，指导家长运用这些方法与婴幼儿进行亲子互动，帮助家长了解一些促进婴幼儿语言发展的常见游戏。教师、家长和婴幼儿之间的互动，能帮助婴幼儿练习发声，丰富其词汇和句式，开发语言能力，促进婴幼儿的语言发展。

1.活动案例：宝宝爱阅读（16—18月）

活动价值：

（1）引导宝宝看书，鼓励宝宝自己说出书上物品的名称。

（2）鼓励宝宝自己翻书，锻炼宝宝手指的灵活性。

活动准备：

婴幼儿喜欢看的图画书若干，投影仪一台。

活动流程：

（1）示范互动：一起看书。教师把书放在投影仪的下面，和宝宝一起看书。

①教师用三根手指握住书的一角，轻轻翻动。

②边翻边看，边提问："哪个是××？""××在哪里？"

③教师引导宝宝多种感官共同参与。

（2）亲子互动：宝宝爱看书。

①家长和宝宝一起看书，把书上的主要故事和物品名称讲给宝宝听。

②家长讲完一页，就握着宝宝的手翻一页。

③家长边讲边提问，引导宝宝学说话。

（3）亲子游戏：翻书找物。

家长把书合起来，把书上的主要故事或物品的名称讲给宝宝听，让宝宝自己翻书找找在哪里。

活动延伸：

家长在一段时间内可以让宝宝看同一本书，鼓励宝宝自己说出书上物品的名称，只要能发出一个音就给予夸奖。

2.活动案例：小动物回家（25—30个月）

活动目标：

（1）在游戏情景中，让宝宝说出圆形、三角形、方形的图形特征；

（2）鼓励宝宝根据图形配对，锻炼宝宝手眼协调能力。

活动准备：

每人一份操作玩具（小房子、小猫等动物图形）

活动流程：

（1）示范互动：和动物交朋友。

①教师出示小动物图形，引导宝宝认认、学学、说说。

②引导宝宝识别圆形、三角形和方形。

③小猫要回家。先引导宝宝观察小动物身上的图形，接着观察房子窗户上的图形，哪个和小猫身上的图形匹配，就把小猫送回相应的家。

④教师介绍此活动的价值。

（2）亲子互动：动物要回家。

①家长引导宝宝和小动物打招呼，说出动物的名称并感知三种不同的形状。

②家长指导宝宝根据图形帮助动物回家（找相应的图形进行配对）。

（3）亲子游戏：我和动物交朋友。

①小动物（根据形状）在一起做游戏。

②播放音乐:《我爱我的小动物》。边听音乐边模仿小动物的动作、叫声。

活动提示:

①互动时可以观察宝宝是否有良好的倾听习惯,家长鼓励宝宝回答教师的提问,尽量鼓励宝宝大声回答。

②家长可以让宝宝抚摸图形,通过触觉感知不同形状的特征,引导宝宝先找相同图形,再进行配对。

③游戏时,家长鼓励宝宝用肢体动作大胆表现小动物的特征。

行动导航

具体实践任务请查阅《行动手册》:

√ 单元六 19—24个月幼儿教育活动保育"协助教师,推进活动"中的"亲子游戏活动'我是好宝宝'"。

四 婴幼儿语言发展教育活动评价

婴幼儿评价量表可以帮助我们反思活动的有效性。目前许多国家和地区都开发设计了一些测评婴幼儿语言发展的量表。在实际操作过程中我们应根据实际情况,灵活选择适当的评估工具,以有效评判教育教学活动的有效性。表4-6是测评婴幼儿语言发展情况的一个例子。

表4-6　0—3岁婴幼儿语言发展观察评估表

月龄		观察与评估细目	是	否
0—3个月	言语知觉	当有声音出现时,他会有反应		
		当人声和其他声音一起出现时,更关注人声(如吮吸加快)		
		特别喜欢听妈妈的声音,妈妈的声音能让他安静下来		
		能够寻找声源		
		听到突然的大声音会有惊吓的反应		
		在心情愉悦的时候会发出自言自语的喁喁声		
	言语发音	在与父母的游戏中能够根据父母的行为发出应答性的声音		
		在平时可以发出类似元音的声音,如"o""a"等		
		在哭声中,会发出"ei""ou""ma"的声音		
	交际倾向	生理需求得到满足后,会对成人的逗弄报以微笑,发出一些简单的音节来吸引成人的注意		

月龄		观察与评估细目	是	否
4—6个月	言语知觉	当他人用愉悦的声音和他说话时，他能够用微笑应对		
		当他人用生气的语调对其说话时，他会做出伤心的表情		
		会根据声音寻找说话者		
		特别喜欢听妈妈、爸爸或其他主要照料者的声音		
	言语发音	能够发出连续的辅音音节，如"ba ba""bu bu"等		
		哭的时候会发出"mun mun"的声音		
		能够模仿成人的简单发音		
	言语交际	在交流中能以形似"一问一答"的模式喁喁作答，从而使"交流"顺利地继续下去		
		能对应成人的语言做出一些肢体动作		
		听到自己的名字时，有转头注意的能力		
7—9个月	言语知觉	能够理解成人的语言，目光会转向成人所指物		
		"××东西在哪里?"能够把目光转向妈妈，或手指指向××，即能说出一些熟悉物体的名称		
	言语发音	会出现重复的音节、重叠音，如"mama""baba"等在音调上有升调		
		能发出辅音，如"x""j""q"		
		能模仿他人发出的声音		
		有小儿语的出现，能和同伴愉快交流		
	前语言交际	会用简单的叠音配合动作向成人指出想要的东西		
		会用简单的手势或者简单的发音跟他人打招呼、道别		
		出现指物现象		
10—12个月	言语知觉	能够根据大人发出"门铃"声后看着门铃		
		受到成人鼓励会不断重复该动作		
		模仿一些非语言的声音，如咳嗽声		
	言语发音	能模仿成人发出的诸如"qi""xi"等语音		
		高兴时会伴随"啊""哦"的声音手舞足蹈		
		说出有意义的单词，如"妈妈"		
		理解一些简单的命令性语言，如"坐下"		
	言语交际	挥手向人说再见		
		初步理解一些关于吃的、玩具、家人名字等新单词		
		能用摇头表示不要		

续表

月龄		观察与评估细目	是	否
13—18个月	言语理解	能模仿成人的简单语言		
		能够听懂 5—10 个常用物品的名称		
		能够理解简单的语句，并在语句的提示下完成相应的动作，如"把杯子给妈妈"		
		能够听懂并指出自己身体的各部分		
		喜欢翻图画书并指点相关图片		
	言语表达	会说 8—20 个单词		
		对所看到的物体进行命名，命名的同时伴随语言泛化现象		
		能发有复杂声调形式的几个音节		
	言语交际	会主动跟人打招呼和再见		
		在有需要的时候（如饿了的时候）会用简单的语言跟妈妈说话		
19—24个月	言语理解	能执行有两个动作要求的命令，如"把球拿过来"		
		能够理解一些形容词及常用动词		
		理解并能正确回答"××在哪里""这是什么"等问题		
		能理解一两个表示方位的名词，如"下面"等		
	言语表达	已能用 20—50 个词语进行日常说话		
		能够说出由两个单词组成的句子		
		说到自己时，能说自己的名字		
		开始用"你""我"等代词		
	言语交际	与人交往能仅依靠语言		
		能进行简单的交际对话		
25—30个月	言语理解	经常提出"为什么"等问题		
		说的话未被成人听懂会有受挫感		
		能理解成人的话		
		喜欢反复地听一个故事		
	言语表达	会用三词句或四词句与人交谈		
		能重复成人说出的由 4—5 个单词组成的句子		
		会使用否定句		
		"电报语"现象明显		
		喜欢模仿成人的语言		
	言语交际	有事会请求成人帮忙		

续表

月龄		观察与评估细目	是	否
31—36个月	言语理解	能理解并正确回答"谁""什么""哪儿""谁的"等问题		
		能初步理解一些上、下、里、外等介词		
		能理解表达时间的词语,如"马上"		
	言语表达	会说出自己的姓名、年龄、性别、喜好		
		能说出五词句、六词句等较为复杂的句子		
		会用语言描述物体的形状、大小和颜色等方面的特征		
		能说出一些数量词		
		能较为熟练地使用"我""你""他"等人称代词		
	言语交际	会说"请""再见""谢谢"等礼貌用语		
		能用语言向成人提问		

行动导航

　　具体实践任务请查阅《行动手册》各单元"利用评估表,综合评估婴幼儿的发展水平"部分关于语言发展评估的内容。

相关链接 ▶▶▶▶

　　2008年,上海市教委印发的《上海市0—3岁婴幼儿教养方案》(见表4-7)对于语言发展方面,分月龄提出了观察要点。

表4-7　上海市0—3岁婴幼儿教养方案

月龄	观察要点
2—3个月	①开始将声音和形象联系起来,试图找出声音的来源; ②对成人逗引有反应,会发出"咕咕"声,而且会发a、o、e音; ③常喜欢咬书或拉扯图书,有时会安静地看图书
4—6个月	①咿呀作语,开始发辅音,如d、n、m; ②看见熟人、玩具能发出愉悦的声音; ③叫他名字会转头看
7—9个月	①能反复发出"ma ma""ba ba"等元音和辅音,但无所指; ②试着模仿声音,发音越来越像真正的语言; ③会试着翻书,喜欢以前听过的故事

续表

月龄	观察要点
10—12个月	①能懂得一些词语的含义，如问"灯在哪儿呢"，会看灯；向他索要东西知道给； ②能按要求指向自己的耳朵、眼睛和鼻子； ③能说出最常用词汇，如"爸爸""妈妈"； ④出现难懂的话，自创一些词语来指称事物； ⑤用动作表示同意或不同意（点头、摇头）
13—18个月	①开始知道书的概念，如喜欢模仿翻书页； ②开始重复别人说过的话； ③能用少量词汇表达一定的意思，如说"抱"表示要大人抱抱； ④开始出现二三个字组成的动宾结构的句子来表达意思，如"宝宝吃""妈妈抱""要去"等； ⑤模仿常见动物的叫声
19—24个月	①开口表示个人需要； ②能记住生活中熟悉物放置的固定地方，如糖缸； ③对声音的反应越来越强烈，喜欢听重复的声音，如一遍又一遍地听一首歌，读一本书等； ④能说几个字的简单句，如"囡囡要糖"等； ⑤能分辨一本书的封面及基本结构，开始辨认书中角色的名字，会主动看图讲述
25—30个月	①听完故事能说出讲的是什么人，什么事； ②会用几个"形容词"； ③会用"你""我""他"，会用连续词"和""跟"，会使用副词"很""最"； ④能说出常见物品的名称和用途，词汇量发展迅速； ⑤会使用七八个词所组成的句子进行简单的叙述； ⑥会背诵简单的儿歌，且发音基本正确； ⑦开始理解事件发生的前后顺序
31—36个月	①会问一些关于"是什么""为什么""是谁""在哪里"的问题； ②在成人引导下，理解故事的主要情节； ③认识并说出常见的物品、动物名称，词汇量较丰富； ④运用字词的能力迅速提高； ⑤能说出有几个词的复杂句子； ⑥开始运用"你们""他们""如果""但是"等词； ⑦知道一些礼貌用语，如"谢谢"和"请"，并知道何时使用这些礼貌用语； ⑧知道家里人的名字和简单的情况； ⑨喜欢自己看图画书； ⑩会回答简单的问题

链接 "1+x" ▶▶▶▶

《幼儿照护职业技能等级标准》（中级）节选

（2020 年 1.0 版，湖南金职伟业母婴护理有限公司制定）

工作领域	工作任务	职业技能要求
4. 早期发展指导	4.2 语言发展与指导	4.2.1 能叙述幼儿语言发展的具体内容、目标和培养方法 4.2.2 能设计指导并独立组织不同年龄段幼儿语言发展的活动 4.2.3 能为幼儿选择适宜的早期阅读材料 4.2.4 能正确评价幼儿语言发展的水平

《国家职业技能标准 婴幼儿发展引导员》（四级／中级工）节选

（2021 年版，中华人民共和国人力资源和社会保障部制定）

职业功能	工作内容	技能要求	相关知识要求
3. 发展引导	3.2 语言发展	3.2.1 能指导看护人结合实物和动作，引导婴幼儿倾听和理解语言 3.2.2 能指导看护人引导婴幼儿使用声音、动作和词汇等进行简单的互动和交流 3.2.3 能指导看护人培养婴幼儿阅读的兴趣和习惯 3.2.4 能指导看护人吟唱童谣或儿歌等	3.2.1 婴幼儿言语发展的整体特点及影响因素 3.2.2 反应式倾听与及时回应在婴幼儿语言发展中的重要性 3.2.3 亲子共读环境创设、婴幼儿阅读材料选择的策略 3.2.4 婴幼儿语言互动游戏的方法

《国家职业技能标准 保育师》（四级／中级工）节选

（2021 年版，中华人民共和国人力资源和社会保障部制定）

职业功能	工作内容	技能要求	相关知识要求
4. 早期学习支持	4.2 促进语言发展	4.2.1 能创设回应性的语言交流环境 4.2.2 能通过童谣、儿歌、故事、绘本等为婴幼儿提供丰富的语言经验	4.2.1 语言环境创设知识 4.2.2 促进婴幼儿语言发展的游戏活动

专题五

0—3 岁婴幼儿情感与社会性发展教育活动保育

学习目标

🌱 了解 0—3 岁婴幼儿情感与社会性发展的意义及基本理论。

🌱 能够基于理论学习，结合教育实践，灵活开展 0—3 岁婴幼儿情感与社会性发展的教育活动。

🌱 树立科学的教养观和儿童发展观。

学习导航

```
                              ┌─ 婴幼儿情感与社会性 ──┬─ 社会发展日益关注婴幼儿情感与社会性的发展
                              │    发展的意义          └─ 婴幼儿发展及教育规律使得情感与社会性的发
                              │                            展备受关注
                              │
                              │                        ┌─ 婴幼儿情感与社会性发展的相关理论
0—3岁婴幼儿情感 ──┤  婴幼儿情感与社会性发 ──┼─ 婴幼儿情感与社会性发展的一般特点
与社会性发展教育活              │    展的理论基础          └─ 婴幼儿情感与社会性发展的内容及特征
动保育                          │
                              │                        ┌─ 个别化游戏活动辅助
                              │  婴幼儿情感与社会性发 ──┼─ 集体游戏活动保育
                              │    展的教育活动          └─ 亲子游戏活动辅助
                              │
                              └─ 婴幼儿情感与社会性
                                   发展教育活动评价
```

人是社会性的存在，社会性发展对人的发展产生重要影响。人从自然人转变为社会人后，才完成了人的真正的发展，社会性是人之为人的基础。

一 婴幼儿情感与社会性发展的意义

婴幼儿的情绪情感、社会性等的发展变化构成了人社会性心理发展的内容。因此，婴幼儿的情绪情感的发展总与社会性发展之间存在着难以分割的关系。关注婴幼儿情绪情感、社会性的发展，既是人的社会发展使然，也是婴幼儿身心发展的规律使然。

（一）社会发展日益关注婴幼儿情感与社会性的发展

随着社会的不断发展，人们对成功标准的认知发生了变化，成功的因素不单指智力因素，更强调对环境的适应、选择和调适能力，与他人的合作交往能力和沟通能力，实践能力。这一切都要求人不但要具备较强的认知能力，更要有社会适应能力。

重视婴幼儿情感与社会性的发展乃时代之要求，如何培养婴幼儿的情感与社会性的能力更是科学育儿之必备内容，也是新时期的幼儿园教师、父母所必须关注的主题。

（二）婴幼儿发展及教育规律使得情感与社会性的发展备受关注

对于0—3岁婴幼儿而言，无论是从发展还是从教育的观点来说，情感与社会性的发展对其都有重要意义。

首先，从婴幼儿发展的整体视角来看，情感与社会性的发展是婴幼儿全面发展的重要组成部分。我国的教育方针历来以全面发展作为教育的根本目标，力图培养德、智、体、美、劳各方面都健康发展的婴幼儿。因此全面发展的婴幼儿，正是我国历来教育价值观的体现，也是社会对未来主人的要求。席勒在其《审美教育书简》中曾经如此描绘一个处于"完整状态"的儿童——专注地整合人的所有能力，理性与感性的能力，投入学习中。换言之，一个完整的婴幼儿应该是在一个有包容度的环境中，不仅对知识、艺术进行探索与建构，而且对情感体验与表达、人际关系等都有自己的好奇与探究。情感与社会性的发展作为"完整状态"的儿童不可或缺的一个方面，理应引起高度重视。

其次，从婴幼儿发展的规律来看，婴幼儿从出生开始，就表现出作为社会成员的倾向性。比如，给新生儿听各种声音，如自然界的风声和雨声、动物的叫声、美妙的音乐，还有人的说话声，新生儿无一例外最喜欢听人的说话声，表现出最初的对他人的兴趣。同样，科学家用专门的仪器测量出在众多图案中，婴儿最喜欢看的是人脸，无论这张脸是不是他的亲人。因此可以说，从出生开始，婴幼儿就踏上了社会化之路，只不过以与其年龄特征相符合的方式表现出来。与此同时，婴幼儿也以自己的方式开始与周围的人和环境进行交往，例如，新生儿来到世界上的第一声啼哭便具有社会学意义，他们利用哭声来唤起成年人，尤其是母亲对自己的关注，发起了人和人之间的第一次交往。各种亲社会行为的萌芽也往往发生在0—3岁，因此，婴幼儿情感与社会性的培养已然成为当代科学育儿观念和方法中的重要内容。

最后，从教育的角度来说，从小培养婴幼儿的情感与社会性，对其一生的发展都有重要影响。情感与社会性的行为能力的获得不是天生的，不是短期培训就可以获得的，更不是课本中可以觅得的，其培养需从婴幼儿抓起，重视婴幼儿的情感与社会性发展，这样才能真正帮助婴幼儿学得更多情感与社会性内容。与认知培养不同的是，情感与社会性发展的培养不是在某个固定时段进行的，而是渗透在日常生活中的；许多情感与社会性的行为的获得不是只靠"言传"，更靠家长在日常活动中对婴幼儿进行"身教"，只有这样才能为婴幼儿的健康成长打下坚实的基础。

二 婴幼儿情感与社会性发展的理论基础

婴幼儿的情感与社会性的发展是婴幼儿个体社会化的内容和结果，表现为在社会化过程中获得情感、性格等心理特征。婴幼儿的情感与社会性的发展是一个长期的过程，是遗传、后天环境等因素综合发展的结果。婴幼儿天生就有一种友善地寻求与他人在一起的倾向，喜欢与他人、动物进行互动，这种天生的社交能力是婴幼儿情感与社会性发展的基石，婴幼儿的情感与社会性就是在这个基础上逐步发展起来的。

（一）婴幼儿情感与社会性发展的相关理论 [1]

1.埃里克森的心理社会性发展理论

美国心理学家埃里克森是弗洛伊德的女儿安娜·弗洛伊德的学生，他提出个体必须成功地通过一系列心理社会性的发展阶段。埃里克森认为，人的一生有八个发展阶段，每个发展阶段都会出现一个主要的冲突或危机（见表5-1）。每个冲突或危机不会完全消失。如果个体想要成功应对后面发展阶段的冲突或危机，就需要在前面的阶段认真地解决该阶段的冲突或危机。下面介绍与0—3岁婴幼儿有关的前两个阶段。

---

❶ 周念丽：《学前儿童发展心理学》，99—103页，上海，华东师范大学出版社，2006。

表 5-1　埃里克森人格发展八阶段

阶段	年龄	冲突危机
婴儿期	0—18 个月	基本的信任感对基本的不信任感
儿童早期	18 个月—3 岁	自主对羞怯与怀疑
学前期	3—6 岁	主动感对内疚感
学龄期	6—12 岁	勤奋感对自卑感
青年期	12—18 岁	角色同一对角色混合
成年早期	18—30 岁	亲密对孤独
成年中期	30—60 岁	繁殖感对停滞感
成年晚期	60 岁以后	完善对绝望

（1）信任对不信任（0—18 个月）

在埃里克森提出的第一个发展阶段，婴幼儿需要通过与看护者之间建立良好的关系而产生对环境的基本信任感。信任是对父母强烈依恋的自然伴随物，因为父母为婴幼儿提供了食物，以及由身体接触带来了安全感。如果婴幼儿的基本需要没有得到满足，比如，看护者不经常出现，经历不一致的回应，缺乏身体的接近和温暖的情感，那么婴幼儿就可能发展出一种强烈的不信任感、不安全感和焦虑感。

（2）自主对自我怀疑（18 个月—3 岁）

伴随着运动的发展和语言技能的出现，幼儿探索和操作物体（有时是与人的交往）的能力扩大了。随之而来的是一种安全的自主感和成为有能力的人的感受。在第二阶段中，父母应该适当地对幼儿的行为给予约束和引导，让幼儿了解哪些行为是被认可的，哪些行为是不被认可的。宽松而有一定制约的环境，能让幼儿获得不丧失自尊的自我控制能力；过分约束和批评，可能导致幼儿自我怀疑；要求过高（如过早或过严格的上厕所训练），可能阻碍幼儿征服新任务的坚韧性。

云测试

—— 赛场演练 ——

埃里克森的人格发展阶段论中，1 岁半到 3 岁的幼儿处于（　　）阶段。

A. 信任对不信任　　　　　B. 自主对怀疑

C. 主动感对内疚感　　　　D. 亲密对孤独

2.华生和斯金纳的条件反射理论

华生认为，心理学的研究对象应该是可以观测到的行为而不是意识，一切行为都是刺激—反应的过程。华生对待儿童心理发展的基本观点源于洛克的"白板说"，认为儿童生来的心理类似一块"白板"。发展就是在这块白板上建立条件反射的过程。在华生看来，儿童的发展受社会环境的决定，特别是受父母对待儿童的态度与方式的影响。他提出应给婴儿严格的哺乳时间表的建议，因为形成了条件反射，婴儿会在固定的时间期望喝奶而不会在其他时间里哭闹。华生著名的"恐惧形成"实验和害怕消退实验为后来行为治疗的"系统脱敏法"奠定了基础。

美国心理学家斯金纳传承了华生的理论，他用操作性条件反射而不是经典条件反射来解释行为的获得。人的大部分行为是操作性的，行为的习得与及时强化有关。因此，可以通过及时强化来塑造儿童的良好行为，通过不予强化即"忽视"来消减儿童的不良行为。在这种思想的引导下，对于儿童的学习行为应该进行及时强化。例如，一名教师是否要等到学生能够背出全部英文字母后才给予强化呢？不，最好的方法是先对学生说出一个字母，然后是几个，最后是全部字母逐步予以强化。当教师通过强化每一步的成功以引导学生达到目标时，他就在使用一种发展新行为的技术——塑造。

3. 班杜拉的社会学习理论

华生和斯金纳都是通过动物的实验来建构理论，然后用这些理论来解释人类的行为。

美国心理学家班杜拉则直接研究人的学习行为。他的社会学习理论认为，儿童有时没有外显性的操作，而是通过观察他人（榜样）的行为及其强化性结果获得某些新的反应或矫正现存的反应，他称这种过程为"观察学习"。在这种情况下，从榜样那受到的强化对于儿童来说是一种"替代强化"。班杜拉通过对儿童攻击性行为和亲社会行为的研究，更加坚定了"榜样的力量是无穷的"这一看法。所以，并非所有的行为都依赖于直接强化，比如，儿童在游戏中的行为及接受流行歌曲的传播等，其中观察和模仿起的作用很大。除了观察学习过程中的替代强化以外，个体还存在自我强化。有时儿童还会通过自我否定、自我肯定及自己能支配的其他方式来调整自己的行为。因此，学习不是被动的外部因素直接强化的结果，而是一个主动的过程。儿童可以通过他们的行为作用于环境并改变环境。

关键期

学习笔记

学习笔记

（二）婴幼儿情感与社会性发展的一般特点 [1]

0—3 岁婴幼儿的发展处于初级阶段，其情感与社会性发展具有不同步性、情绪性和受到遗传的影响、基于生理需要和反射、社会模仿、不稳定性等特点。

1.不同步性

婴幼儿的情感与社会性发展受到各个因素的相互影响，因此情感与社会性发展的各个方面是不同步的。在婴幼儿的情感与社会性发展中，最初的发展是社会行为中亲子关系的发展。母亲及其他养育者对婴幼儿的抚育行为激发两者间的亲密关系，为婴幼儿情感与社会性发展做了铺垫。随着与周围环境的接触增多及婴幼儿各个领域的发展，婴幼儿的交往范围逐渐扩大，开始探索陌生环境、陌生人，与同伴间的交往也开始发展起来。在这个过程中，婴幼儿的亲社会行为也逐渐发展起来。婴幼儿自我认识的发展早于自我控制，自我控制在 2 岁后开始出现，是在自我认识的基础上发展起来的。

2.情感性和受到遗传的影响

1 岁前的婴儿的情感与社会性发展主要表现在与周围人的沟通上，但由于受到语言和动作发展的限制，通常婴儿与周围人表现为一种情感性的沟通，沟通的手段也多是哭泣、吸吮、抓握等。1 岁后的幼儿有了一定的语言和动作技能，其社会行为仍带有浓重的情绪、情感、色彩，其社会交往的风格受家庭环境和幼儿本身气质的影响，呈现出较大的个体差异。如难养型的幼儿在社会交往中易哭闹，易养型幼儿则易表现出友好等。

3.基于生理需要和反射

婴幼儿与他人的交往大多是基于生理需要和生理反射。对于婴幼儿来说，引起行为的最重要的因素是生理因素。1 岁以内婴儿不同的哭声表达了他们不同的生理需要，从而引起他人的注意。伴随各领域能力的发展，1 岁后的幼儿与他人的互动开始逐渐追求情感与社会性的交往需求，但生理需要和反射仍然占据很大的比重。

4.社会模仿

婴幼儿的情感与社会性发展很大一部分是通过模仿习得的。婴幼儿一出生就已经开始关注成人的面部表情，出生 2 周的新生儿能够模仿成人的表情变化。婴幼儿对成人的模仿贯穿于他们的成长期。他们关注成人的举动，并

---

[1] 周念丽：《0—3 岁儿童观察与评估》，上海，华东师范大学出版社，2013。

乐于"跟着做"。特别是2岁后的幼儿，自我意识和独立性提高，特别热衷于模仿成人的行为。婴幼儿的情感与社会性在这种不断重复的模仿中发展，也因此深受与其有密切关系的养育者的影响。

5.不稳定性

婴幼儿的情感与社会性发展不是一个稳定上升的序列。由于情感与社会性的发展受到多种因素的影响，并且情感与社会性发展的各个方面之间也存在相互影响，因此情感与社会性发展的各个方面在婴幼儿发展的不同年龄段表现出不稳定的特点。如亲社会行为的发展受认知和自我意识的影响，婴幼儿在2岁之前，自我意识尚未成形，会依照成人的指令进行较多的分享行为，2岁之后幼儿所有权的意识增强，对物品的占有欲增强，分享行为反而减少。亲社会行为的发展似乎显现出"倒退"的假象。

（三）婴幼儿情感与社会性发展的内容及特征

神经科学家和婴幼儿心理学家对0—3岁婴幼儿的情感与社会性发展做了比较全面的研究，发现这个年龄段婴幼儿情感与社会性发展主要通过自我意识、情感、社会行为和社会适应等来表现，具体包括：

自我意识：对自己的知觉能力，包括自我认识和自我控制。

情感：包括情感的表达、理解和情感的自我控制。

社会行为：包括与他人交往（亲子交往、同伴交往）的行为、亲社会行为（同理心、帮助和共享等）。

社会适应：包括对陌生人和陌生环境的适应，也包括对生活的适应。

1.自我意识的发展

自我意识是婴幼儿社会化的重要组成部分，是衡量个体成熟水平的标志。0—3岁婴幼儿的自我意识发展包括自我认识和自我控制两方面。在1岁半之前，婴幼儿的自我意识处于萌芽期，到了1岁半以后，他们能够在镜子中辨认自己，如果在他们的鼻子上涂红点，他们会与镜子中的婴幼儿辨识出不同并试图擦去红点。2岁以后，幼儿能够将自我与他人区分开来，意识到他人与自己是不同的个体，这时他们的情感与社会性才真正开始发展。（见表5-2）婴幼儿的自我控制主要表现为对母亲的服从或延迟满足。

表5-2　0—3岁婴幼儿自我意识发展的特征

月龄	发展特征
0—3 个月	①会为吸引别人注意而"假哭"； ②会不断重复引起快感的肢体动作

学习笔记

续表

月龄	发展特征
4—6个月	①会对自己发出的声音感兴趣，经常"自言自语"； ②喜欢别人喊他的名字，会注视并寻找声音来源； ③会做出某个动作或行为来吸引母亲安慰； ④经常对外部动作做出不断重复的动作，如摇拨浪鼓； ⑤会注视镜子中的"他"，并与"他"说话
7—9个月	①喜欢"自己的事情自己做"，自己拿东西吃，自己脱袜子等，玩耍时会表现出一定的偏好和主见； ②能理解成人的简单指令，并能够按照成人的简单指令控制自己的行为，如"知道并不去做"
10—12个月	①出现最初的"反抗"行为，要自己吃饭，试图自己拿杯子喝水； ②当被限制做某事时，会用发脾气、哭闹等形式发泄痛苦和不满； ③喜欢照镜子，喜欢对着镜子做动作
13—18个月	①当别人的要求不符合自己的意愿时会反抗； ②可以用手抹去镜子中看到的自己鼻尖上的红点； ③对自己的东西有强烈的占有欲，对别的物品清楚知道它的归属
19—24个月	①能用自己的名字表达自己的需要； ②出现性别认同，知道自己的性别； ③有一定的自我控制能力，能延迟满足
25—30个月	①对是非的判断以自己是否愉快为标准，经常对成人说"不"； ②能区分自己和别人的东西，占有欲强，很难从他手中拿走"他的东西"； ③能主动用语言或动作向人要求拿取自己想要的东西，如"我要那个皮球"； ④对他人要求有所反应，能遵守成人提出的规则
31—36个月	①能说出自己的名字； ②能准确说出自己的性别，也能区分图片中人物的性别，表现出与同性别人更相似的行为，如男孩要玩汽车； ③能清楚分辨物品的所有权，重视自己的物品，喜欢的东西会随身带着或抱着睡觉； ④当别人问谁最乖时，会拍拍自己说"我最乖"； ⑤可以利用外部语言进行自我调节，如"糖吃多了会牙疼，我还是吃小饼干吧"

行动导航

具体实践任务请查阅《行动手册》中：

√ 单元五 13—18 个月幼儿教育活动保育"小小观察员"中的"安安发脾气"，"家长热线"中的"宝宝发脾气怎么办"；

√ 单元六 19—24 个月幼儿教育活动保育"家长热线"中的"孩子总是说'不，不，不'，怎么办"。

2.情感的发展

婴幼儿的情绪情感发展始于新生儿。0—3岁婴幼儿不仅有了喜怒哀乐的基本情绪情感，还逐渐建立了害羞、内疚、嫉妒等社会情绪情感，每一种情绪情感的发展都有里程碑意义。（见表5-3）

加拿大心理学家布里奇斯认为，婴儿刚出生时，对饥饿、疼痛等表现出一种原始的情绪情感；3个月左右，这种原始情绪逐渐分化为由需要是否得到满足而引起的痛苦或快乐；6个月时，从痛苦中又分化出了惧怕、愤怒和厌恶；12个月时，从快乐中分化出了兴高采烈和喜爱；2岁左右，一般基本的情绪情感都出现了。

表5-3 0—3岁婴幼儿情绪情感发展的特征

月（年）龄	发展特征
0—6个月	①积极情绪的表达受到鼓励并更为经常地出现； ②通过吸吮和回避方式调节消极情绪； ③可以对快乐、愤怒、伤心等面部表情加以区分
7—12个月	①愤怒、恐惧和悲伤等消极的情绪情感更经常地出现； ②通过滚动、撕咬或远离令人不安的刺激物等方式对情绪进行自我调节； ③能更好地辨认他人的基本情绪情感； ④社会参照的出现
1—3岁	①出现次级（自我意识的）情绪情感； ②通过转移注意力或控制刺激物的方式调节情绪情感； ③开始谈论和掩饰情绪情感； ④同情反应出现

考题再现

1.0—3岁是婴幼儿对周围的人建立信任感的关键期，是一种（　　）情绪交往活动。

A.间接的 　　　　　　　　B.可控的

C.直接的 　　　　　　　　D.不可控的

2.婴幼儿从出生到1岁是情绪萌发期，（　　）的婴幼儿会对新鲜事物敏感，趋向于探索外界，为智力发展打下良好的基础。

A.经常生气 　　　　　　　B.经常哭泣

C.经常快乐 　　　　　　　D.经常发愣

云测试

云测试

行动导航

具体实践任务请查阅《行动手册》中：

√ 单元三 7—9 个月婴儿教育活动保育"家长热线"中的"宝宝怕生怎么办"，"小小观察员"中的"妈妈不要走"；

√ 单元六 19—24 个月幼儿教育活动保育"家长热线"中的"宝宝是在无理取闹吗"；

√ 单元七 25—30 个月幼儿教育活动保育"家长热线"中的"宝宝不肯认错"。

3.社会行为的发展

社会行为的发展是婴幼儿情感与社会性发展中的行为表现，影响着婴幼儿与他人及主要养育者的关系。0—3 岁婴幼儿的社会行为主要有亲子依恋、同伴交往和亲社会行为三方面。亲子依恋和同伴交往分别描述了婴幼儿与不同对象交往的社会行为；亲社会行为则是婴幼儿表现出的积极的社会行为。

0—3 岁婴幼儿的社会行为是从先天具有到后天习得的行为的发展过程。婴幼儿天生具有无意识的自发微笑，会模仿成人的面部表情，会向主要养育者寻求安抚，这些天生的社会行为是婴幼儿情感与社会性发生发展的萌芽。在与环境、他人互动的过程中，婴幼儿获得了更多的社会行为。（见表 5-4）

表 5-4　0—3 岁婴幼儿社会行为发展的特征 ●

社会行为	发展特征
亲子依恋	①依恋是婴幼儿与成人在相互作用下形成的，最早产生于母婴之间，是母婴之间建立的一种社会性情感联结； ②虽然婴幼儿最初的依恋对象是母亲，但如果父亲与婴幼儿交往的时间增多，婴幼儿也会形成对父亲的依恋； ③亲子依恋的形成是相互的，父母对婴幼儿的精心护理、关爱，导致婴幼儿对父母产生依恋，但婴幼儿的微笑、发声、长相可爱及满足父母希望等也满足父母对婴幼儿的依恋； ④依恋形成的主要阶段是 6 个月—3 岁
同伴交往	①同伴关系主要表现在两方面：一是同伴接纳，即幼儿在同伴群体中的被接受性或受欢迎程度；二是友谊，指发生在两个人之间的相互关系； ②一般可将婴幼儿分为受欢迎型、被拒绝型、被忽视型、矛盾型、一般型五种同伴交往的类型； ③同伴交往的特点具有熟悉性和稳定性，婴幼儿更倾向于与自己熟悉的同伴一起玩

● 钱文：《0—3 岁儿童社会性发展与教育》，40、46 页，上海，华东师范大学出版社，2014。

续表

社会行为	发展特征
亲社会行为	①3岁前婴幼儿还没有出现真正的亲社会行为； ②能感受到他人的情绪情感进而有相应的情绪情感反应或其他安慰分享行为； ③由于婴幼儿行为特征不稳定，这一阶段婴幼儿的亲社会行为更多地可理解为亲社会行为的一种萌芽状态

行动导航

具体实践任务请查阅《行动手册》中：

√ 单元二 4—6个月婴儿教育活动保育"小小观察员"中的"姐姐和小米椒互动"；

√ 单元三 7—9个月婴儿教育活动保育"小小观察员"中的"妈妈不要走"；

√ 单元六 19—24个月幼儿教育活动保育"小小观察员"中的"吉力喝牛奶"；

√ 单元五 13—18个月幼儿教育活动保育"家长热线"中的"宝宝爱'打人'"。

实验链接——陌生情境实验[1] ▶▶▶▶▶

20世纪70年代末，美国一位女性心理学家玛丽·艾因斯沃丝设计了一种专门研究婴儿依恋的方法，叫作陌生情境实验（见图5-1）。在这种实验中，她先让妈妈抱着孩子进入一间实验室，玩几分钟玩具后，一个陌生人进入实验室，先沉默，再和孩子妈妈交谈，之后让妈妈离开房间，看孩子的表现。过一会儿，妈妈回来，再看孩子的表现。实验者可以控制妈妈离开的时间长短、妈妈与陌生人的交往方式、妈妈离开孩子的次数等因素。艾因斯沃丝发现，婴儿对母亲的依恋大致可分为三种。

1. 安全型

这类婴儿与母亲在一起时，喜欢与母亲接近，但并不总是靠在母亲身边，而是积极地探索周围环境，同时时常与母亲进行远距离或近距离的交往，寻求母亲分享他们的玩耍。母亲离开时，表现为不安，有的甚至哭泣。当母亲回来时，他们会立即接近母亲，并迅速缓解悲哀和不安，恢复平静继续玩耍。这类婴儿对陌生人也会表现出不同程度的怕生，但在母亲的鼓励下，也能很好地与陌生人交往。

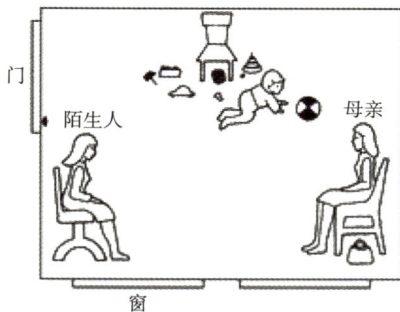

图5-1 陌生情境实验图

---

[1] 钱文：《0—3岁儿童社会性发展与教育》，40—41页，上海，华东师范大学出版社，2014。

2.回避型

这类婴儿与母亲之间情感淡漠,与母亲在一起时,多数时间自己玩耍,很少理会母亲;在与母亲分离时,悲伤程度小,能专心做自己的事;当母亲回来时,不积极欢迎,也无明显的喜悦,抱他时会挣脱或身体移开,主动回避。

3.矛盾型

这类婴儿对母亲离开非常警惕,与母亲在一起时,喜欢与母亲保持身体接触,母亲离开后极端痛苦,但当母亲返回时则表现出矛盾情绪。他们一方面寻求与母亲接触,另一方面在母亲亲近时又生气地拒绝,要花很长的时间才能使他们平静下来,这类婴儿对陌生人表现出退缩、难以接近的现象。

在三种依恋类型中,安全型依恋为良好、积极的依恋,而回避型和矛盾型依恋为不安全型依恋,是一种消极不良的依恋。我国学者的研究把儿童早期的依恋分为:安全型依恋和不安全型依恋,而不安全型依恋又可分为淡漠型依恋、缠人型依恋和混乱型依恋。依恋的性质取决于母亲对婴儿所发出信号的敏感性和对婴儿的关心程度。如果母亲能对婴儿发出的信号做出及时、恰当的爱抚反应,婴儿就能发展对母亲的信任、亲近,形成安全型依恋;反之,则不能。因此,作为母亲是否对婴儿敏感,有爱心,对婴儿安全依恋的形成至关重要。而早期安全依恋的形成对儿童心理的发展具有深远影响,这应引起父母足够的重视。

4.社会适应的发展

0—3 岁婴幼儿的社会适应主要包括对陌生人、陌生环境和生活的适应。在对陌生人和陌生环境的适应中,婴幼儿具有对新环境的辨识力和适应力;在生活适应中,婴幼儿具备了基本的生存技能,自理能力得到了发展。(见表 5-5)

表 5-5 0—3 岁婴幼儿社会适应发展的特征

月龄	发展特征
0—2 个月	因其生理发展的情况,无法实现自我服务,主要是被动地接受成人的照管
3—12 个月	更为主动地与环境互动,能够顺应生理节律,形成一定的习惯,如自然入睡、定时入睡等
13—24 个月	生活有规律,并能够在成人的提示下养成睡眠、进餐、盥洗等好习惯
25—36 个月	能够习得大多数日常生活技能,开始在家庭中表现出自己独立的能力;养成初步的环境适应能力,并形成初步的自我安全保护意识

行动导航

具体实践任务请查阅《行动手册》中:

√ 单元八 31—36 个月幼儿教育活动保育"小游戏,大支持"中的"我不会穿"。

三 婴幼儿情感与社会性发展的教育活动

　　婴幼儿的情感与社会性发展是一个长期的过程，当婴幼儿一看到主要养育者就会用社会性微笑来回应的时候，情感与社会性游戏就开始了。当交流内容丰富后，婴幼儿的微笑就变成了咿咿呀呀的细语。在早期社会交往中，婴幼儿会使用身体动作、面部表情和语言等来参与社会化过程。每个婴幼儿在情感与社会性发展方面都是独特的，成人要为他们创设一个安全可信赖的环境，通过个别化游戏、集体游戏和亲子游戏等活动为婴幼儿的情感与社会性发展提供支持。

（一）个别化游戏活动辅助

　　作为一种有针对性的活动方式，个别化游戏活动在促进婴幼儿情感与社会性发展方面发挥着重要作用。那么，个别化游戏活动如何辅助婴幼儿初步掌握社会规范，形成初步自理能力并开始社会角色的学习呢？教师应该如何做来发挥这种辅助作用呢？

　　针对0—3岁婴幼儿的身心发展特点和发展需要，教师可以创设相应的活动区，引导婴幼儿在活动区自由游戏。在游戏过程中，教师需要观察婴幼儿的活动表现，并适时给予支持。例如，教师可以创设娃娃家，并投放小勺子、小娃娃等相应材料，婴幼儿在娃娃家可以选择自己喜欢的材料，扮演妈妈的角色，"喂宝宝饭""给宝宝穿衣服"。在这样的扮演中，婴幼儿开始了解社会对"妈妈"这一角色的期待与要求，也开始对自我行为进行规约。教师可以创设表演区，在表演区投放各式各样的服装道具、头饰等材料，这不仅能够激发婴幼儿的表演欲，也可以让婴幼儿在表演中宣泄情绪情感，这有利于婴幼儿情绪情感的健康发展。教师在引导之余，还可以观察婴幼儿在进行活动时的情绪状态是积极的还是消极的，婴幼儿在活动中是主动的还是被动的等，为创设进一步促进婴幼儿情感与社会性发展的区域提供依据。

1.常见活动区域及材料

　　针对婴幼儿情感与社会性的发展，早教机构中个别化游戏活动常见的活

学习笔记

动区域和材料如表5-6所示。

表5-6　常见情感社会活动区及资源汇总表

月龄	区域	资源	个别化活动
1—12个月	摇篮区	摇篮、柔软的被褥、毯子、摇铃、吊铃	表情互动；摇篮曲
	日光浴区	温度适宜的天气，风景优美的户外，引逗玩具（如毛巾、玩偶等）	抚触/被动操；躲猫猫
	音乐区	地毯、轻柔舒缓的音乐、安全的小乐器或发声玩具	摇摇铃
13—24个月	镜子区	面镜、全身镜、哈哈镜等	我；这样的我
	我的玩具区	属于幼儿自己的储物小空间，1—2件幼儿喜欢的玩具	这是我的；整理玩具
	阅读区	幼儿的照片，妈妈的照片（大笑、平静、生气、搞怪），亲近的照料者的照片，镜子	这是我；我的妈妈；开心
	音乐区	地毯、欢快活泼的音乐、安全的小乐器、轻质丝巾	跟着老师走走
25—36个月	生活物品区	柔软的物件如丝巾、围巾、手帕等	丝巾飘飘；妈妈的围巾
	宣泄区	安全的小空间，可以是一个看似可供宝宝独处，实际仍在成人视线内的小空间，如透明材质的门帘等；柔软的物品（如地毯、靠垫），镜子	我生气了；我的小天地
	表演区	各种手偶、帽子、衣服等角色类道具	情景剧；文明小观众
	娃娃家	小厨房、小客厅、小卧室等，爸爸妈妈的装扮服饰及道具（如眼镜、领带、围裙、挎包、坡跟鞋、皮鞋等）	扮家家；生日快乐
	阅读区	社交礼仪类绘本如《你好》《大声回答"哎"》；情绪认知类绘本如《脸，脸，各种各样的脸》；简单情节类绘本如《谁咬了我的大饼》《吃什么呢？》	你好；脸，脸，各种各样的脸

行动导航

　　具体实践任务请查阅《行动手册》单元八 31—36个月幼儿教育活动保育中的"小天地，大创造"中的部分内容。

2.活动案例：

（1）1—12 个月婴儿个别化游戏活动"表情互动"

区域：摇篮区

材料：摇篮、柔软的被褥、毯子、摇铃、吊铃

目的：感知与体验教师充满爱意的怀抱，在教师的抚慰、逗引、哼唱与适时回应中，建立情感依恋与信任。

活动：

①提供轻柔的音乐，教师边哼唱摇篮曲边轻拍宝宝的身体，观察宝宝的表情。

②教师手持摇铃逗引，宝宝的头和眼睛会跟着声音转动。

③提供舒适的毯子，宝宝躺在柔软的毯子上，教师在宝宝上方放置吊铃，播放轻柔的音乐。

④教师手持手帕遮挡自己的脸逗引宝宝，感受"躲猫猫"游戏的乐趣。

（2）13—24 个月幼儿个别化游戏活动"我的妈妈"

区域：阅读区

材料：妈妈的照片（各种表情如大笑、平静、生气、搞怪），亲近的照料者的照片与镜子

目的：帮助幼儿感受表情与情绪之间的关系；辅助幼儿与教师建立安全的依恋关系。

活动：

①引导幼儿观察亲近养育者的照片，鼓励辨认"爸爸""妈妈"等主要养育者，当幼儿予以回应时，给予他鼓励和称赞。

②展示妈妈各种表情的照片，和宝宝一起说"妈妈怎么了"，体验不同的情绪变化。

③面对镜子，引导宝宝模仿做各种各样的表情。

（3）25—36 个月幼儿个别化游戏活动"扮家家"

区域：娃娃家

材料：娃娃家场景，如小厨房、小客厅、小卧室、爸爸妈妈的装扮服饰及道具（如眼镜、领带、围裙、挎包、坡跟鞋、皮鞋等）

目的：通过在最熟悉的"家"的游戏场景中重现生活中的情景，促进幼儿之间的情感交流与社会性互动。

活动：

①模仿爸爸、妈妈等养育者在厨房里摆弄小锅子和小铲子炒菜做饭。

②营造"娃娃哭了"的场景，引导宝宝抱抱娃娃，哄哄娃娃。

③鼓励宝宝照顾娃娃：喂娃娃吃饭（啊呜啊呜）；带娃娃睡觉（睡觉时要安静，轻轻地）；帮娃娃洗澡（脱衣服，用沐浴乳洗身体，洗完澡后擦干，穿上衣服）。

④准备玩具蛋糕、蜡烛、礼物，与宝宝围坐在一起给娃娃唱生日歌，许愿吹蜡烛，感受一起过生日的欢乐。

云测试

考题再现

下列（ ）不是训练婴幼儿情绪情感与社会性行为的游戏。

A. 应答游戏　　　B. 交往游戏　　　C. 合作游戏　　　D. 涂鸦游戏

行动导航

具体实践任务请查阅《行动手册》中：

√ 单元三 7—9 个月婴幼儿教育活动保育"小游戏，大支持"中的"个别化游戏活动'开火车'"；

√ 单元八 31—36 个月婴幼儿教育活动保育"小游戏，大支持"中的"个别化游戏活动'一起来踩沙'"。

（二）集体游戏活动保育

集体游戏是早期教育机构常见的一种活动形式。在集体活动中，教师会引导婴幼儿进行有目的、有计划的社会活动。而婴幼儿能够适应集体活动，在集体中保持情绪的安定愉快，已然是在发展着自己的情感与社会性。

幼儿天生爱游戏，教师在组织集体活动时要注意游戏性，要善于借助游戏的方式来促进婴幼儿自我意识、情绪情感、社会行为和社会适应等方面的发展。与个别化游戏活动强调区域创设不同，集体游戏活动在重视材料作用的同时更强调游戏活动目标的制定，教师在组织婴幼儿集体游戏的同时关注游戏中所有婴幼儿的发展，即"心中有目标，眼里有发展"。在制定情感社会性发展方面的集体游戏活动目标时，可以立足于婴幼儿自我意识、情感、社会行为、社会适应等方面的情况，以婴幼儿为主体，借助一定的评估工具做逆向推理。

活动案例●：

（1）19—24个月幼儿集体游戏活动"小脚丫的好朋友"。

活动目标	活动准备	观察要点	指导要点
学会穿袜子的方法。愿意做力所能及的事	不同颜色、不同图案的袜子，每人一双。儿歌《小脚丫是袜子的好伙伴》	宝宝能否分清袜子头和袜跟，能否顺利撑开袜口；观察有多少宝宝能顺利穿上袜子	教师可以边读儿歌边协助宝宝认清袜口，帮宝宝把小脚套进袜口

活动过程：

①介绍任务。提示语："宝宝们，今天我们有一个任务，我们要给小袜子找到它的好朋友，你们知道是谁吗？就是我们的小脚丫。"

②教师一边念儿歌一边示范正确穿袜子的方法。

③教师念儿歌帮助有需要的宝宝一起穿上袜子。

（2）31—36个月幼儿集体活动"企鹅变魔法"。

活动目标	活动准备	观察要点	指导要点
知道要和小朋友一起玩游戏，互相帮助，互相照顾，不能和小朋友闹别扭	故事《茵茵用魔法》，与故事相关的配图	幼儿能否安静地听故事；有几个幼儿能回答出教师的问题	可以语言提示幼儿"小不点怎么不见了"

活动过程：

①教师让幼儿呈小弧形围坐在教师面前。

②教师讲故事：

企鹅茵茵有一个弟弟叫"小不点"，小不点每天都与企鹅茵茵寸步不离，茵茵觉得有点烦了，于是就想用魔法把小不点变没，这样小不点就不会每天缠着茵茵了。于是茵茵就悄悄念了一句魔法"乌拉咪啦"，就把小不点变没了，茵茵非常高兴，一个人到处玩。可是晚上到了，茵茵迷路了，她找不到回家的路，茵茵害怕极了，后悔地想："要是小不点在就好了，我就不害怕了。"茵茵伤心地哭起来，不一会儿，茵茵听到"嘻嘻呵呵"的声音，睁开眼睛一看，原来是小不点回来了，茵茵高兴地抱着小不点转圈圈，说："小不点，我再也不要你离开我了。"

③讲完故事后，教师可让幼儿学念故事中的魔法"乌拉咪啦"，练习发音，增加故事游戏的趣味性。

④教师可适当提问，如"茵茵迷路哭了，可是后来她为什么不害怕了"，引导幼儿知道要和小朋友一起玩游戏，不能闹别扭，要互相帮助。

● 李晓玫：《1—36个月婴幼儿亲子活动教师指导手册》，51—53页，大连，辽宁师范大学出版社，2018。

（三）亲子游戏活动辅助

在促进婴幼儿情感与社会性发展方面，父母发挥着极为重要的作用。骑在爸爸的身上驾大马，体验亲子之间密切的情感；被父母陪着一起进行角色扮演，扮孙悟空、猪八戒，了解不同人物的特征……这一系列的游戏，都会润物细无声地促进婴幼儿情感与社会性的发展，帮助他们理解社会文化，适应社会生活。因此，在早教机构进行教育活动的过程中，要注意与家长建立紧密的联系，辅助家长对婴幼儿进行家庭教育，帮助家长了解一些促进婴幼儿情感与社会性发展的常见游戏。

活动案例 ●：

让宝宝平躺在床上，俯视宝宝；或者一手托着宝宝的头部，一手托着宝宝的背部，抱起宝宝并与宝宝对视。

微笑着对宝宝说："谁是宝宝啊？你是妈妈（爸爸）的宝宝！宝宝真乖！宝宝和妈妈（爸爸）亲一亲（用脸颊贴贴宝宝的小脸）！"

温馨提示：

爸爸和妈妈的声音是不同的，爸爸要经常性地和宝宝对话，这样可以刺激宝宝的听觉，增进亲子情感。在宝宝的成长历程中，爸爸的作用不可忽视。

行动导航

具体实践任务请查阅《行动手册》中：

√ 单元三 7—9 个月婴儿教育活动保育"助力家长，引导有方"中的"亲子游戏活动'照镜子'"；

√ 单元六 19—24 个月幼儿教育活动保育"协助教师，推进活动"中的"亲子游戏活动'我是好宝宝'"，"助力家长，引导有方"中的"亲子游戏活动'指指看——认识不同的身体部位'"。

四　婴幼儿情感与社会性发展教育活动评价

婴幼儿评价量表可以帮助我们反思活动的有效性。目前许多国家和地区都设计了一些测评婴幼儿发展的量表。但由于理论基础、社会历史文化等方面的不同，婴幼儿情感与社会性发展的量表体现出了不同的特点，无论如何，量表都会给我们的评估活动提供思路。表 5-7、表 5-8 为两种量表的例子。

● 李晓玫：《1—36 个月婴幼儿亲子活动教师指导手册》，62—63 页，大连，辽宁师范大学出版社，2018。

表 5-7　《中国台湾地区 0—2 岁婴幼儿适应性发展学习活动纲要》（部分）❶

学习纲要	0—3 个月	4—6 个月	7—12 个月	13—18 个月	19—24 个月
社会情绪（自我概念、社会关系、情绪）	①能发出社会性微笑；②能回应成人的逗弄；③会使用如吸拇指或吃奶嘴的方式安慰自己	①会玩自己手脚；②对镜中的自己感兴趣；③能表现愉悦的情绪；④对家长互动表现出正向的反应	①挥手表示再见；②能和成人玩简单的游戏（如躲猫猫）；③能简单表达自我需求及情绪（如主动伸手要抱）；④练习处理陌生人的焦虑（如有陌生人来访）	①能和别的孩子坐在一起玩；②能在提示下做出基本社交动作（如谢谢、拜拜）；③会对喜爱的玩偶表现出疼爱或照顾行为；④会对熟悉的成人表示好感，并拥抱亲吻他；⑤会用行为和语言来表达自主性（如摇头表示不要）；⑥练习处理分离焦虑	①能在照片中或镜子中认出自己；②能参与团体性活动；③能辨认出他人的不同情绪；④会以自己的名字称呼自己，会用动作去安慰他人；⑤会说出亲友与同学的名字或称呼；⑥能认识自己、朋友或家庭成员的照片；⑦会与玩偶对话
生活自理（自主技能、健康习惯、清洁卫生）	能吮吸奶嘴	①能伸手帮忙拿奶瓶；②能接受用汤匙喂食	①能自己拿住奶瓶进食；②能吞咽糊状副食品；③能自己拿食物吃；④能拉下头上的帽子；⑤能表示要吃东西	①能用杯喝水；②能用吸管喝水；③练习用汤匙和叉子；④会表示尿湿了或已排便；⑤练习洗手的技巧；⑥能粗略用毛巾擦嘴；⑦练习咀嚼半固态食物	①能用汤匙进食；能咀嚼固态食物；②能自己脱裤子及鞋子；③能在成人协助下练习穿衣服；④能在成人协助下练习刷牙；⑤能帮忙收拾玩具及物品；⑥能练习做简单家务（如擦桌子、收碗）

❶　文颐、石贤磊：《0—3 岁婴幼儿核心能力与学习进程观察量表》，33 页，成都，西南交通大学出版社，2017。

表5-8　0—3岁婴幼儿核心能力与学习进程观察项目（情感与社会性领域）

项目名称	观察记录			
能尊重父母的简单要求	符合项打钩	（P　F	O	R）
主动按规矩做事，如玩完玩具后能自觉归位，知道脏东西不能碰，知道吃饭前洗手等规矩	符合项打钩	（P　F	O	R）
能根据成人的面部表情停止或继续某行为	符合项打钩	（P　F	O	R）
看见别的孩子打人后会告状	符合项打钩	（P　F	O	R）
知道他人性别	符合项打钩	（P　F	O	R）
能正确说出自己的性别	符合项打钩	（P　F	O	R）
认识到自己的外貌、年龄变化与性别无关	符合项打钩	（P　F	O	R）
特别喜欢看自己的手	符合项打钩	（P　F	O	R）
关注镜像	符合项打钩	（P　F	O	R）
知道自己的名字	符合项打钩	（P　F	O	R）
主动使自己动作与镜像动作一致	符合项打钩	（P　F	O	R）
与他人争物品时说"这是我的"	符合项打钩	（P　F	O	R）
对痒有反应	符合项打钩	（P　F	O	R）
认生	符合项打钩	（P　F	O	R）
能指认自己的身体五官	符合项打钩	（P　F	O	R）
能在镜中辨认自己	符合项打钩	（P　F	O	R）
叫名字能回头或者停下来	符合项打钩	（P　F	O	R）
能说出自己的全名	符合项打钩	（P　F	O	R）
能用自己的名字表示镜子中的自己	符合项打钩	（P　F	O	R）
会使用"我"表示自己	符合项打钩	（P　F	O	R）
能明确地表示爱憎的感情	符合项打钩	（P　F	O	R）
做错事后懂得害羞	符合项打钩	（P　F	O	R）
维护个人权利的欲望增强（执拗出现）	符合项打钩	（P　F	O	R）
会用语言表达自己的情感	符合项打钩	（P　F	O	R）
会用哭闹、微笑故意唤起成人的注意	符合项打钩	（P　F	O	R）
强烈抗拒陌生人（看见陌生人就哭）	符合项打钩	（P　F	O	R）
父母在旁边可以安心与陌生人相处一会	符合项打钩	（P　F	O	R）
父母可以短暂离开不哭闹	符合项打钩	（P　F	O	R）
父母可长时间离开不哭闹	符合项打钩	（P　F	O	R）
看见人后经常出现微笑行为	符合项打钩	（P　F	O	R）
偶尔注意旁边的小朋友，并相互微笑	符合项打钩	（P　F	O	R）
能模仿对方行为，"对话"，拿玩具等	符合项打钩	（P　F	O	R）
和小朋友轮流玩玩具，躲藏，追赶	符合项打钩	（P　F	O	R）
喜欢跟随同伴活动	符合项打钩	（P　F	O	R）
愿意配合做再见、欢迎的动作	符合项打钩	（P　F	O	R）

续表

项目名称	观察记录
成人说出再见、欢迎等词汇，观察宝宝是否模仿成人做动作	符合项打钩 （P F O R）
在看见客人离开或来到时能主动做动作	符合项打钩 （P F O R）
能区别洋娃娃与其他玩具的玩法	符合项打钩 （P F O R）
能模仿成人给洋娃娃喂饭、洗澡等	符合项打钩 （P F O R）
扮演妈妈或爸爸角色对洋娃娃表现出爱的情感	符合项打钩 （P F O R）
能帮助别人做事，比如，教别的小朋友怎样照顾洋娃娃	符合项打钩 （P F O R）
可短时等待食物或换尿布不闹	符合项打钩 （P F O R）
当成人说"不"时，可马上停止不合适行为	符合项打钩 （P F O R）
可以主动拒绝别人的提议	符合项打钩 （P F O R）
受到鼓励暗示后重复做讨好行为	符合项打钩 （P F O R）
知道与人分享	符合项打钩 （P F O R）
懂得关心他人	符合项打钩 （P F O R）
会自己拿饼干嚼着吃	符合项打钩 （P F O R）
自己吃饭撒满桌	符合项打钩 （P F O R）
能自己端杯子喝水	符合项打钩 （P F O R）
会用筷子扒饭入口，但还不会夹菜	符合项打钩 （P F O R）
能配合穿衣	符合项打钩 （P F O R）
会脱去已脱一个袖子的上衣，会拉下松紧带裤子	符合项打钩 （P F O R）
会解、系扣子	符合项打钩 （P F O R）
会穿鞋袜、背心、裤衩	符合项打钩 （P F O R）
模仿用面巾抹嘴，自己擦鼻子	符合项打钩 （P F O R）
会漱口	符合项打钩 （P F O R）
用牙刷在嘴里乱刷	符合项打钩 （P F O R）
会按顺序刷牙	符合项打钩 （P F O R）
把尿时会撒尿	符合项打钩 （P F O R）
大小便可坐盆	符合项打钩 （P F O R）
主动以声音或手势表示大小便需求	符合项打钩 （P F O R）
白天及时要求上厕所	符合项打钩 （P F O R）
自解裤子坐便盆	符合项打钩 （P F O R）
可根据父母的情绪调整自己的行为	符合项打钩 （P F O R）
能将故事中人物的情绪与图片上人物的表情配对	符合项打钩 （P F O R）
可以用语言解释图片上人物的表情	符合项打钩 （P F O R）
可以推知别人的情绪	符合项打钩 （P F O R）
能明白无误地表达自己的情绪	符合项打钩 （P F O R）
出现预测性恐惧，如害怕独自上厕所，害怕黑暗等	符合项打钩 （P F O R）

续表

项目名称	观察记录
当受到称赞或成功时表现出骄傲的表情	符合项打钩 （ P　F　O　R）
能用词语讨论自己和别人的情感，如说"我很高兴""红红很伤心"	符合项打钩 （ P　F　O　R）
在成人提示下模仿故事人物的表情	符合项打钩 （ P　F　O　R）
描述故事人物的心理并伴有相应表情	符合项打钩 （ P　F　O　R）
会判断故事人物行为的好坏	符合项打钩 （ P　F　O　R）
单纯模仿一到两个角色动作，必须依赖真实物品	符合项打钩 （ P　F　O　R）
模仿角色系列动作，不一定依赖真实物品	符合项打钩 （ P　F　O　R）
模仿角色内心思想	符合项打钩 （ P　F　O　R）

注：P 表示通过，F 表示失败，O 表示未测（儿童拒绝参与，且平时的活动中养育人也未观察到），R 表示亲属代为报告（儿童拒绝参与，但在平时的活动中养育人观察到）

链接 "1+x" ▶▶▶▶

《幼儿照护 职业技能等级标准》（中级）节选

（2020 年 1.0 版，湖南金职伟业母婴护理有限公司制定）

工作领域	工作任务	职业技能要求
4. 早期发展指导	4.4 社会性发展与指导	4.4.1　能叙述幼儿在情感、亲子关系建立、同伴关系以及行为习惯等社会性发展的具体内容、目标和培养方法 4.4.2　能设计指导并独立组织幼儿社会性发展活动 4.4.3　能创编幼儿社会性发展的游戏 4.4.4　能自制并熟练操作相应玩教具发展幼儿社会性 4.4.5　能正确评价幼儿社会性发展的水平

《国家职业技能标准 婴幼儿发展引导员》（四级／中级工）节选

（2021 年版，中华人民共和国人力资源和社会保障部制定）

职业功能	工作内容	技能要求	相关知识要求
3. 发展引导	3.3 情绪和社会性发展	3.4.1　能指导看护人保持稳定的情绪，创设温暖、愉快的心理氛围 3.4.2　能指导看护人正确识别并及时回应婴幼儿的情绪反应 3.4.3　能指导看护人帮助婴幼儿理解和辨别悲伤、恐惧、愤怒、愉悦等不同情绪 3.4.4　能指导看护人引导婴幼儿理解并遵守简单的规则	3.4.1　婴幼儿情绪情感发展的基本规律 3.4.2　情绪分化的特点和发展趋势 3.4.3　婴幼儿社会性发展的基本规律 3.4.4　婴幼儿社会性游戏的方法

《国家职业技能标准 保育师》（四级／中级工）节选

（2021年版，中华人民共和国人力资源和社会保障部制定）

职业功能	工作内容	技能要求	相关知识要求
4.早期学习支持	4.4 促进情感和社会性发展	4.4.1 能给婴幼儿自由表达情绪的机会 4.4.2 能辨识、理解和接纳婴幼儿的基本情绪，并给予及时回应 4.4.3 能简单引导和调节婴幼儿的情绪	4.4.1 辨识婴幼儿情绪的方法 4.4.2 婴幼儿的自我意识 4.4.3 婴幼儿情绪的引导与调节方法